M. SAGE

Le Sommeil naturel
ET L'HYPNOSE

LEUR NATURE, LEURS PHASES

Ce qu'ils nous disent en faveur de l'immortalité de l'âme

> Βῆ δὲ θέειν ἐπὶ νῆας Ἀχαιῶν νήδυμος Ὕπνος,
> ἀγγελίην ἐρέων.
>
> Le doux Sommeil partit en courant vers les vaisseaux des Grecs, porteur d'un message.
>
> (Homère, Iliade, chant XIV, v. 354-355).

PARIS

FELIX ALCAN, Éditeur
Anc. lib. Germer-Baillière et Cⁱ
108, boulv. St-Germain, 108

P.-G. LEYMARIE
LIBRAIRE-ÉDITEUR
42, rue Saint-Jacques, 42

1903
Tous droits réservés.

8·R
19226

LE
SOMMEIL NATUREL
ET
L'HYPNOSE

DU MÊME AUTEUR

Paru en 1902

Madame Piper et la Société Anglo-Américaine pour les Recherches psychiques. . . . 3 50

Paru en 1903

La Zone-frontière entre l' « Autre Monde » et celui-ci. 3 50

M. SAGE

Le Sommeil naturel
ET L'HYPNOSE

LEUR NATURE, LEURS PHASES

Ce qu'ils nous disent en faveur de l'immortalité de l'âme.

> Βῆ δὲ θέειν ἐπὶ νῆας 'Αχαιῶν νήδυμος Ὕπνος,
> ἀγγελίην ἐρέων.
>
> Le doux Sommeil partit en courant vers les vaisseaux des Grecs, porteur d'un message.
>
> (HOMÈRE, *Iliade*, chant. XIV, v. 354-355).

PARIS

FÉLIX ALCAN, Éditeur
Anc. lib. Germer-Baillière et Cⁱᵉ
108, boulv. St-Germain, 108

P.-G. LEYMARIE
LIBRAIRE-ÉDITEUR
42, rue Saint-Jacques, 42

1904
Tous droits réservés.

CONJUGI ET LABORIS SOCIAE
OPUSCULUM HOC
DEDICATUR

AVANT-PROPOS

L'idée première de ce livre m'est venue en lisant les deux chapitres de l'ouvrage de F. W. H. Myers, *Human Personality*, qui traitent le premier du Sommeil naturel, le second de l'Hypnotisme. Comme le lecteur pourra s'en rendre compte, j'ai emprunté à ce prodigieux travail un grand nombre des faits que je rapporte (1) ; je ne pouvais puiser à meilleure source, chacun de ces faits ayant été passé dix fois au crible.

Quant aux idées, quelles sont celles qui sont à moi et celles qui sont à Myers et aux autres bons ouvriers de la Société anglo-américaine pour les Recherches psychiques ? Dieu le sait.

1. Je les ai empruntés aux *Proceedings of the S. P. R.*, avec l'autorisation spéciale du Conseil de la société. Mais j'ai *souvent* pris de préférence ceux que Myers reproduit dans l'ouvrage en question, les considérant comme les mieux établis.

J'ai vécu de leur pensée depuis trois ou quatre ans et tout ce qu'il y a de bon en moi, s'il y a quelque chose, doit être à eux.

Qu'on me permette de rendre ici un hommage bien sincère aux Gurney, aux Sidgwick, aux Myers, aux Hodgson, aux Hyslop et à tous les membres si actifs de cette Société, qui — soit dit à notre honte — n'a pas d'équivalent chez nous ! On les connaît peu encore, parce qu'ils travaillent trop loin des chemins battus. Mais dans cinquante ans on s'apercevra de ce que la science et l'humanité leur doivent. Ils nous ont mis sur une voie qui nous conduira vers la lumière, la divine, l'éternelle Lumière, une voie qui ne sera pas une impasse comme tant d'autres.

Qu'ils veuillent agréer cet hommage d'un de leurs plus sincères admirateurs !

M. SAGE.

Le sommeil naturel

ET

L'HYPNOSE

CONSIDÉRATIONS PRÉLIMINAIRES

Le pédantisme de la Science actuelle. — Le Matérialisme est un ensemble d'hypothèses insoutenables. — L'animisme.

Je débuterais volontiers comme les anciens poètes par une Invocation et je dirais :

« O Sommeil, ô doux Hypnos, toi, le seul des habitants de l'Olympe neigeux qui aies pitié de la race dolente des Humains, regarde mon entreprise d'un œil favorable. C'est toi que je vais célébrer, ô Hypnos, père des rêves souriants, toi qui verses sur nos douleurs le baume délicieux de tes pavots. »

Mais si, par impossible, mon livre tombait entre

les mains d'un de mes contemporains savants, celui-ci le jetterait aussitôt de dégoût et je ne m'en consolerais pas. Le langage aimable et fleuri même dans les sujets sévères, la limpidité de la phrase, le besoin de charmer le lecteur et de lui épargner toute fatigue inutile, cela était bon pour nos ancêtres, hommes ignorants, vains et légers. Aujourd'hui, chez qui se pique de science et se respecte, il faut que la phrase soit lourde, qu'elle renferme beaucoup de mots et peu de sens. Surtout bannissons les métaphores et gardons-nous d'employer le vocabulaire de tout le monde. Si nous tenons à passer pour des hommes de poids et de science, il ne faut pas que l'on nous comprenne trop. — Il est en effet plus facile de donner le change dans le brouillard qu'à la lumière du soleil.

C'est pitié de voir ce qu'est devenue notre belle et limpide langue française, depuis cinquante ans surtout, entre les mains des médicastres et des faux savants en général. Le vieux vocabulaire a été presque submergé sous la masse des termes barbares, fabriqués sans rime ni raison avec des éléments grecs par des hommes qui connaissaient tout juste assez la langue de Platon pour en lire les mots dans un dictionnaire. Oui, je sais : le trésor des idées de l'humanité s'est beaucoup enrichi depuis un siècle ; il fallait des signes à ces idées et, ces signes, il fallait les prendre quelque part.

N'exagérons rien. Beaucoup d'idées nouvelles ont surgi, cela est vrai ; mais il a surgi dix fois plus de termes nouveaux, rébarbatifs et inutiles. Et puis il n'était peut-être pas indispensable d'aller chercher dans le grec autant de termes nouveaux, même utiles. Nous sommes intellectuellement les enfants de la Grèce, je le veux bien ; mais notre langue est latine et les mots grecs y ont toujours figuré d'étrangers. En combinant entre eux nos mots français et en ayant recours au fonds latin, qui est bien nôtre, nous aurions pu faire face à presque toutes les exigences. Et notre langue aurait conservé sa beauté ; elle serait demeurée intelligible pour le plus grand nombre, alors qu'aujourd'hui, grâce au jargon des savants, un fossé intellectuel profond s'est creusé entre le peuple et la minorité instruite. On entend dire de tous côtés qu'il faut éclairer les masses ; il le faut, en effet. Mais les cuistres ne le désirent pas et feront pour l'empêcher tout ce qu'ils pourront. Si les masses comprenaient, que deviendrait le prestige dont ils vivent ?

Beaucoup de médecins trouvent même que leur jargon n'est pas encore assez incompréhensible. Ils voudraient une langue à eux tout seuls, qu'entendraient — bien ou mal, cela n'a pas d'importance — les seuls initiés. Très sérieusement, dans un congrès récent, il a été proposé de réadopter le latin comme langue de la médecine. O Molière ! Tu vois que depuis ta mort les purgons n'ont pas changé. C'est que, voyez-vous, bonnes gens, malgré les découvertes récentes, la médecine n'est pas beaucoup plus avancée qu'au temps d'Hippocrate et il ne faudrait pas que le public finît par s'en apercevoir. Les médecins font des cures, cela est certain ; mais ils n'en font pas plus que les rebouteux ou les marchands d'orviétan. La moyenne des cures est demeurée sensiblement constante à travers les âges. Dieu sait pourtant si les systèmes médicaux ont varié et se sont contredits ! C'est que ce qui guérit, ce n'est pas le remède, c'est l'idée de guérison suggérée par ce remède ou simplement par la présence du guérisseur. Mais c'est à peine si quelques esprits indépendants commencent à s'en douter. Avant qu'on ne le comprenne tout à fait et surtout avant qu'on ne l'avoue, il faudra bien encore plusieurs générations.

En attendant, le pédantisme règne en maître souverain dans la médecine et dans la science. Faute d'idées neuves, on ne sait quelle bizarreries de langage inventer, pour s'imposer à l'attention. J'en ai là en ce moment un bel exemple sous les yeux. M. le Dr Grasset de Montpellier vient de publier un ouvrage intitulé : *L'Hypnotisme et la Suggestion*. Les idées et les conceptions nouvelles n'y pullulent pas. L'auteur expose à sa façon la manière de voir de Myers, de Carl du Prel et de tant d'autres sur la subconscience et sur la conscience normale. Il a tout de même trouvé quelque chose d'original : pour lui l'homme psychique total est un polygone et la conscience normale est le centre O dudit polygone. Si vous comparez l'âme humaine à un souffle ou à une colombe, vous n'êtes qu'un pauvre petit esprit de poète ; mais représentez-la comme un polygone avec un centre O, et vous voilà un grand savant ! Il n'y a plus là de métaphore ou de comparaison : l'âme est bien réellement un polygone avec un centre O. Et il faut voir quels jolis aphorismes on obtient avec ce polygone. C'est ainsi qu'on vous dit : *On est crédule dans son O ; on est suggéré dans son polygone.* Ou bien : *Une âme suggestible, c'est un polygone émancipé de son centre O, qui obéit au centre O de l'hypnotiseur.*

Du tréfonds des enfers, la demeure dernière,
Vois-tu ce polygone, Arouet de Voltaire,

s'émanciper de son centre? Tu n'aurais pas trouvé cela, toi, vieux patriarche au hideux sourire. Il est vrai qu'au temps où ton verbe lumineux éclairait le monde, tu ne fréquentais pas chez les théologiens, comme le fait aujourd'hui M. le Dr Grasset de Montpellier.

Grasset comme Le Dantec ont été séduits par la mathématique et son apparente exactitude.

Beaucoup de personnes, découragées par la presque impossibilité d'arriver à la certitude absolue dans les autres sciences, reviennent à la mathématique. Au moins, cette science-là, pensent-elles, ne nous trompera pas. Hélas ! Elles étreignent un fantôme. La mathématique n'a aucune réalité en dehors de notre esprit. C'est un outil créé par nous et qui est utile en tant qu'outil. Mais il n'a pas d'autre valeur. Il n'a même pas de réelle valeur éducative. Les esprits médiocres trop exclusivement nourris de mathématiques finissent par raisonner complètement faux, quoique avec une « logique irréprochable. »

Néanmoins la mathématique ne perdra pas de sitôt ses fidèles. Elle séduira longtemps encore beaucoup de pédants par ses prodigieuses subtilités. C'est pourquoi Le Dantec et Grasset ont trouvé génial d'introduire le langage et les formules mathématiques en biologie. Ils donnaient ainsi à leurs conceptions souvent saugrenues une apparence d'exactitude faite pour plaire aux mathématiciens, qui s'appellent volontiers entre eux les esprits exacts. Les bonnes vieilles métaphores valaient mieux que toute cette pédanterie : elles disaient au moins quelque chose à un plus grand nombre de gens. Il est vrai que MM. Le Dantec et Grasset se sont hissés sur un piédestal de brouillards, d'où ils ne tiennent pas à descendre. Les malheureux, en se rapprochant des mathématiciens, sont pourtant en très mauvaise compagnie, sans peut-être s'en douter. Beaucoup parmi les très grands mathématiciens ont été en même temps de très grands métaphysiciens, témoins Pythagore, Platon, Descartes, Pascal, Leibnitz. Si on les prenait pour des métaphysiciens, MM. Le Dantec et Grasset en seraient bien marris !

La métaphysique n'est pas à la mode du jour ; elle est très mal portée. On se vante volontiers d'en être totalement ignorant, comme le faisait M. Richet dans un passage que j'ai lu il y a peu de temps, je ne sais plus trop où. Tout le monde en fait, cependant, de la métaphysique, mais comme M. Jourdain faisait de la prose, sans le savoir. La métaphysique peut être définie la recherche des origines et des fins. Les positivistes ont proclamé que cette recherche était vaine et que s'y livrer, c'était perdre son temps. Ils ont peut-être raison. Et néanmoins les positivistes, tout comme les autres, ne cessent de faire de la métaphysique ; seulement c'est de la métaphysique très enfantine : pour eux les origines et les fins sont là toutes proches. Notre intelligence n'y touche pas encore tout à fait, mais il ne s'en manque guère.

Ils feraient mieux de se rendre à l'évidence qu'il est impossible de ne pas faire de la métaphysique, parce que la seule question qui soit vraiment passionnante pour l'homme, la seule à laquelle on revienne sans cesse malgré soi, est celle-ci: d'où venons-nous et où allons-nous? Ils étudieraient alors la bonne vieille métaphysique des grands métaphysiciens et cette étude leur épargnerait bien des sottises, doctoralement débitées devant les foules ébahies.

C'est ainsi qu'on parlerait moins de matérialisme et qu'on serait moins fier d'être matérialiste. On s'apercevrait que ce sont là des mots dépourvus de sens.

Le matérialisme considère la matière comme la seule réalité. Qu'est-ce donc que la matière? Impossible de le savoir. En dernière analyse elle se compose, croit-on, d'atomes. Mais ces atomes semblent être de simples centres de force sans aucun noyau matériel. « L'idée de matière, avouent MM. Littré et Robin dans leur dictionnaire de médecine, est une pure abstraction. » Au reste le mot de spiritualisme n'a pas beaucoup plus de sens que celui de matérialisme. Si nous ne savons pas ce qu'est la matière, nous ne savons pas davantage ce qu'est l'esprit. Tout ce qu'on peut dire de plus sage est ceci : Il existe quelque chose, mais l'essence de ce quelque chose nous échappe totalement et il est aussi sot de l'appeler esprit que de l'appeler matière, en donnant à ces termes un sens trop précis.

Beaucoup de nos contemporains croient que le matérialisme est une doctrine nouvelle, imposée par les découvertes modernes de la science. Ils se trompent. Cette doctrine est vieille comme le monde. C'est, à peine modifiée, celle d'Epicure et de Lucrèce et de beaucoup d'autres penseurs. Pourquoi donc cette vieille doctrine, souvent traitée d'absurde par l'antiquité, est-elle revenue sur l'eau avec tant de force depuis cent cinquante ans? La raison en est bien simple.

L'étude du monde extérieur, ou, pour être plus exact, l'étude des phénomènes du monde extérieur, tels qu'ils parviennent à notre esprit par l'intermédiaire de nos sens, a pris une extension et une importance inconnues jusqu'ici. C'est cette étude qui a constitué ce qu'on nomme avec emphase la science moderne. Cette étude s'est faite et se continue par les sens physiques ou par des instruments destinés à suppléer dans une certaine mesure aux imperfections des sens. On a pris ainsi l'habitude de tout regarder par l'extérieur, y compris notre être lui-même. C'est ainsi qu'on entend répéter sans cesse par des gens qui ne savent pas très bien ce qu'ils disent : Moi, je n'ai confiance que dans l'expérience. L'expérience, ce sont les données des sens physiques. Mais ignorez-vous qu'en dehors des sens physiques, nous avons un sens intime, un regard intérieur, qui nous donne quelques notions sur nous-mêmes, sur notre moi? Pourquoi avez-vous tant de confiance aux sens physiques et aucune confiance au sens intime ? Simplement parce que, trop occupés à regarder l'extérieur, vous n'avez jamais aperçu ce sens intime. Mais d'autres l'ont aperçu et s'en sont servis. Vous les prenez pour des rêveurs. Bah ! En général nous prenons pour des rêveurs tous ceux que nous ne comprenons pas ; cela ne prouve pas qu'ils le soient.

Cependant qu'on m'entende bien. Je ne veux pas dire de mal de la méthode qui consiste à étudier tous les objets, y compris nous-mêmes, par l'extérieur. C'est la seule qui nous ait donné des résultats positifs. Dans cet ouvrage comme dans tous mes écrits je n'en connais pas d'autre. Mais je ne veux pas qu'on en abuse et qu'on tire de ses données actuelles des conclusions illégitimes.

La science moderne et ses méthodes n'ont pas démontré, comme on se plaît à le faire croire, que l'immortalité de l'âme est un mythe moyenâgeux. Bien au contraire, en progressant, cette science démontrera notre immortalité à ne plus laisser place pour un doute chez tout homme sensé. Elle commence à le faire, quoi qu'en disent les pontifes empêtrés dans les ornières d'un matérialisme enfantin. Il y aura probablement encore des matérialistes parmi nos enfants, mais je suis fermement convaincu qu'il n'y en aura plus parmi nos petits-enfants, à moins que le progrès ne s'arrête tout à coup.

Voici comment aujourd'hui la science officielle conçoit l'homme. Il est impossible d'exposer cette conception en meilleurs termes que ne l'a fait, dans un livre tout récent, un des représentants les plus autorisés de cette science, M. le Dr Dastre, professeur à la Sorbonne.

« Il résulte de la doctrine cellulaire une conception des êtres vivants qui est singulièrement suggestive. Les métazoaires et les métaphytes, c'est-à-dire les êtres vivants polycellulaires qui s'offrent à la vue simple et qui n'ont point besoin du microscope pour se révéler, sont un assemblage d'éléments anatomiques et la postérité d'une cellule. L'animal ou la plante, au lieu d'être une unité indivisible, est une « multitude », suivant la propre expression de Gœthe, méditant en 1807 les enseignements de Bichat ; il est, suivant le mot non moins juste de Hegel, « une nation » ; il sort d'un ancêtre cellulaire, commun, comme le peuple juif du sein d'Abraham.

« Nous nous représentons maintenant l'être vivant complexe, animal ou plante, avec sa forme qui le distingue de tout autre, comme une cité populeuse que mille traits distinguent de la cité voisine. Les éléments de cette cité sont indépendants et autonomes au même titre que les éléments anatomiques de l'organisme. Les uns comme les autres ont en eux-mêmes le ressort de leur vie qu'ils n'empruntent ni ne soutirent aux voisins ou à l'ensemble. Tous ces habitants vivent, en définitive, de même, se nourrissent, respirent de la même façon, possédant tous les mêmes facultés générales, celles de l'homme ; mais chacun a, en outre, son métier, son industrie, ses aptitudes, ses talents par lesquels il contribue à la vie sociale et par lesquels il en dépend à son tour. Les corps d'état, le maçon, le boulanger, le boucher, le manufacturier, l'artiste, exécutent des tâches diverses et fournissent des produits différents et d'autant plus variés, plus nombreux et plus nuancés que l'état social est parvenu à un plus haut degré de perfection. L'être vivant, animal ou plante, est une cité de ce genre. »

La mort, c'est la destruction de cette cité et, bien entendu, rien ne survit à cette destruction. L'âme est une apparence résultant de la vie en commun de toutes ces cellules. Eh bien ! Cela s'appelle abuser indignement de l'analogie. Si les choses sont ainsi, comment la conscience et la sensation d'unité, le moi, ont-ils pu se former ? Leur existence est un véritable scandale. Je sais bien que les matérialistes font de la conscience un épiphénomène, un phénomène accessoire, une superfétation, une inutilité ; il n'en est pas moins vrai que cet épiphénomène existe et qu'il faut en rendre compte. L'injurier, cela ne le détruit pas. Dira-t-on qu'une formation analogue a lieu dans les nations humaines, dans les organismes dont les hommes sont les cellules. On peut le dire par métaphore ; un politicien qui vise à l'effet peut parler de l'âme de la France, mais il ne faudrait pas se laisser aveugler par des figures de rhétorique.

Si on fait de la conscience humaine une somme résultant de la conscience individuelle de chaque cellule, on recule le problème sans le résoudre. Il faut expliquer la conscience cellulaire et ce n'est pas plus facile. Que fait en somme chaque cellule vivante, d'après la même école ? Mon Dieu, elle se livre à un travail dont nous ne voyons pas la nécessité, quoique cette nécessité puisse exister : elle dégrade de l'énergie.

Pour ceux de mes lecteurs qui ne connaîtraient pas les plus récentes conceptions de la science, je vais expliquer cette expression. Hier encore les matérialistes ne voulaient voir dans l'Univers que la matière mue par la force. Aujourd'hui l'idée de matière est totalement abandonnée ; ils ne reconnaissent plus que l'existence de la force qu'ils nomment, d'un terme plus général, l'Énergie. C'est un progrès, certainement et, quoi qu'ils en pensent, ce n'est pas un progrès dans le sens matérialiste. Donc rien n'existe que l'Énergie, mais cette énergie se présente à nous sous une multitude de formes et de combinaisons. Si nos adversaires raisonnaient un peu, ils comprendraient que ces formes et ces combinaisons ne peuvent exister que pour l'esprit qui les observe : en dehors de l'esprit, l'énergie ne peut qu'être partout identique à elle-même. Donc l'esprit existe. Mais laissons ce raisonnement qui peut paraître subtil et spécieux. Pour nous, donc, il existe un nombre très grand de formes de l'énergie : l'énergie chimique, l'énergie vitale, l'énergie calorifique et d'autres. Ces énergies se transforment l'une dans l'autre. Mais alors que l'énergie chimique se transforme intégralement en énergie calorifique, par exemple, le contraire n'est pas vrai : une très petite quantité seulement de cette dernière se transforme en énergie chimique. L'énergie calorifique est dite une forme dégradée de l'énergie chimique.

Donc, que fait la cellule? Elle prend dans le milieu ambiant de l'énergie chimique et la dégrade en énergie calorifique, après l'avoir fait passer par une forme intermédiaire, l'énergie vitale. Cherchez dans tout cela, si vous pouvez, quelque chose qui vous mette sur la voie de la formation de la conscience et des autres facultés de l'âme. Il ne reste qu'à les nier ou à les dénaturer, ces facultés, et c'est ce que l'on fait en effet ; et on s'y croit parfaitement autorisé puisqu'elles ne tombent pas sous les sens physiques. Un esprit philosophique ne peut pas se contenter d'une raison pareille : alors on se moque de ces pauvres philosophes. Et pourtant un savant qui n'a pas d'esprit philosophique n'est pas beaucoup au-dessus d'un collectionneur de vieilles médailles ou de timbres-poste.

Aujourd'hui encore, cependant (je devrais même dire aujourd'hui plus que jamais), les hypothèses matérialistes sont seules considérées comme scientifiques.

Insinuez timidement que la pensée pourrait peut-être bien être indépendante du cerveau, vous verrez de quel air on vous regardera. « Encore un idéologue ! » aurait dit Napoléon. « Encore un pauvre mystique ! » disent nos savants en vous tournant le dos. L'une des principales raisons pour lesquelles les vieux magnétiseurs n'ont jamais pu trouver grâce devant les corps savants, c'est qu'ils étaient tous spiritualistes. Le fait est qu'il est difficile d'être autre chose quand on étudie sans parti pris les phénomènes du magnétisme animal. Vinrent les hypnotiseurs qui, eux, trouvèrent moyen de rentrer dans la bonne tradition matérialiste. Aussi les accueillit-on sans résistance. Charcot fit mieux : il affirma que l'hypnose n'était qu'une attaque provoquée d'hystérie, maladie qui est elle-même purement physique, bien entendu. Aussi on proclama de toutes parts que Charcot le premier avait fait rentrer ces phénomènes bizarres dans la science. Beaucoup de personnes le croient encore. Et cependant les idées de cet homme n'ont pas duré dix ans ; ses disciples les plus enthousiastes de jadis ont été eux-mêmes forcés de les abandonner.

J'ai été moi-même un matérialiste ardent, à une époque où je ne voyais en face du matérialisme que les absurdités et les méchancetés des religions. Mais j'ai été ramené peu à peu à la vieille doctrine de l'animisme, et je crois que tout esprit indépendant, qui ne voudra pas systématiquement négliger une multitude de faits bien constatés, y sera ramené comme moi. L'animisme, c'est l'hypothèse d'après laquelle l'homme tel que nous le connaissons serait composé d'un corps mortel et d'une âme immortelle. Autrefois, on ajoutait que l'âme et le corps étaient d'essence différente ; le corps était matière et l'âme esprit. Aussi grande perplexité entre les philosophes qui se demandaient comment ces deux essences si dissemblables pouvaient bien s'unir temporairement. Mais nous avons vu plus haut que les mots matière et esprit n'ont de sens ni l'un ni l'autre. Il est plus que probable qu'il n'y a dans l'Univers qu'une essence unique ; moi aussi je suis moniste. Mais il n'empêche qu'à l'heure actuelle, il existe un quelque chose nommé corps qui retient l'âme prisonnière, quelle que soit l'essence ultime de ce quelque chose.

Les matérialistes ne manqueront pas de dire que nous tous qui pensons ainsi, nous revenons à la philosophie des sauvages. Un savant italien a dernièrement écrit cette aménité et, s'il est le seul à l'avoir mise en noir sur du papier blanc, tous ses pareils l'ont pensée et la pensent. Il ne serait pas difficile de leur servir une aménité semblable. La plupart de nos savants actuels, tout comme les sauvages les plus attardés, croient bien sincèrement que les données des sens sont la Réalité même, alors qu'il suffit d'un peu de réflexion pour voir combien l'erreur est grosse. Si les sauvages ont été animistes, cela pourrait bien prouver tout simplement que dans leurs conceptions comme dans les nôtres, il y a un peu de vrai, beaucoup de faux.

Cette conception d'une différence radicale, voire d'une opposition complète entre l'essence de l'âme et celle du corps, avait amené la formation d'une troisième doctrine, qui eut d'illustres partisans : le vitalisme. D'après cette doctrine, l'homme serait triple : en haut trônerait l'âme pensante, au centre serait la force vitale, en bas le corps physique composé par lui-même de matière inerte. L'homme pourrait être comparé à un char qui se meut : l'âme serait le cocher, la force vitale serait le cheval ou les chevaux, le corps serait le char lui-même.

Le vitalisme est né d'une conception de l'âme généralement reconnue fausse aujourd'hui, à la suite de profonds et importants travaux. Pour la psychologie classique l'âme se connaît elle-même et tout entière par la conscience. Il est loin d'en être ainsi. Nous savons maintenant qu'à côté ou au-dessous de cette conscience normale il y a une subconscience qui descend à des profondeurs inconnues, mais énormes. L'âme est un océan dont nous ne connaissons pas les bornes, très agité, mais obscur ; la conscience normale est une portion éclairée de cet océan, insignifiante dans cette immensité. Cette portion éclairée peut parfaitement se déplacer dans le courant de la vie : de là les variations ou les fragmentations de la personnalité. Chaque déplacement de cette lumière est accompagné d'une amnésie plus ou moins complète, suivant l'importance de ce déplacement. Mais on n'a pas assez remarqué que l'idée d'unité persiste toujours, qu'il y a toujours un *moi* en dessous de ces changements.

L'âme nous apparaît aujourd'hui sous trois modalités qui peuvent exister simultanément ou non : vie, force, pensée. Par conséquent le principe qui dirige le char peut parfaitement être en dernière analyse de même essence que la force qui meut le char et que le char lui-même. Il peut parfaitement se faire qu'il n'existe en somme rien que des âmes gravitant vers Dieu, c'est-à-dire en évolution, et que les mondes ne soient qu'une suite d'illusions temporaires, illusions ayant pour origine les autres âmes, leurs cogitations obscures ou leurs pensées conscientes.

Tout cela peut être rêverie pure, je ne me le dissimule pas. Mais n'en est-il pas de même des hypothèses des matérialistes ? Exactement, quoi qu'on en pense. Et ces hypothèses matérialistes apparaissent maintenant aux esprits libres, aux avant-gardes, comme des ornières où le char de la science s'est embourbé et d'où il faut le tirer coûte que coûte. Les pontifes résistent et résisteront en désespérés. Qu'y faire ? Il en a toujours été ainsi. Cette constatation mélancolique me remet en mémoire ces belles lignes de Bergasse écrites en 1781, dans ses *Considérations sur le magnétisme animal* :

« C'est à tort qu'on se persuade que, tolérants et avides de vérités, les savants accueillent sans envie les hommes qui viennent leur ouvrir dans le domaine des sciences des routes inconnues.

« Ce ne sont pas des ignorants, comme on affecte de le dire aujourd'hui, mais des savants, mais des hommes en possession, dans leur siècle ou leur pays, de distribuer l'estime publique et de faire la renommée, qui se sont élevés contre Christophe Colomb, annonçant un monde nouveau, contre Copernic publiant le vrai système des cieux, contre Harvey, démontrant la circulation du sang. Ce sont les savants qui ont creusé le cachot de Galilée, qui ont dirigé contre Ramus les poignards du fanatisme, qui ont laissé mourir Képler dans la pauvreté, qui, montrant à Descartes des bûchers allumés, l'ont contraint de sortir de sa retraite, pour aller sous un ciel rigoureux chercher une mort prématurée. Ce sont des savants qui, dans des temps plus reculés, ont préparé le poison de Socrate et forcé le philosophe de Stagyre à se soustraire par un exil volontaire à une destinée semblable. »

CHAPITRE I

Le Sommeil naturel

État physiologique et psychique du dormeur. — Causes du sommeil. — Pourquoi le sommeil repose. — Distinction entre les rêves et les songes. — Le rêve : ce qu'il est, ses causes.

Marie de Manacéine a intitulé son livre sur le sommeil : *Le sommeil, tiers de notre vie*. Cette estimation n'est certainement pas exagérée. Assez rares aujourd'hui sont ceux qui peuvent se contenter, sans inconvénient, de huit heures de sommeil sur vingt-quatre. C'est d'une vertu à la romaine que de dormir si peu ; mais si les muscles des Romains travaillaient fortement, le cerveau de la plupart d'entre eux somnolait sans interruption depuis le moment de leur naissance jusqu'à celui de leur mort. Or le travail cérébral épuise bien plus que le travail musculaire. Du reste la quantité indispensable de sommeil varie beaucoup avec les individus.

Kant demandait : « Pourquoi tâcher de prolonger notre vie, si l'on en passe une grande partie à dormir ? » Cette question prouve que le puissant cerveau du philosophe de Kœnigsberg devait contenir d'inépuisables réserves d'énergie, ce qui n'est pas le lot de tous les mortels. Kant ne comprenait pas que nous puissions aimer en même temps à vivre et à dormir, car il considérait le temps du sommeil comme retranché de la vie. Je crois qu'il se méprenait. Nous n'aimons pas à vivre, nous aimons, par un instinct profond et puissant, à être, à exister. Dormir nous plaît parce que nous combattons le combat de la vie éveillée à notre corps défendant et parce que nous savons bien que pendant le sommeil nous ne cessons pas d'être. Si nous redoutons la mort, c'est que nous ignorons si elle n'est pas pour nous la fin de toute existence.

La vie actuelle est enchanteresse pour un petit nombre d'entre nous, mais le gouffre noir de la mort nous épouvante, parce qu'il peut être celui du néant.

Qu'est-ce donc que cet état du sommeil, aimé des hommes sans qu'on puisse raisonnablement les en blâmer, car il constitue pour la plupart leur seul répit en d'incessantes misères ? Il y a comme cela un grand nombre de questions auxquelles il semblerait qu'il doive être facile de répondre. Rien ne l'est moins cependant, pour les savants comme pour les ignorants. Nous savons très bien ce que c'est que dormir, et cependant si nous cherchons à définir en quoi cela consiste exactement, l'embarras commence, très grand.

Si les matérialistes ont raison, si l'âme et le corps ne font qu'un, c'est évidemment dans l'état du corps qu'il faut chercher la définition du sommeil. L'homme qui veille et l'homme qui dort ne se ressemblent pas ; il doit donc y avoir, entre les états du corps correspondants à la veille et au sommeil, une dissemblance très notable. Eh bien ! non. Si cette dissemblance existe, elle se cache si avant dans la profondeur des tissus que jusqu'à présent on n'a pas pu la découvrir. On a fortement espéré et on espère toujours que les neurones fourniront la solution désirée ; mais jusqu'à ce jour les neurones eux aussi n'ont rien voulu fournir : ils sont demeurés impassibles sous le regard indiscret des microscopes.

Les médecins définissent volontiers le sommeil : la prédominance des fonctions de nutrition sur les fonctions de relation. O magie des grands mots ! Cela vous a l'air de quelque chose ; mais si on le traduit en langage de tous les jours, voilà ce que cela signifie : le sommeil est le temps pendant lequel on se repose, on se refait, et pendant lequel on ne travaille pas. On peut trouver cela sans être un grand médecin : ce n'est pas une définition, c'est une constatation que n'aurait pas reniée le légendaire M. de la Palice.

Au point de vue physiologique, ce qu'on peut

dire de plus général sur le sommeil, c'est que toutes les fonctions de l'organisme ou à peu près toutes sont ralenties, même les fonctions de nutrition, mais aucune n'est entièrement suspendue. Si pendant le sommeil on fait provision d'énergie, il semble bien que ce soit parce qu'on en dépense moins et non parce qu'on en accumule davantage.

Passons rapidement en revue les très légères modifications physiologiques qu'on a pu observer comme à peu près constantes. La respiration se ralentit et la quantité d'air inspiré diminue dans des proportions très grandes; les échanges gazeux s'affaiblissent; le cœur bat moins fort et moins vite; la température interne baisse sensiblement. Les vaisseaux sanguins de la surface du corps se dilatent plus ou moins, signe d'un fonctionnement plus énergique de la peau. Ceux du cerveau se contractent, au contraire : cet organe pâlit et s'affaisse ; mais un bruit soudain, une lumière inattendue, tout ce qui peut amener un brusque réveil, lui rend instantanément son volume et sa coloration. Les organes de la digestion se comportent comme à l'état de veille : ils travaillent, si l'homme a mangé et se reposent, si on ne leur a rien donné à faire. Quant aux personnes dont le sommeil est troublé par la digestion, ce sont celles chez qui cette fonction est pénible en tout temps.

L'insomnie diminue le nombre des globules

rouges du sang, preuve que ces globules sont des réserves circulantes de l'énergie dont l'âme se sert pour agir dans la matière.

Pour dormir, nous nous retirons dans un endroit tranquille et, si possible, obscur ; nous nous étendons sur une surface horizontale et molle, en ayant soin que la tête soit un peu plus haut que le reste du corps ; nous fermons les yeux et nous nous couvrons chaudement. Tout cela n'a d'autre but que d'amoindrir en nombre et en intensité les excitations extérieures qui nous maintiendraient malgré nous à l'état de veille, état qui justement s'est développé sous l'influence de ces excitations. L'état normal et ininterrompu de nos ancêtres reculés était l'état de sommeil, état inférieur d'où les êtres sortent progressivement. Chaque homme est par nature plus ou moins éveillé ; il en est parmi nous qui le sont fort peu. Les primitifs, les sauvages, les attardés sont des esprits mal éveillés et c'est pourquoi ils aiment tant le bruit, la foule, les couleurs criardes, qui les aiguillonnent et leur donnent la sensation de vivre. Les cerveaux bien éveillés recherchent au contraire le calme et la solitude.

Mais toutes ces constatations physiques et physiologiques ne nous aident guère à comprendre le seul changement saillant, typique, qui se produise toujours chez l'homme endormi, le changement d'état de la conscience, de ce terrible épiphénomène qui se refuse obstinément et méchamment à rentrer dans le cadre des hypothèses de nos savants. Le sommeil est un phénomène de conscience. L'homme qui s'endort, a dit Kant, se retire en lui-même. C'est bien cela. L'homme qui s'endort est l'homme qui cesse de vouloir agir dans le monde physique, qui réduit ses rapports avec ce monde au minimum possible. L'âme du dormeur se désintéresse et s'abandonne. Elle continue à créer des images ; mais la bizarrerie de ces images ou leur association absurde ne l'émeuvent généralement pas. Au moins c'est ce qui se passe dans le sommeil ordinaire, superficiel ; car dans le sommeil profond, l'âme se ressaisit plus ou moins et les phénomènes sont d'une tout autre nature. Quant à l'idée du moi, quoi qu'on en dise, elle est identique dans le sommeil et dans la veille et presque aussi nette dans un état que dans l'autre. Les psychologues qui ont insisté sur ce fait que dans certains rêves nous semblons nous dédoubler et former deux êtres ayant chacun son opinion et la soutenant, ont généralement négligé de remarquer que l'analogue se produit fréquemment dans la rêverie éveillée, pendant laquelle on ne songe pas à contester la présence de l'idée du moi.

Avec notre hypothèse que l'âme et le corps sont deux, nous comprendrons bien plus facilement les phénomènes physiologiques du sommeil que j'ai déjà signalés et ceux que je vais signaler encore.

Tout sommeil, quel qu'il soit, est accompagné d'anesthésie, plus ou moins complète suivant son degré de profondeur. Les douleurs les plus vives s'atténuent ou disparaissent momentanément. C'est que l'âme du dormeur se désintéresse du monde physique, en y comprenant son corps. Un bûcheron qui travaille éprouve de l'ennui s'il s'aperçoit qu'il vient de faire une brèche à sa cognée ; mais il n'éprouve pas d'ennui, si cette brèche lui passe inaperçue. Toutefois l'âme cesse de vouloir éprouver de l'ennui et cesse de réagir longtemps avant de cesser de percevoir. Pincez jusqu'au sang un sujet en hypnose : pas un muscle ne bougera et vous penserez : il ne sent rien. Interrogez-le cependant au réveil et demandez-lui ce que vous lui avez fait. S'il est parmi ces très nombreux sujets qui n'ont pas ou presque pas d'amnésie, il vous répondra tranquillement : vous m'avez pincé. Les matérialistes appellent ce phénomène l'abolition des réflexes. Toujours des grands mots dépourvus de sens ! Les réflexes sont abolis, cela veut dire : le sujet ne bouge plus quoiqu'il sente. Néanmoins ils n'hésiteront pas à écrire, le cas échéant : le sujet ne bouge plus parce que les réflexes sont abolis.

Mon lecteur s'étonnera peut-être que j'aie emprunté mon exemple à l'hypnose alors que je ne traite en ce moment que du sommeil naturel. C'est que pour moi le sommeil naturel et l'hypnose ne diffèrent pas de nature — j'insisterai là-dessus en temps opportun. Au reste le sommeil naturel aurait pu, lui aussi, me fournir mon exemple.

Une bonne preuve que l'anesthésie physique provient de ce que l'âme se désintéresse momentanément du monde physique et des vicissitudes de sa vie dans ce monde, c'est qu'il existe aussi pendant le sommeil une anesthésie morale, si je puis m'exprimer ainsi. L'homme qui dort ne cesse pas seulement de sentir ses douleurs physiques, il cesse aussi de sentir, il oublie ses douleurs morales. C'est dans le sommeil qu'instinctivement nous nous réfugions contre le malheur, comme un enfant effrayé se cache le visage dans le sein de sa mère. Un malheur soudain nous assomme, c'est-à-dire nous porte à dormir, peut-être parce que le choc épuise d'un coup nos réserves d'énergie, mais nous verrons plus loin que l'épuisement physique est loin d'être une cause du sommeil. On s'endort sous le coup du malheur parce que l'âme veut oublier. Elle fuirait si elle pouvait et il y a des moments où elle fuit. Plus d'un homme, en apprenant trop brusquement un malheur, est tombé pour ne plus se relever. Au réveil le souvenir du malheur ne revient pas tout de suite ; tout d'abord nous sentons seulement que quelque chose de pénible et de lourd pèse sur nous : il faut un certain temps pour renaître à la triste réalité.

Mais si l'homme oublie pendant le sommeil ce qui l'afflige, il n'oublie pas ce qui le console. Nos rêves sont souvent faits de nos espoirs et de nos désirs. C'est donc que l'âme fait un choix et retient ce qu'elle veut.

Maintenant quelles sont les causes ou la cause du sommeil ?

Les matérialistes ont proposé bien des théories. Mais toutes ont un défaut capital : elles se bornent à constater ou à supposer un état physiologique qui survient après que l'acte de s'endormir s'est accompli. Mais cet état, vrai ou supposé, a lui-même une cause déterminante : c'est celle-là qui est intéressante et qu'il s'agirait de découvrir. Or l'étude de l'organisme ne nous a pas mis sur sa trace et ne nous y mettra pas.

D'abord on a supposé que le sommeil avait un organe spécial dont il était la fonction : on a donc cherché cet organe sans le trouver, naturellement.

Puis est venue la théorie de l'anémie cérébrale ; pendant qu'on dort, le cerveau s'anémie en effet, pâlit, nous l'avons vu ; et cela s'explique sans peine : il est bien démontré aujourd'hui que la circulation s'accélère dans tout organe en travail et se ralentit dans tout organe au repos. L'anémie du cerveau accompagne donc le sommeil, mais ne le produit pas. Fleming a essayé de prouver le contraire en entravant sur lui-même et sur ses amis l'arrivée du sang au cerveau par la compression des carotides. Il a en effet obtenu le sommeil. Mais ce sommeil a dû avoir pour cause une suggestion : Fleming et probablement aussi ses amis attendaient de l'expérience un résultat bien défini dans leur esprit. L'anémie artificielle ainsi produite a pu agir aussi comme une suggestion : un état donné du corps suggère souvent à l'âme un état correspondant où elle s'est trouvée jadis dans les mêmes conditions. Pendant la vie, l'âme et le corps réagissent constamment l'un sur l'autre. Toutefois l'âme pourrait presque toujours résister au corps si elle s'ignorait moins, si elle avait davantage conscience de sa nature et de ses forces.

Côte à côte avec la précédente vient la théorie qu'on pourrait appeler la théorie de l'empâtement, d'après laquelle le fonctionnement de l'organisme serait entravé par l'accumulation des matières usées. Cette accumulation amènerait d'abord la sensation de fatigue, puis l'état de sommeil, pendant lequel ces matières seraient évacuées. Cette théorie se heurte à deux grosses objections. Non seulement la fatigue n'amène pas fatalement le sommeil, mais elle le chasse généralement, si elle est excessive. Ah! que n'est-il vrai que le sommeil survient avec la fatigue ! Que de souffrances nous seraient épargnées ! D'autre part on peut parfaitement s'endormir et pour de longues heures sans être le moins du monde fatigué. La deuxième objection réside dans ce fait que les échanges nutritifs s'opèrent certainement moins vite et moins bien pendant le sommeil que pendant l'activité de la veille. En dehors des cas de surmenage, ces échanges devraient pouvoir se compenser parfaitement, sans nécessiter la périodicité du phénomène sommeil. Beaucoup de savants partisans de cette théorie de la fatigue ont cherché à découvrir dans le nerf un quelque chose qui caractérisât cette fatigue : ils n'ont rien trouvé. Certains ont même assuré que le nerf ne se fatigue pas et peut fonctionner indéfiniment. Girondeau a proclamé le sommeil une habitude inutile, sotte et même nuisible. Pour prouver ses dires, cet homme aurait bien dû expérimenter sur lui-même et s'efforcer de perdre cette sotte habitude. Mais il est probable et même certain que juste au moment où il aurait commencé à la perdre, il serait mort, comme l'âne qui mourut juste au moment où il commençait à perdre l'habitude de manger. Le sommeil nous est en effet indispensable, quelle qu'en soit la raison, et la privation totale de sommeil tue plus vite que la privation de nourriture. Un jeune chien qu'on a empêché de dormir un seul instant pendant 96 ou 120 heures présente un aspect plus pitoyable que celui qui n'a rien mangé pendant dix à quinze jours.

De cette théorie de l'empâtement et de la fatigue se rapproche celle qui veut que le sommeil soit causé par l'appauvrissement du cerveau en oxygène. Elle est aussi gratuite que les autres de la même école.

La cause première du sommeil n'est pas dans le corps, elle est dans l'âme et le lecteur sait déjà que pour moi l'âme n'est pas le corps. Je vais formuler un aphorisme qui, au premier abord, va sembler à bien des gens un paradoxe énorme : *l'homme dort parce qu'il veut dormir.* Ah ! Monsieur, que ne dites-vous vrai ! s'écrieront un tas de malheureux que l'insomnie torture. Si vous saviez combien nous désirons dormir, combien nous voudrions dormir ! — Eh bien ! oui ; vous désirez, vous voudriez dormir, mais vous ne le voulez pas, parce que vous ne savez plus vouloir ou parce que vous n'avez plus la force de vouloir. Le sommeil est dû à un branle donné par l'homme cérébral, branle qui se communique à l'homme total. Ces mots demandent, je crois, une explication pour ceux qui n'ont pas lu mon livre intitulé *La zone-frontière.* J'appelle homme cérébral cette partie de notre âme qui joue, qui se sert du cerveau, qui constitue la conscience normale, ou, comme dit Myers, supraliminale. La partie infiniment plus considérable de notre âme qui somnole pendant qu'agit l'homme cérébral, je l'ai appelée l'homme magique. L'homme total est constitué par l'homme cérébral et l'homme magique réunis.

Donc, à la suite du branle donné, l'homme magique retire en lui-même cette tentacule qu'il projette sur le monde physique et qui constitue la conscience normale. L'homme, comme dit Kant, s'est alors retiré en lui-même; il somnole tout entier et se berce mollement sur la marge des deux mondes, n'ayant une conscience nette ni de l'un ni de l'autre, quoique pouvant avoir une conscience plus ou moins obscure de certains incidents survenant soit dans l'un soit dans l'autre. Nous avons alors le rêve et le songe, si pleins tous deux d'enseignements.

Pour me servir, moi aussi, d'un grand mot, le sommeil naturel est une auto-hypnotisation. Dans l'hypnotisation c'est une volonté étrangère qui nous endort et dans le sommeil naturel, c'est la nôtre même. Mais, je l'ai dit plus haut, il faut savoir vouloir, il faut savoir faire le vide dans la conscience normale, et n'y laisser que l'idée de sommeil. Cette opération est beaucoup facilitée par une longue habitude. Celui qui souffre d'insomnie ne peut plus ou ne sait plus se donner la suggestion du sommeil.

Il se dit bien, rageusement : Je veux, je veux dormir. Mais il exprime ainsi son désir du sommeil, et ne se donne pas, comme il le croit, l'idée du sommeil. Il faut s'abandonner et il s'irrite ou se chagrine. Pendant cette vie, l'homme magique est passif par nature ; c'est l'homme cérébral seul qui a de la volonté et de la spontanéité. Si la fatigue ou la maladie viennent atténuer cette spontanéité, l'homme cérébral est obsédé par les idées que l'ambiance suggère et il ne peut plus en changer le cours. Sachons demeurer maîtres de notre pensée ; alors nous dormirons et nous nous porterons bien. Mais, quoiqu'appartenant à la conscience normale, la volonté n'est guère consciente d'elle-même et c'est pourquoi nous avons tant de peine à la retrouver quand nous l'avons perdue : nous ne savons pas comment nous y prendre.

Ceux qui souffrent d'insomnie sont aussi généralement difficiles à endormir magnétiquement et pour la même raison : on ne peut pas s'emparer de leur volonté qui est absente. Si le magnétiseur voit son sujet rêvasser et penser à toute autre chose pendant qu'il fait des passes, il sait qu'il perd à peu près son temps. Un procédé mécanique, brutal et soudain, réussit mieux dans ce cas : la surprise vide brusquement cette conscience qui ne sait plus se vider elle-même.

Donc et pour conclure, la cause première du sommeil est dans la volonté ; mais cette volonté est déterminée elle-même par des raisons nombreuses souvent inconscientes, d'ordre physique aussi bien que moral.

Pendant le sommeil nous reprenons des forces ; mais, ainsi que je l'ai déjà dit plus haut en passant, cela est dû simplement à ce que l'âme, pendant le sommeil, use moins de cette énergie particulière qu'il lui faut pour vivre de la vie éveillée, permettant ainsi à ladite énergie de s'accumuler, et non à ce que les fonctions d'assimilation sont plus actives. Le corps étant un instrument, on comprend très bien qu'il ait besoin de réparations après avoir servi. Ce qui est incompréhensible, c'est une âme qui se désagrégerait pour reprendre ensuite son intégrité par l'assimilation d'éléments étrangers. Cette unité de l'âme sera un préjugé philosophique, mais j'avoue avoir bien de la peine à m'en défaire.

Le D^r Ph. Tissié dit, comme moi : « Pendant le sommeil il y a réparation *ou plutôt accumulation* d'une nouvelle force neurique dans le cerveau qui, semblable à tous les viscères, travaille toujours. Pendant le sommeil une partie de cette force peut être envoyée au muscle dans un rêve (1). » Cette force neurique est pour moi l'od, dont je parlerai plus loin. Ceux qui dorment d'un sommeil chronique, comme la

---

1. Tissié, *Les Rêves*, p. 20.

malheureuse de Thenelles qui vient de mourir, ne mangent presque rien et vivent cependant. C'est que chez eux la dépense de force neurique est réduite au minimum.

Mais le sommeil ne répare pas seulement, il repose. Car il semble bien qu'en dehors de la sensation de fatigue due à l'épuisement de l'od ou force neurique, l'âme soit capable d'éprouver une lassitude qui lui est propre, faite d'une sorte de dégoût. Voici un homme las et dégoûté de tout ! Le sommeil le surprend et il s'y abandonne pendant quelques instants seulement. Au réveil il envisage les choses d'une tout autre manière : le courage lui est revenu. Cependant le sommeil a été trop court pour qu'une quantité sensible de force neurique ait pu s'accumuler. C'est donc en elle-même que l'âme a retrouvé ce courage. Ainsi le voyageur fatigué du poids du jour, de la longueur et de la difficulté du chemin, s'asseoit quelques instants à l'ombre puis repart plein d'un nouvel entrain, bien qu'il n'ait pas eu matériellement le temps de se reposer. Il y a d'autres personnes à qui, au contraire, les courts instants de sommeil, surtout pendant le jour, ne réussissent pas : elles se réveillent plus mélancoliques et plus énervées qu'avant de s'endormir. Leur âme ne reprendrait la tâche qu'avec humeur et par force.

De tous les phénomènes du sommeil le plus

saillant, le plus intéressant aussi, est le Rêve. Mais il y a rêve et rêve. Les rêves ordinaires, créations absurdes, tissées avec des éléments empruntés à la veille et assemblés le plus souvent sans rime ni raison, n'offrent vraiment de l'intérêt que pour le psychologue. Mais à côté de ces rêves-là, il y en a d'autres, parfaitement logiques et sensés, véritables visions nocturnes qui intéressent au plus haut point le psychiste. Il est indispensable de bien séparer ces deux classes de rêves et de les désigner par des noms particuliers. Je pourrais, moi aussi, ouvrir un dictionnaire grec et y chercher des noms barbares. Les savants m'en sauraient gré peut-être. Mais, au risque de leur déplaire une fois de plus, j'aime mieux prendre dans le français ce qui s'y trouve déjà. Si j'ouvre le dictionnaire encyclopédique Flammarion au mot rêve, j'y lis : « les *songes* et les *rêves* faits en dormant diffèrent entre eux en ce que ceux-ci sont plus vagues, plus décousus, plus incohérents et ne laissent guère de traces. Les songes plus sentis, plus liés, présentant une certaine coordination d'idées, laissent dans le cerveau des traces plus profondes. » C'est très bien dit. Donc dans le présent ouvrage, ce sont des songes que nous nous occuperons. Nous en rapporterons un grand nombre et nous verrons qu'ils ont des choses bien intéressantes à dire à ceux qui osent les interroger, malgré que la science officielle ne nous ait pas encore donné la permission de le faire. Les songes se rattachent à ces facultés transcendantales, incroyables, qu'on rencontre dans l'hypnose plus ou moins profonde chez quelques sujets privilégiés. Telles sont la vue à distance, la lecture dans la pensée, la prévision de l'avenir. On peut trouver des traces de ces facultés dans la veille même chez quelques très rares sujets ; mais il est certain que nous avons affaire ici à des facultés qui ne sont pas normales dans ce monde et dans cette vie, des facultés qui ne sont en nous qu'à l'état de puissance, mais qui doivent se développer et devenir normales dans un monde autre que celui-ci. Toutefois, quoique très fréquentes dans l'au-delà, ces facultés peuvent n'être pas encore le lot de tous ses habitants. Il peut y avoir des attardés qui ne les possèdent pas encore. Cela expliquerait bien des constatations étranges et embarrassantes que font à tout moment les chercheurs psychistes.

L'un des grands arguments des matérialistes a été exprimé par un aphorisme en latin souvent répété : *Nihil est in intellectu quod non prius fuerit in sensu*, ce qui veut dire : Il n'y a rien dans l'intelligence qui n'ait d'abord passé par les sens. De là on tire, très mal à propos, cette conclusion que l'intelligence par elle-même n'est rien en dehors des sens et du cerveau. Leibnitz, un spiritualiste, ajoutait : *nisi ipse intellectus*, excepté toutefois l'intelligence elle-même. Quand nous venons en ce monde, notre intelligence peut être une page blanche ; ce n'est pas une raison pour conclure qu'elle n'existe pas encore et que les sens non seulement lui fourniront tous les matériaux sur lesquels elle travaillera, mais qu'ils la constitueront. Si Leibnitz avait vécu un siècle plus tard, s'il avait connu ce que nous connaissons maintenant sur les songes et sur les possibilités du somnambulisme, il aurait pu opposer à ses adversaires des cas infiniment nombreux où il y a dans l'intelligence des données que les sens n'ont pas pu fournir, à moins d'étendre presque à l'infini la portée de ces sens, sans aucune vraisemblance et uniquement pour les besoins de la cause. Si à Paris un somnambule me raconte ce qui se passe au même moment à Pékin, j'admettrai difficilement qu'il le voit avec ses yeux de chair ou même avec une circonvolution de son cerveau. Toutes les théories vibratoires proposées ne satisfont personne, pas même leurs créateurs. Aussi puisque ces maudits phénomènes ne veulent pas entrer dans les cadres matérialistes, il n'y a qu'un parti à prendre, et on le prend : on se bouche les yeux pour ne pas les voir, on affirme ensuite qu'ils n'existent que dans l'imagination de quelques pauvres anthropoïdes.

Mais si beaucoup de songes, sinon tous, sont dus à des facultés transcendantales, leur trame n'est pas ourdie tout entière par ces facultés.

Il peut venir des lueurs de l'au-delà jusqu'à nous, mais notre vie normale est actuellement dans le monde physique. C'est pourquoi le tissu des songes est souvent, sinon toujours, fait, comme celui des rêves, avec des éléments empruntés à l'expérience de la vie éveillée. Dans le songe, comme dans le rêve, comme dans la veille, ce sont les mêmes images qui défilent devant les yeux de l'esprit ou plutôt que l'esprit crée pour sa torture ou pour son amusement. N'en déplaise à M. Jaurès, le monde sensible ou monde des phénomènes n'a aucune réalité en dehors de nous. Quant au monde réel ou monde des Noumènes, il est bien loin hors de notre portée pour le moment. Rien d'étonnant donc à ce que dans le calme du sommeil comme dans les tracas de la veille nous contemplions toujours les mêmes images. Ces images, c'est notre œuvre propre, c'est ce que nous sommes capables de faire au degré d'évolution où nous sommes parvenus, c'est nous-mêmes. Seulement dans le sommeil elles sont des souvenirs, alors que dans la veille elles sont directement provoquées par un quelque chose de réel qui nous échappe.

Il faut donc que je parle aussi du rêve, mais je m'en tiendrai à quelques généralités.

Existe-t-il des sommeils parfaits, c'est-à-dire sans le moindre rêve ? Oui, je le crois fermement. Il y a des âmes qui dorment d'un sommeil profond et solennel qu'aucun rêve ne traverse encore. Mais les âmes des hommes et des animaux supérieurs, même les plus attardées, sont sorties de ce stage. Tous les hommes et tous les animaux supérieurs rêvent en dormant. Mais la quantité et la qualité des rêves sont en raison directe du développement et de l'activité des facultés intellectuelles. Plus le sommeil est léger, plus il est riche en rêves ; plus au contraire il est profond, plus les rêves sont rares ; mais c'est dans le sommeil profond surtout que les songes sont susceptibles d'apparaître.

On pourrait croire que le rêve représente un retour momentané vers une veille ancestrale, lointaine, primitive, où les images façonnées par l'âme sous les excitations de l'ambiance s'enchaînaient baroquement, comme elles pouvaient. Il y a certainement, même parmi les hommes, des âmes chez qui la logique des idées et leur enchaînement ne sont pas beaucoup supérieurs pendant la veille à ce qu'ils sont dans le rêve. Certaines autres remarques tendraient aussi à première vue à confirmer cette hypothèse. On parle peu dans le rêve ; même si nous avons un interlocuteur, ses idées nous arrivent nous ne savons comment ; il nous parle sans nous parler et, fait remarquable, cela nous semble tout naturel. De même les hommes primitifs devaient parler peu ; mais je ne crois pas avec M. Podmore qu'il y avait entre eux une transmission directe de pensée. Au contraire cette transmission directe de pensée, sans l'emploi d'aucun code de signaux, semble bien être normale entre les âmes libérées de leur prison de chair. Donc il faut logiquement s'attendre à en rencontrer comme une intuition pendant le sommeil, qui est comme la première étape de cette libération. Il arrive souvent que les enfants, les vieillards, et même les adultes affaiblis par la maladie ne savent plus bien distinguer les rêves de la vie réelle et prennent ceux-ci pour la réalité ; mais cela doit tenir simplement à ce que les images du rêve sont identiques à celles de la veille et non à un retour vers une veille ancestrale. Il arrive à tout homme d'avoir en rêve tels désirs, telles pensées qui sont en contradiction formelle avec son caractère ; il arrive à tout homme d'accomplir en rêve des actions dont la seule pensée lui ferait horreur pendant la veille. Mais faut-il conclure à la réapparition injurieuse chez les petits anges que nous sommes de l'état moral inférieur d'aïeux très lointains ? Ces rêveries malsaines sont-elles particulières au sommeil ? Hélas ! Non. Oh ! Les étranges et féroces pensées que nous surprenons en nous quand tout à coup notre attention se porte sur notre rêverie à l'état de veille ! La raison, aidée par d'autres sentiments meilleurs, refoule cette troupe de gnomes hideux. Mais ces gnomes sont nos enfants. L'homme est à peine recouvert d'un vernis de bonté et de moralité dont la mince couche se craquèle aisément, et alors ses laideurs apparaissent. J'ai quant à moi conscience d'être bien le même, au point de vue du sens moral, dans la veille et dans le rêve, avec un peu de bon et beaucoup de mauvais.

Le rêve n'est donc pas un retour vers une veille antique; il est une activité résiduelle de l'homme cérébral, activité que la raison et la volonté ne contrôlent plus. Tout le démontre. Un rêve peut avoir des origines diverses, mais son étoffe elle-même est toujours tissée avec les traces laissées par la veille dans la mémoire. Voilà bien, du reste, la différence caractéristique qu'il y a entre la veille même des êtres primitifs et le rêve: dans la veille l'âme crée directement des images sous l'influence des excitations extérieures; les images des rêves sont faites avec des fragments de souvenirs combinés sans logique.

Il est à peu près certain que les rêves existent chez les enfants dès les premiers jours de leur vie; mais les sensations et les représentations chez les nouveau-nés étant fort peu nombreuses, le domaine de leurs rêves est nécessairement circonscrit.

Les images visuelles sont celles qui prédominent de beaucoup à l'état de veille; il doit en être de même et il en est en effet de même dans le rêve.

Ceux qui à l'état de veille n'ont pas d'images visuelles n'en ont pas non plus dans le rêve : s'il faut en croire Herrmann, ces images sont totalement absentes des rêves des aveugles qui ont perdu la vue avant l'âge de cinq ans. Au reste chez les aveugles les rêves sont rares. Les sourds-muets de naissance n'ont jamais en rêve d'images auditives. On a fait des observations sur un sujet né sans bras et sans pieds : il ne se voyait jamais en rêve que mutilé. Mais d'autres, pareillement difformes, se voyaient avec des membres normaux. Quoi qu'il en soit, les éléments de ces images sont toujours empruntés à l'état de veille. On peut donc définir le rêve : une création plus ou moins absurde automatiquement faite, avec des matériaux emmagasinés dans la mémoire, par une âme qui ne se contrôle plus.

Se fondant sur des observations souvent répétées, on pourrait dire, en se servant de la belle expression de Matthew Arnold : Dans le rêve, « l'âme ne sent plus les chaînes du Temps ni les menottes de l'Espace. » Mais il faut s'entendre. L'espace et le temps sont des cadres où nous plaçons toutes les images de notre vie éveillée ; les cadres comme les images sont des phénomènes suscités en nous par des noumènes ou réalités dont nous n'avons aucune idée. Donc l'espace et le temps sont eux aussi subjectifs. Mais les images sont emmagasinées dans la mémoire avec leurs cadres. Il y a donc aussi dans le rêve un Espace et un Temps. Nos créations oniriques sont localisées en un lieu que nous voyons et nous donnent une sensation de durée. Et cependant nous pouvons très bien, dans l'espace de quelques secondes, rêver avec tous leurs détails une suite d'évènements qui dans la réalité demanderaient des jours, des mois ou même des années pour s'accomplir.

L'âme retirée en elle-même imagine, conçoit et sent, je dirais avec une rapidité extrême, si le mot rapidité n'impliquait pas l'idée d'espace ou de temps. Le corps est un des phénomènes encadrés dans l'espace et le temps, mais l'âme en elle-même, est par essence en dehors et au-dessus de ces limitations. Nous ne comprenons pas très bien comment cela peut se faire, mais le rêve nous indique nettement qu'il en est ainsi. Cette indépendance de l'âme est très suggestive ; une âme qui ne serait que la résultante du jeu des organes ne pourrait pas plus s'affranchir du temps et de l'espace dans le rêve que dans la veille. Tout rêve aurait un substratum compliqué d'opérations physiologiques, dont la plupart se succèderaient et ne seraient pas simultanées. Bien plus, la cérébration, — si la pensée n'est que cérébration, — devrait logiquement être moins rapide dans le sommeil que dans la veille. Or, c'est juste le contraire qui a lieu.

Beaucoup de rêves naissent spontanément, c'est-à-dire sans qu'aucune excitation extérieure les déclanche, si je puis m'exprimer ainsi. Aussitôt que la conscience normale s'obnubile, le champ de l'esprit apparaît peuplé d'une foule d'images oniriques. A peine avons-nous fermé les yeux, que les illusions hypnagogiques dansent déjà autour de nous leur grimaçante sarabande. Mais tous les rêves ne sont pas spontanés.

Beaucoup ont pour point de départ une impression sensorielle ou un état des viscères. Le tact, l'ouïe, l'olfaction, la vue, le goût, la musculation, les organes génitaux, tous les sens et toutes les fonctions physiologiques peuvent être la cause initiale de rêves.

C'est pourquoi une question se pose : Est-il possible de créer artificiellement des rêves? Carl du Prel répond : « Il n'est pas douteux qu'on puisse créer des rêves par des impressions physiques. Si Grégory, s'étant couché avec aux pieds une bouteille d'eau chaude, rêve qu'il fait l'ascension de l'Etna, et que la chaleur du sol est intolérable ; si un autre qui s'est mis un vésicatoire sur la tête, rêve qu'il est scalpé par les Indiens ; si un troisième qui s'est couché avec une chemise humide, rêve qu'il est emporté par un courant ; si le début d'une attaque de goutte fait rêver au patient qu'il est entre les mains de l'Inquisition et qu'on la torture, il est clair qu'en employant ces moyens intentionnellement, le résultat pourrait être le même. » Si nous savions nous donner les rêves que nous voulons, il y aurait là un précieux moyen de mettre de la joie dans l'existence la plus misérable, car le rêve nous cause autant de joie ou autant d'affliction que la réalité. Si un roi rêvait toutes les nuits qu'il est berger, et si un berger rêvait toutes les nuits qu'il est roi, le résultat final serait équivalent pour ces deux hommes. C'est Pascal qui l'a dit.

Mais la science ou l'art de se donner les rêves qu'on veut, n'est pas constitué et n'est pas près de l'être. Trop d'éléments nous échappent, et il y en aura toujours probablement une infinité qui nous échapperont. Cependant, certains moyens ont donné des résultats satisfaisants à certains expérimentateurs : on peut en essayer.

Dans le rêve, l'association des idées est absurde, mais il n'en serait pas autrement dans la veille si la raison négligeait d'intervenir. Quelquefois, dans le rêve comme dans la veille, nous découvrons les raisons de cette association, mais pas toujours. Que de fois ne nous demandons-nous pas : Pourquoi, diable telle idée m'est-elle venue en ce moment ? Voici un passage de Burdach qui montre bien jusqu'où peut aller l'incohérence dans le rêve : « Gruithuisen rêva qu'il montait un *cheval* qui se transforma en *bouc*, celui-ci en *veau*, puis en *chat*, en *jeune fille* et enfin en *vieille femme* ; l'arbre sur lequel le chat s'était mis à grimper devint une *église* et celle-ci un *jardin* ; l'orgue d'église devint une *guimbarde* dont jouait le chat puis le *chant* de la jeune fille ». Les rêves tout aussi incohérents ne sont pas rares.

Le passage de la veille au sommeil est peuplé d'illusions dites hypnagogiques ; le passage inverse du sommeil à la veille est aussi peuplé d'illusions analogues, dites hypnopompiques, qui sont le résidu des rêves et qui peuvent même persister un certain temps pendant la veille sous forme d'hallucinations, si le rêve a été particulièrement intense. Mais en général et chez la plupart des gens, aussitôt après le réveil, toute trace des rêves ordinaires s'évanouit du souvenir. L'amnésie survient.

Mais qu'est-ce que ce phénomène de l'amnésie si fréquent dans notre vie ? Est-ce un oubli définitif, un effacement pour l'éternité ? Non pas. L'amnésie n'anéantit rien ; c'est un simple passage de la lumière dans l'ombre, du conscient dans le subconscient. Toute impression, toute sensation même inconsciemment perçue, toute idée, tout rêve même fugitif et lointain peut être retrouvé dans des circonstances données. Quelquefois tout ce qui constituait notre conscience normale s'enfonce à la fois dans le subconscient: un nouvel être cérébral apparaît dont la conscience est aussi vide que celle de l'enfant qui vient de naître. Une nouvelle personnalité se constitue avec un nouveau courant de souvenirs. La première semble détruite à jamais, mais ce n'est qu'une illusion et une crise nouvelle peut la ramener intégralement à la surface. Dans notre vie actuelle il y a en réalité une suite ininterrompue d'oscillations plus ou moins amples entre le conscient et le subconscient. Tout passe ou peut passer de la partie éclairée à la partie ténébreuse de notre âme et réciproquement. Aussitôt que l'état de notre conscience se modifie sous une influence quelconque, il y a complète amnésie ou tout au moins obnubilation du souvenir. Regardez dans une lorgnette un coin d'un paysage ; vous en distinguez les moindres détails et vous vous dites : je me les rappellerai bien. Eloignez brusquement la lorgnette de vos yeux : ces détails sont presque oubliés ; il y a un commencement d'amnésie. Quoi donc d'étonnant que nous sortions souvent amnésiques du sommeil? Mais l'amnésie est loin d'être la règle dans tous les cas et pour tout le monde.

Je voudrais terminer ici ce chapitre déjà trop long, mais je dois dire un mot des maladies du sommeil. J'en demande pardon au lecteur que je ne voudrais pas fatiguer. Quand un écrivain ne sait pas suivre le précepte de Boileau et se borner, j'ai vite fait quant à moi de jeter son écrit. Pourquoi, s'il vous plaît, permettrais-je à ce gribouilleur de m'ennuyer ou de me fatiguer ? Or il est probable — et c'est justice — qu'on agit à mon égard comme j'agis à l'égard des autres : ne fais pas à autrui ce que tu ne veux pas qu'on te fasse.

Mais dans certaines maladies on rencontre des formes de sommeil profond qui nous intéressent au plus haut point, parce qu'on peut déterminer expérimentalement dans l'hypnose ces formes chez la plupart des sujets, lesquels les traversent et en sortent comme on veut et sans en éprouver le moindre inconvénient, au contraire. Cela prouve, soit dit en passant, que ces sommeils anormaux ne constituent pas en eux-mêmes des maladies, comme les médecins se plaisent souvent à le dire : ce ne sont que des symptômes. La catalepsie, par exemple, n'est pas en elle-même une maladie : elle est un des symptômes d'une maladie nerveuse de nature inconnue.

La première, la plus pénible des maladies ayant rapport au sommeil est l'insomnie. Mais je ne m'y arrêterai pas : ce qui nous intéresse ici, c'est le sommeil et non l'absence de sommeil. D'ailleurs j'ai déjà dit à peu près ce que j'en pense : l'insomnie est à mes yeux une maladie de la volonté. Quoi que prétendent les malheureux qui en souffrent, elle n'est jamais complète ; le sommeil peut être plus ou moins léger, plus ou moins agité, plus ou moins interrompu, mais il existe, sinon les patients ne tarderaient pas à succomber. N'ajoutons pas trop foi aux geignards qui sans cesse répètent : « Je ne dors pas ; non, pas du tout, monsieur, pas du tout. » Au reste ces malheureux le croient fermement qu'ils ne dorment pas ; et c'est de cette persuasion erronée qu'il faut tout d'abord chercher à les débarrasser, car elle agit comme une suggestion qui souvent suffit à elle seule pour perpétuer indéfiniment l'état morbide.

A côté de la maladie qui consiste à ne pas dormir vient tout naturellement celle qui consiste à dormir tout le temps. La maladie du sommeil ou narcolepsie existe dans nos régions, mais elle y est en somme rare. Il n'en est pas de même dans l'Afrique occidentale où elle est une maladie endémique des plus graves parmi les nègres ; souvent elle sévit épidémiquement et presque tous les cas se terminent par la mort.

Le sommeil chez le narcoleptique est déjà profond et présente beaucoup d'analogies avec le sommeil hibernal des animaux. On y rencontre souvent sinon toujours la catalepsie ou état cataleptique. Mais la catalepsie se présente souvent aussi dans l'hystérie et d'autres maladies mal définies.

Au point de vue physiologique la catalepsie est caractérisée par l'immobilité des membres qui gardent la position, quelque anormale qu'elle soit, où l'attaque les a surpris. Mais ils demeurent flexibles et si un spectateur leur donne une autre position, ils la prennent sans résistance.

Le cataleptique peut être mu, mais il ne se meut pas spontanément. Au point de vue psychique la catalepsie a pour caractère la disparition plus ou moins complète de la conscience normale avec toutes ses facultés, disparition qui chez certains sujets peut aller presque jusqu'à l'annihilation. L'âme d'un homme éveillé se présente à nous sous les trois modalités : vie, mouvement, pensée. Dans la catalepsie la modalité pensée est abolie, d'une manière plus ou moins complète toutefois. Dans le passage de l'état de veille dans le monde physique à l'état de veille dans le monde supra-physique, la catalepsie représente un point mort. Il semble bien qu'il n'y ait de rêves d'aucune sorte dans la narcolepsie et à plus forte raison dans la catalepsie et c'est là une constatation importante : elle prouve que dans le rêve ce n'est pas encore l'homme magique qui travaille; le plus ordinairement, c'est l'homme cérébral, c'est cette portion de l'homme total qui à l'état de veille constitue la conscience normale. Le rêve, nous l'avons vu, dépend encore beaucoup du cerveau : l'âme n'a donc pas quitté cet organe et c'est pourquoi le sommeil n'est pas la mort, bien qu'il en soit la première étape. L'état cataleptique ne peut pas être pénible puisqu'il est constamment accompagné d'anesthésie; quand un reste de cérébration subsiste, il devient même un état de béatitude; il existe une extase cataleptique fréquente surtout chez les sujets atteints de monomanie religieuse. Certains sujets en catalepsie conservent la faculté de saisir les idées émotives véhiculées par les sons, par la parole ou par la musique. Alors l'organisme tout entier jusqu'au moindre muscle se moule pour ainsi dire dans ces idées, qui, chacune au fur et à mesure qu'elle arrive, envahit l'âme tout entière, puisque la conscience normale est vide. On obtient ainsi des effets artistiques d'une intensité extraordinaire. Au réveil d'une attaque de catalepsie spontanée, le malade peut reprendre le cours de ses idées : tel est le cas d'une dame qui achevait, en sortant de son état cataleptique, la phrase interrompue par l'attaque.

Si la catalepsie est un point mort, le somnambulisme est un réveil, mais un réveil qui peut varier de nature. Quelquefois ce qui se présente est une personnalité seconde, ayant toutes les facultés physiques de la personnalité considérée — à tort peut-être — comme normale, mais différant notablement par les facultés psychiques et le caractère. Quant à moi, je tends à croire que les nombreuses personnes qui sont tantôt d'un caractère tantôt d'un autre, suivant les périodes, sont ainsi des personnes à renversement, si je puis introduire cette expression. Elles passent d'un état dans l'autre avec une facilité très grande, pendant le sommeil physiologique probablement et c'est ainsi qu'elles se réveillent tantôt bien, tantôt mal « lunées. »

Dans le somnambulisme nocturne et spontané il n'y a pas ordinairement réveil de tout l'organisme. Une idée ou un groupe d'idées s'empare de l'âme qui tend à les réaliser : tout ce qui est nécessaire à cette réalisation s'éveille, le reste continue à dormir ; l'homme ainsi obsédé, concentré vers un but unique, accomplit des actes stupéfiants dont il serait bien incapable à l'état de veille ordinaire. Dans ce somnambulisme apparaissent quelquefois des facultés transcendantales, comme vue à distance ou prévision de l'avenir. Donc l'âme a déjà cheminé vers l'au-delà.

Dans le somnambulisme expérimental l'âme peut agir spontanément, mais ordinairement n'agit que si on l'en prie. Les yeux demeurent clos, la sensibilité est presque toujours absente. Les premières facultés transcendantales commencent aussi quelquefois à poindre.

Il existe encore des sommeils bien plus profonds, tels que le coma et la léthargie. Quelquefois un homme en léthargie donne absolument l'impression d'un cadavre. La ressemblance est telle que des malheureux dans cet état ont été bel et bien enterrés. C'est une éventualité épouvantable contre laquelle la science ne peut pas encore nous garantir. Eh bien ! Chose étrange ! Plus d'un, parmi ceux qui sont revenus de cette mort apparente, raconte des faits extraordinaires démontrant que l'âme, elle, n'avait jamais été plus vivante et qu'elle assistait invisible à des scènes se déroulant bien loin de l'endroit où gisait le corps.

Enfin, dans le sommeil normal, on observe même quelquefois des paralysies rappelant tout à fait la contracture plus ou moins générale qui saisit certains sujets dès le début de l'hypnose, jusqu'au somnambulisme. Bref, et pour conclure, on peut rencontrer dans le sommeil normal ou morbide tous les états qu'on a observés dans le sommeil provoqué ou hypnose.

CHAPITRE II

L'hypnose

Les hypothèses matérialistes en magnétisme. — L'école de la Salpêtrière et ses théories. — Ce qu'a voulu Charcot. — Les procédés de la Salpêtrière. — L'école de Nancy. — Moyens de produire l'hypnose et de la faire cesser: la suggestion ; les passes. — Preuves de l'existence de l'od ou « fluide » des magnétiseurs : la volonté est véhiculée sur l'od; opinion du Dr Roux (de Cette) ; on endort et on guérit les animaux par le magnétisme ; on accélère la végétation des plantes ; expérience de Ch. Lafontaine. — Les magnétiseurs. — Les degrés de l'hypnose. — La narcose.

Je l'ai dit et ne saurais trop le répéter: toutes les hypothèses des matérialistes en ce qui concerne l'âme humaine sont la vanité des vanités. Ces hypothèses sont même puériles et apparaîtraient telles dès le premier examen à tout homme de bon sens; mais on n'examine guère, même aujourd'hui. Penser est une pénible corvée dont nous nous dispensons autant que possible. Combien il est plus commode et plus simple de nous en rapporter, suivant nos goûts, à notre curé ou au prétendu grand homme en qui nous avons mis notre confiance! Certes, la très grande majorité des humains sont encore incapables de penser par eux-mêmes; mais beaucoup le pourraient et ne le font pas, par paresse.

Et puis les savants matérialistes du jour exposent leurs contestables théories avec une telle assurance, avec un tel luxe de mots baroques, sonores et creux, avec un tel mépris pour quiconque n'est pas de leur avis, qu'ils finissent par en imposer à tous, à ceux qui les écoutent, à eux-mêmes qui s'écoutent et à moi-même, ver de terre qui de loin les contemple et les envie!

C'est pourquoi leurs hypothèses demeurent tout de même debout un certain temps, nul n'osant y toucher. Et néanmoins il est un domaine, domaine immense à peine découvert encore, où ces constructions aussitôt élevées se sont écroulées d'elles-mêmes, tant elles manquaient de solidité: ce domaine est celui du magnétisme.

Depuis quatre-vingt-dix ans, le magnétisme narguait la science. On avait beau lui donner à comprendre qu'il n'existait pas, il continuait à exister et même à s'affirmer bruyamment de temps à autre. A la fin Charcot, l'homme sûr de lui-même, se dit: Je vais prendre ces encombrants phénomènes et les mettre à leur place

4.

une bonne fois pour toutes ! Ainsi donc fut fondée l'école de la Salpêtrière, où, de très haut comme il convenait, on se mit en devoir de morigéner et de légiférer pour l'éternité.

Examinons un peu ces théories de la Salpêtrière en nous aidant d'un excellent article du Dr Milne Bramwell qui connaissait bien la question et qu'on pourra difficilement taxer d'incompétence (1).

Première loi promulguée à la Salpêtrière : L'hypnose est un état morbide qui ne peut être provoqué que chez les hystériques.

S'il en est ainsi, il y a au moins 90 pour cent d'hystériques parmi les humains. Sur 10.000 sujets, Bernheim a obtenu 90 0/0 de succès ; sur 6.500 sujets, Wetterstrand n'a eu que 105 insuccès ; en 1892, dans sa première statistique internationale, Schrenk-Notzing a donné 8.705 cas empruntés à 15 observateurs, avec 6 0/0 d'insuccès seulement. M. Hugh Wingfield a essayé d'endormir 170 sujets pris parmi les jeunes étudiants de Cambridge, qu'on ne peut pas accuser de fournir beaucoup de victimes à l'hystérie, et il a réussi dans la proportion de 80 0/0 après une unique tentative pour chacun d'eux ; s'il avait recommencé plusieurs fois avec les réfractaires, il aurait peut-être fini par les endormir

1. Dr Milne Bramwell, *What is Hypnotism ? Proceedings of the S. P. R.*, vol. XII, pp. 203-209.

tous. Liébeault affirme que les soldats et les marins sont particulièrement sensibles ; Grossmann, de Berlin, en dit autant des lourds Allemands du Nord. D'autre part Braid, Forel, Moll affirment que ce sont justement les hystériques qu'il est le plus difficile d'endormir. On pourrait continuer longtemps cette énumération. Charcot, n'ayant eu sous la main que des hystériques, n'a étudié et endormi que des hystériques et il en a déduit — avec quelle logique — la loi rappelée plus haut, pour le grand honneur de la « vraie science ».

Deuxième loi promulguée à la Salpêtrière : Les femmes sont plus sensibles que les hommes à l'hypnotisme.

Tous les observateurs de tous les pays affirment qu'il n'en est rien ; la Salpêtrière fait seule exception. Liébeault déclare que, si cette différence existe, elle n'atteint pas 1 pour cent.

Troisième loi promulguée à la Salpêtrière : Les enfants et les vieillards ne sont pas sensibles à l'hypnotisme.

Wetterstrand a constaté que tous les enfants sans exception entre 3 et 15 ans peuvent être influencés. Sur 250 enfants, Bérillon a obtenu 80 pour cent de succès, après une seule tentative pour chacun d'eux. Dans une statistique de Liébeault nous trouvons les résultats suivants : Chez les enfants 100 pour cent de succès ; chez les adolescents 10 pour cent d'insuccès ; chez les vieillards, à partir de 63 ans, 13 pour cent d'insuccès.

Quatrième loi promulguée à la Salpêtrière : L'hypnose peut être provoquée par des moyens mécaniques employés seuls.

Je crois, pour ma part, qu'il existe des états hypnoïdes provoqués par des moyens mécaniques même sans auto-suggestion ; depuis longtemps le langage usuel l'a constaté ; on est médusé, pétrifié par la peur ou la surprise. L'école de Nancy le nie. En tout cas la Salpêtrière n'aurait pas un seul cas d'hypnose à citer, duquel toute influence mentale ait été soigneusement bannie. En revanche n'importe quel moyen mécanique peut réussir quand on a affaire à un sujet sensible et qui sait ce qu'on attend de lui. Le miroir aux alouettes n'endormait pas les gens avant l'avènement du Dr Luys et il n'endort encore aujourd'hui que ceux qui s'y attendent.

Cinquième loi promulguée à la Salpêtrière : Les phénomènes hypnotiques se divisent en trois phases distinctes.

Il y a des phases dans l'hypnose, mais variables presque avec chaque sujet. Les manœuvres qui, à la Salpêtrière, produisaient des phénomènes si nets, ne donnent rien ailleurs quand le patient ignore ce qu'on lui veut. En revanche par la suggestion verbale on obtient facilement ce qu'on désire et le sujet apprend vite, même à notre insu, à donner tel phénomène à tel signal de nature quelconque.

Sixième loi promulguée à la Salpêtrière : L'hypnotisme n'a pas ou presque pas de valeur thérapeutique.

D'un côté nous avons l'opinion de Charcot et d'un petit nombre de ses disciples qui ne cherchaient que des phénomènes propres à étonner la galerie et nullement des cures ; de l'autre côté nous avons l'opinion toute contraire de centaines d'observateurs et d'un nombre incalculable de malades soulagés ou radicalement guéris.

Septième loi promulguée à la Salpêtrière : L'hypnotisme est dangereux.

Les moyens barbares employés à la Salpêtrière pour produire l'hypnose sont très certainement dangereux ; mais l'hypnose en elle-même ne l'est pas. Le Dr Liébeault écrit :

« Après une longue suite d'expériences qui n'a pas duré moins de 37 années, je proteste contre les dangers attribués à l'hypnotisme. L'hypnose employée avec sagesse est *absolument inoffensive*. » Bernheim de son côté dit : « Après des milliers d'essais, je déclare que l'hypnose employée comme elle doit l'être porte presque toujours ses fruits et que *jamais elle ne nuit*. »

A l'étranger, Wetterstrand, Van Eeden, de Jong, Moll, Milne Bramwell et quantité d'autres font des déclarations analogues.

Lorsque les disciples de Charcot l'appellent l'honneur de la science française, ils lui donnent un titre auquel il a, on le voit, au moins sept fois droit.

Et qu'a voulu le grand maître en s'occupant de magnétisme, pardon, d'hypnotisme ? Demandons-le à lui-même ; extrayons un passage d'un des tomes nombreux de ses œuvres complètes. Si vous ne comprenez pas bien ledit passage, ami lecteur, ne m'en veuillez pas : je n'y suis pour rien, je cite. Vous ne vous attendez peut-être pas à ce qu'un homme de poids comme Charcot écrive ainsi que vous ou moi, d'une plume alerte. Il met des « on » et des « il » là où nous aurions mis, nous, des « je » ; mais c'est ainsi qu'il faut faire quand on a de la valeur et qu'on le sait.

« Dès l'origine on s'est attaché à imprimer à ces recherches une allure prudente et réservée : peu préoccupé du scepticisme d'ailleurs purement arbitraire, familier à ceux qui, sous prétexte d' « esprit scientifique », cachent un parti-pris de ne rien voir et de ne rien entendre en ces matières. On s'est tenu autant que possible éloigné de l'attrait du singulier, de l'extraordinaire, écueil qui, dans ce domaine encore peu exploré scientifiquement, se rencontre pour ainsi dire à chaque pas. En somme la méthode qu'il convient de suivre dans ces études ardues de physiologie et de pathologie nerveuses peut être, suivant M. Charcot, résumée très simplement : au lieu de se laisser aller à la poursuite de l'inattendu, de l'étrange, il convient, quant à présent, de s'attacher à saisir les signes cliniques, les caractères physiologiques facilement appréciables des divers états des phénomènes nerveux produits ; de se renfermer d'abord dans l'examen des faits les plus simples, les plus constants, de ceux dont la réalité objective est la plus facile à mettre en évidence, n'abordant qu'ensuite et toujours avec circonspection les faits les plus complexes ou plus fugitifs ; de négliger même, systématiquement, du moins à titre provisoire, ceux d'une appréciation beaucoup plus délicate, qui, pour le moment, ne paraissent se rattacher par aucun lien saisissable aux faits physiologiques connus. C'est en grande partie, suivant M. Charcot, parce que ces précautions si simples ont été trop souvent négligées, que les recherches sur l'hypnotisme considéré comme une névrose expérimentale, recherches destinées certainement à porter quelque jour la lumière dans une foule de questions, non seulement de l'ordre pathologique, mais encore de l'ordre physiologique, ou psychologique, autrement presque inaccessible, n'ont pas jusqu'ici donné tous les fruits qu'on peut en attendre, et n'ont pas rencontré partout l'accueil favorable qu'elles méritent. »

Quant aux procédés employés par Charcot et

ses disciples j'en dirai peu de chose, d'abord parce qu'ils ne sont pas à vulgariser, ensuite parce qu'on va chaque jour en les employant de moins en moins, heureusement. Mais un autre passage nous en donnera une idée.

« Nous rappellerons que l'état léthargique est provoqué *d'emblée* par l'emploi *de manœuvres en quelque sorte violentes*, comme *la fixation d'une lumière vive subitement éteinte*, ou bien encore *les vibrations d'un grand diapason brusquement suspendues*. Qu'elle succède à l'état cataleptique par l'occlusion des paupières ou qu'elle survienne par suite de la fixation du regard sur un objet quelconque suivant la méthode de Braid, le début en est *subit*, en quelque sorte *apoplectiforme*. Il est marqué le plus souvent par *un bruit laryngé spécial* et par *la montée d'un peu d'écume aux lèvres*. »

C'est moi, cher lecteur, qui me suis permis de souligner certaines expressions, pour que vous y portiez bien toute votre attention. Voilà un tableau comme jamais hypnotiseur de l'école de Nancy ni jamais magnétiseur n'en contempla. Et si les malheureuses femmes soumises à ces épreuves n'en devenaient pas folles tout à fait, c'est qu'elles avaient la raison plus solidement chevillée qu'on ne l'aurait cru au premier abord. Que voulez-vous ? La dignité de la science et des savants ne permettait pas autre chose. La passe est un mouvement ridicule, un geste inesthétique : c'est M. Richet qui le déclare quelque part ; mais M. Richet, contrairement à Charcot, s'est tout de même décidé à le faire. Puis enfin les magnétiseurs prétendaient que ce geste avait une raison d'être : il fallait bien leur montrer qu'ils n'étaient que des sots.

Rien d'étonnant, dans des conditions pareilles, à ce que Charcot et ses disciples n'aient jamais ou presque jamais rencontré les grands phénomènes psychiques, si souvent signalés par les magnétiseurs. Au reste, on s'était ceint les reins pour faire à ces phénomènes l'accueil qu'ils méritent, au cas où ils se présenteraient. Dans le passage cité plus haut, Charcot nous a dit : « On s'est tenu autant que possible éloigné de l'attrait du singulier, de l'extraordinaire. » Le Dr Paul Regnard est plus explicite ; il écrit : « Je ne vous ai pas parlé de la lecture à travers un bandeau ou par le moyen de la seconde vue, de la divination, de l'art de guérir les maladies par le magnétisme. *Ces choses-là ne relèvent pas de la science.* »

Si, dans cinquante ans, quelque rat de bibliothèque lit par hasard ces écrits, il croira rêver et se dira que, si la couche de sottise qui pèse sur notre terre est épaisse en tout temps, vers 1880 elle était plus épaisse que d'habitude.

Presque en même temps que l'école de la Salpêtrière s'en fondait une autre au fond d'une ville de province de second ordre, à Nancy. Ses débuts furent obscurs, parce qu'obscur le lieu de sa fondation et obscurs les maîtres. Mais ces maîtres avaient de l'indépendance d'esprit, de l'ampleur dans les idées et un coup d'œil sûr. Comme il arrive toujours, leur obscurité première les servit, au lieu de leur nuire. Quand on nous regarde — à moins d'être un homme tout à fait supérieur et de tels hommes sont rares — les fumées de l'orgueil troublent notre entendement et nous ne cherchons plus à voir clair, nous cherchons à faire la roue devant les badauds. Si nul ne fait attention à nous, nous cherchons la vérité pour notre satisfaction propre et nous l'entrevoyons souvent, quand notre intelligence n'est pas étouffée sous les ronces des préjugés. Bientôt la Salpêtrière dut discuter avec Nancy ; on traita d'abord ces petits médicaillons de province avec tout le mépris que méritait leur audace ; mais il en fallut vite rabattre. Aujourd'hui l'école de la Salpêtrière n'existe plus, celle de Nancy a conquis le monde.

Les maîtres de l'école de Nancy, les Liébeault, les Bernheim, les Liégeois, sont-ils matérialistes ? J'ignore leur état d'âme. Peut-être croient-ils l'être ; peut-être ne se sont-ils jamais posé la question ; mais la grande vérité qu'ils ont mise en lumière, l'importance de la suggestion, n'est certainement pas de nature à étayer les doctrines matérialistes. Le développement rationnel et normal des principes établis à Nancy conduira à une démonstration irréfutable du fait que l'âme et le corps sont distincts.

Malheureusement je dois dire que Nancy a été tout aussi injuste que la Salpêtrière pour les magnétiseurs. On a pillé ceux-ci indignement tout en les traitant de charlatans. Mais on les pillait peut-être sans le savoir; car pour les médecins il est bien entendu que le magnétisme — pardon l'hypnotisme — commence à Braid ; que tout ce qui a été fait avant lui dans cette branche n'a pas besoin d'être connu, parce que sans valeur. Et pourtant l'œuvre de Braid est celle d'un enfant en comparaison de l'œuvre des Puységur, des Deleuze et de tant d'autres. Mais que faire ? Ces injustices-là sont de tous les jours et il faut attendre que le temps remette tous les mérites à leur place. Boileau a fait commencer la littérature française à Malherbe, les hypnotiseurs peuvent bien faire commencer le magnétisme à Braid.

En parlant de l'école de Nancy, je devrais parler de la suggestion qui s'est incarnée en cette école, pour ainsi dire. Mais la suggestion est un sujet trop important pour que je me borne à en parler ainsi en passant : je lui consacrerai donc tout le chapitre qui va suivre, en regrettant de ne pouvoir lui consacrer un livre tout entier. Les maîtres de Nancy ont mis la suggestion partout ; à les entendre, on croirait, ma foi, qu'elle est l'unique loi qui gouverne le monde. Il y a là une exagération évidente. Mais la suggestion est un facteur tellement important qu'il n'est pas mauvais qu'il ait été isolé ainsi : cela a permis de bien le voir et l'étudier ; le tour des autres facteurs viendra en temps et lieu.

Je passe donc aux procédés à employer pour obtenir l'hypnose.

L'hypnose, comme le sommeil naturel, sont avant tout des phénomènes psychiques : ne l'oublions jamais si nous voulons les comprendre. Dans le sommeil naturel, nous dormons, ai-je dit, parce que nous *voulons* dormir. Dans l'hypnose, le sujet dort parce que le magnétiseur *veut* qu'il dorme. Mais le sujet a, lui-aussi, une volonté ; que devient-elle ? Le magnétiseur doit d'abord s'en emparer. Si le sujet est intelligent, s'il connaît les avantages de l'hypnose et son innocuité, s'il a confiance dans le magnétiseur, on lui demande de s'abandonner, de ne faire aucune résistance, de penser à dormir, et ainsi on obtient vite le sommeil. Si le sujet est d'intelligence médiocre, une mise en scène est utile ; il faut lui en imposer, lui donner l'idée que toute résistance serait vaine, tellement est grand le pouvoir du magnétiseur. Mais n'est-ce pas abuser d'une âme simple ? Oui ; aussi l'honnêteté la plus élémentaire exige qu'on n'agisse ainsi que dans un but bien déterminé et pour le bien. Hélas ! pourquoi la loi est-elle si douce pour les misérables qui abusent des simples ? Les vieillards dont l'esprit est affaibli, les personnes sans caractère sont très difficiles à endormir.

Voilà pour le sujet. Mais il y a aussi le magnétiseur, l'opérateur. Celui-ci doit *vouloir* longuement et fermement que le sujet dorme. Mais, je l'ai dit déjà, il faut savoir vouloir : cela nécessite un entraînement. Vouloir ne consiste pas à donner des ordres sur un ton de colère. Les manœuvres physiques, comme les passes, sont utiles rien que pour soutenir la volonté de l'opérateur ; mais, en dépit des hypnotiseurs, elles ont encore une autre utilité que nous verrons dans un instant.

Voici comment opèrent Bernheim et Liébeault :

« Après avoir instruit le sujet sur ce dont il s'agit, l'expérimentateur lui fait prendre une position convenable sur une chaise ou un fauteuil et fixer un de ses doigts (de l'expérimentateur) tenu à hauteur du nez. Puis il le prépare à l'approche du sommeil en lui disant :

I. — Ne pensez à rien qu'au sommeil.

II. — Vos yeux se fatiguent ; ils brillent.

III. — Une fatigue générale s'empare de votre corps.

IV. — Vous ne sentez plus ni vos bras, ni vos jambes.

V. — Vos yeux pleurent, votre regard est trouble.

VI. — Maintenant fermez les yeux.

VII. — Vous ne pouvez plus les ouvrir.

VIII. — Vous dormez profondément et vous ne vous éveillerez que quand je vous le commanderai.

« Liébeault, lui, pose sa main sur le front de la personne à endormir et, en pressant lentement, lui ferme les yeux, tout en lui faisant les mêmes suggestions que Bernheim (à l'exception de V et VI). La voix doit diminuer d'intensité avec chaque suggestion (1). »

Telle est la méthode de l'école de Nancy, qu'emploient, plus ou moins modifiée, tous les adhérents de cette école. Comme à Nancy on ne reconnaît que la suggestion, on emploie pour endormir une série de suggestions, ainsi qu'on vient de le voir. L'opérateur veut et ne doute pas du succès, la volonté ne s'accommodant pas du doute.

Pour réveiller on emploie un procédé analogue.

« L'hypnotiseur dit à peu près ceci :
Maintenant je vais vous réveiller.

1. Octave Pelletier, l'*Hypnotiseur pratique*, brochure, Chesnot à Breteuil (Eure).

Aussitôt que j'aurai compté jusqu'à trois, vous vous réveillerez et vous ne sentirez ni fatigue, ni pesanteur dans les membres.

Vous sentez que tout malaise, toute pesanteur, toute fatigue disparaît. (En disant cela faire quelques passes sur le corps du dormeur).

Après le réveil vous vous sentirez très bien portant, vous ne ressentirez ni douleur, ni malaise et partant vous serez de très bonne humeur.

Ce soir vous dormirez très bien et demain matin vous vous lèverez frais et dispos et vaquerez à vos occupations ordinaires.

Aussitôt que le dormeur a répondu qu'il ne sent aucune fatigue, on compte :

Un ! La fatigue disparaît.

Deux ! Votre bonne humeur revient.

Trois ! Vous êtes complètement réveillé et vous vous sentez très bien portant (1). »

Les magnétiseurs, eux, pour endormir comme pour réveiller, emploient des passes et ils prétendent pouvoir endormir ainsi même les sujets qui résistent, pour peu que ceux-ci soient sensibles au magnétisme. Ils ont certainement raison. On peut même par des passes influencer un membre isolé et à l'insu du sujet : il y a donc dans ces passes une vertu particulière que nous tâche-

---

1. Octave Pelletier, même brochure.

rons de découvrir. Mais, même par les passes, n'essayez jamais d'endormir que celui qui y consent. Sinon vous vous exposeriez à divers inconvénients dont certains peuvent être parfois très graves. D'abord, vous auriez de grandes chances d'échouer et vous en souffririez dans votre amour-propre. Ensuite vous pourriez déterminer chez le sujet, qui s'est raidi contre votre influence, une attaque de nerfs ou de sommeil inopiné, survenant plus ou moins longtemps après la séance infructueuse.

Une passe est un mouvement de la main du magnétiseur, ouverte sans raideur, le long du corps du sujet, sans contact et à une distance de quelques centimètres. Tous les magnétiseurs n'emploient pas les passes exactement de la même manière ni exactement sur les mêmes régions du corps. Pour les magnétiseurs, comme pour les hypnotiseurs, les méthodes diffèrent en quelques points, presque avec chaque expérimentateur. Voici celle de Ch. Lafontaine.

« Le magnétiseur, en commençant, se concentrera en lui-même et réunira toute sa volonté sur une seule idée, celle d'agir sur le sujet.

« Le patient et le magnétiseur s'assiéront en face l'un de l'autre, les genoux du sujet entre ceux du magnétiseur, mais sans les toucher, le magnétiseur sur un siège plus élevé, afin de pouvoir atteindre facilement et sans fatigue le sommet de la tête du sujet; puis il touchera l'extrémité des pouces du patient avec l'extrémité des siens, sans les serrer.

« Le magnétiseur fixera ses yeux sur ceux du sujet, qui, de son côté, fera tout son possible pour le regarder ; il continuera ainsi pendant quinze à vingt minutes. Il est probable que, pendant ce temps, la pupille des yeux du sujet se contractera ou se dilatera d'une manière démesurée, et que ses paupières s'abaisseront pour ne plus se relever, malgré ses efforts.

« Après l'occlusion des yeux, le magnétiseur continuera à tenir les pouces jusqu'au moment où l'œil ne roulera plus sous les paupières et où la déglutition ne se fera plus ; alors il pourra lâcher les pouces, et, éloignant lentement les mains en les fermant, il les élèvera de chaque côté du patient jusqu'au sommet de la tête ; puis il imposera les mains au-dessus du cerveau du sujet, et il les y laissera de dix à quinze secondes ; ensuite il les descendra lentement vers les oreilles et le long des bras jusqu'au bout des doigts.

« Il fera huit à dix passes semblables ; chacune devra durer à peu près une minute.

« Après avoir imposé les mains de la même manière, il les descendra devant la face, la poitrine et tout le buste, s'arrêtant de temps en temps à la hauteur de l'épigastre, en présentant la pointe des doigts. Il continuera ainsi pendant une demi-heure, une heure.

« Les impositions et les passes seront faites à quelques pouces de distance, sans attouchement. Chaque fois que le magnétiseur relèvera les mains, elles seront fermées ; il le fera lentement, de côté, et non en face du sujet, et cela afin de ne pas produire dans la circulation un va-et-vient qui pourrait provoquer une congestion au cerveau si l'on agissait en face.

« Le magnétiseur fera aussi quelques passes en imposant les mains au-dessus du cervelet, et en les descendant derrière les oreilles et les épaules pour revenir sur les bras.

« Depuis le commencement jusqu'à la fin de l'opération, il ne s'occupera que de ce qu'il veut produire.

« Le magnétiseur reconnaîtra le sommeil magnétique à une impassibilité cadavérique du visage et au manque total de déglutition.

« Lorsque le magnétiseur voudra réveiller, il fera quelques passes des épaules aux pieds, afin de dégager la tête en entraînant le fluide en bas ; puis, en y mettant un peu de force musculaire, il fera vivement, devant les yeux et le visage, des passes longues, en les descendant de côté jusqu'à ce que le sujet donne signe qu'il revient à lui, puis il continuera les mêmes passes devant la poitrine et le corps entier ; alors le sujet devra être réveillé, mais non encore dans son état normal. Le magnétiseur fera une insufflation froide sur les yeux, il touchera les sourcils depuis leur naissance, afin de dégager entièrement les yeux; il faudra continuer, sans s'arrêter, les mêmes passes sur tout le corps jusqu'au moment où le sujet sera complètement dégagé. Le magnétiseur pourra faire aussi quelques passes transversales devant l'estomac (1). »

Les magnétiseurs prétendent que de leurs yeux et du bout de leurs doigts s'échappe un fluide. C'est cette idée du fluide qui paraît surtout folle aux hypnotiseurs de toute nuance. Et cependant le dernier mot n'est pas dit à ce sujet, tant s'en faut. Pour ma part, je crois fermement à l'existence de ce fluide, appelé *od* par Reichenbach, nom commode et que j'ai adopté. Dans mon livre *la Zone-Frontière* j'ai donné quelques-unes des raisons qui militent en faveur de l'existence de l'od; j'en donnerai quelques autres ici et, ce faisant, je ne crois pas sortir de mon sujet.

Les magnétiseurs croyaient que c'était leur propre fluide qui endormait le sujet, en envahissant son organisme. En produisant le sommeil sans passes, les hypnotiseurs ont démontré la fausseté de cette théorie. Mais ils ont eu tort d'en conclure à la non-existence de l'od. De Rochas a établi que c'est l'od du sujet qui s'extériorise dans l'hypnose et non l'od du magné

---

1. Ch. Lafontaine. *L'art de magnétiser*, p. 16, 17, 18.

tiseur qui envahit l'organisme du sujet. Est-ce à dire que l'opérateur n'émet pas d'od? Non. L'od étant, suivant l'expression de Pythagore, le char de l'âme, le corps intermédiaire entre ce monde-ci et l'autre, au moyen duquel l'âme agit dans son corps physique puis dans le monde physique, toute volition est véhiculée sur un courant d'od. La caractéristique de ce corps est justement d'être d'une adaptabilité absolue aux impulsions de l'âme; il ne connaît pas, comme l'électricité et les autres formes de l'énergie, de milieux imperméables; il va où la volonté veut qu'il aille et s'arrête où elle veut qu'il s'arrête; mais il n'est ni l'âme ni la volonté; il est un outil et non l'ouvrier. Le cerveau n'a probablement pas d'autre fonction que de fournir constamment à l'âme une quantité suffisante de cet agent, pour permettre à celle-ci d'agir dans le monde physique, notre monde actuel. L'homme, dit Crookes, n'est autre chose qu'un cerveau qui s'est créé des organes. Mais si, comme le croit aussi Crookes, le cerveau n'est pas l'âme, on peut définir l'homme : une âme qui s'est fabriqué un cerveau, prolongé par des organes, pour agir dans le monde physique.

Quand l'âme cesse d'agir volontairement dans le monde physique, quand l'homme s'endort, l'âme abandonne son emprise sur l'od et laisse celui-ci se répandre en nuages autour de l'organisme. Mais quelquefois avec ces nuages elle forme un fantôme avec lequel elle va agir au loin. On comprend maintenant que l'od du magnétiseur, s'échappant du bout des doigts et des yeux, véhiculant sa volonté, puisse d'abord se mélanger à celui du sujet, ce qui constitue le rapport, et ensuite arracher, pour ainsi dire violemment, à l'âme du sujet l'od dont celle-ci se sert pour constituer ce que nous nommons sa conscience normale et agir dans le monde physique. On comprend alors que les magnétiseurs puissent endormir même ceux qui résistent, ainsi que tous les dangers qu'il peut y avoir à le tenter.

Ces considérations doivent faire toucher du doigt au lecteur l'importance capitale qu'il y a à établir définitivement l'existence de l'od. Je vais donner encore quelques raisons militant en faveur de cette existence, plutôt qu'apporter des preuve irréfutables. Ces preuves, la science ne veut pas encore les chercher et seul je ne puis pas le faire. Mais la période de la sotte négation *a priori* prendra bientôt fin probablement.

Nancy dit : « Tous les phénomènes de l'hypnotisme sans exception peuvent s'expliquer par la suggestion seule. L'hypothèse d'un fluide est donc pour le moins inutile. » Examinons cette assertion de près.

Disons d'abord un mot du sommeil produit à distance. Voilà bien longtemps que les magnétiseurs assurent pouvoir endormir quelques-uns de leurs sujets entraînés presque de n'importe quelle distance et à l'insu de ceux-ci. Et ils l'ont fait voir quand on a voulu le voir. Naturellement les hypnotiseurs n'allaient pas voir et niaient tout de même, cela va sans dire. Mais aujourd'hui la réalité du fait semble à peu près admise par tous, depuis les expériences fameuses du Havre, auxquelles prirent part M. Frédéric Myers, A. T. Myers, Ochorowicz, Pierre Janet, Gibert, Paul Janet et Jules Janet (1). On endort un sujet à distance soit en faisant des passes comme s'il était présent, soit simplement en se concentrant en soi-même et en voulant fortement et longtemps qu'il dorme. C'est, comme toujours, la volonté qui endort. Mais comment parvient-elle au sujet ? Est-elle véhiculée, comme la lumière ou l'électricité, sur les ailes de l'éther ? C'est possible. Mais j'aime mieux admettre que ma volonté est portée au sujet par le même véhicule qui la porte au bout de mes doigts et fait mouvoir mes muscles. Or ici nos adversaires eux-mêmes sont forcés de supposer un quelque chose qui circule et qu'ils appellent non pas fluide, certes, — le mot est à l'index — mais force neurique ou innervation, suivant les

---

1. Le lecteur trouvera les détails de ces expériences dans les *Bulletins de la Société de psychologie physiologique*, tome I, page 24 ; dans la *Revue philosophique* d'août 1886 ; dans les *Proceedings de la S. P. R.*, vol. IV, pp. 131-37.

cas. Et puis, vraiment, n'est-ce pas abuser de l'analogie que de comparer la volonté à une vibration de l'éther, d'en faire quelque chose comme l'électricité ou la lumière ?

On peut non seulement envoyer ainsi au loin une volition sur un jet odique, mais on peut encore en quelque sorte l'enfermer dans un objet en le magnétisant. Tous les magnétiseurs l'ont constaté. Ch. Lafontaine dit, par exemple : « Les sujets qui sont souvent magnétisés peuvent l'être indirectement par des objets magnétisés. Ainsi vous prenez une canne ; vous chargez la pomme de fluide ; vous la donnez à toucher à un somnambule et il tombe foudroyé. Vous lui présentez un gâteau que vous avez magnétisé, il le prend au hasard au milieu d'autres gâteaux ; à peine l'a-t-il porté à sa bouche qu'il tombe endormi. » (1) Les hypnotiseurs ne sont pas encore mûrs pour le phénomène et ils n'ont pas cherché à le vérifier.

Vous présentez vos doigts à quelques pouces du dos d'une personne qui n'a jamais entendu parler de magnétisme et qui ne sait même pas ce que vous faites, avec l'idée de l'attirer. Au bout de très peu de temps, si cette personne est sensible au magnétisme, elle ressent une attraction plus ou moins forte, suivant son degré de

---

1. Ch. Lafontaine, *Art de magnétiser*, p. 233, éd. 1899.

sensibilité, attraction qui peut amener quelquefois une chute brusque. Mais si la personne est au courant et, vous sachant derrière elle, croit que vous tentez l'expérience, elle peut éprouver l'attraction même si vous ne faites rien. Cela ne prouve pas qu'il n'y ait pas de fluide en jeu. L'od s'écoulant par le bout de vos doigts et véhiculant votre volonté peut attirer l'od du sujet, violemment et à son insu. Mais si le sujet est convaincu, même à tort, que vous agissez, sa propre conviction suffit à produire le phénomène ; il envoie spontanément le courant odique où il croit qu'on veut le produire.

Bien que, dans les phénomènes magnétiques, ce soit le fluide du sujet qui joue le principal rôle, le magnétiseur émet, lui aussi, du fluide, très certainement. Le Dr F. Roux de Cette, dans un excellent mémoire couronné en 1863 au concours du Jury magnétique, dit : « La plus forte présomption en faveur d'un fluide peut se tirer de la sensation d'épuisement éprouvée par les personnes d'un tempérament délicat qui se livrent avec trop d'ardeur à la pratique du magnétisme. Est-ce une fatigue produite par le mouvement des passes? Non, certes, car cet épuisement est ressenti dans tout le corps et n'est nullement en rapport avec quelques mouvements modérés et lents des bras et des mains. Et d'ailleurs, remarque décisive, la même sensation a lieu lorsqu'on opère sans faire aucun geste. Est-ce une fatigue amenée par la concentration de la pensée, par l'effort de la volonté ? Cela peut y être pour une part ; mais il y a autre chose, car le travail de cabinet le plus actif et le plus soutenu ne produit pas ce genre d'épuisement. Après une forte contention d'esprit, on est porté à marcher, à faire des mouvements ; après avoir longtemps magnétisé, on est plutôt disposé à garder le repos. Dans le premier cas on se *distrait* par une conversation légère ; dans le second cas on se *réconforte* au moyen de quelque consommé. Dans le premier, c'est un *exercice* dont il faut se délasser ; dans le second, c'est comme une *perte* qu'on a besoin de réparer. Aussi, dans ce dernier cas, le meilleur moyen de vous rétablir, c'est d'avoir recours à l'action d'un autre magnétiseur dont le fluide peut vous rendre ce que vous avez dépensé. »

Jusqu'aujourd'hui on ne prétend pas encore que les animaux soient suggestionnables ainsi que les hommes. Quand un bouledogue même magnétisable vous menace de ses crocs, il serait imprudent d'aller lui mettre la main dans la bouche après lui avoir dit avec conviction : Toi, tu dors et tu ne peux plus mordre. Néanmoins on endort très bien les animaux par des passes ou simplement par le regard. La plupart des magnétiseurs l'ont essayé avec succès et leurs livres sont pleins d'exemples. Les adhérents de l'École de Nancy embarrassés par ces faits, ergotent, distinguent. Le Dr Milne Bramwell, par exemple, prétend que dans la plupart des cas la catalepsie ainsi produite n'est que simulée : l'animal fait le mort pour qu'on ne le mange pas et qu'on le laisse tranquille (1). Même quand l'impossibilité de se mouvoir n'est pas feinte, ce n'est pas à une véritable catalepsie que nous avons affaire, c'est à une paralysie due à la peur. Pour produire la catalepsie chez un être humain, il faut d'abord qu'on la lui suggère et ensuite il faut que le sujet ait une idée claire de cet état. « Si, au lieu d'un jeune alligator, on essayait d'en magnétiser un grand, les rôles pourraient bien être renversés : ce pourrait bien être l'opérateur qui tomberait en catalepsie. » Docteur, vos sarcasmes sont ici de trop, parce que non fondés. Si, au lieu de la suggestion, vous employiez les passes pour endormir vos sujets, vous rencontreriez la catalepsie chez la moitié d'entre eux au moins, sans que ceux-ci aient jamais eu préalablement la moindre idée de cet état. Quant à votre grand alligator, il ne doit pas être plus terrible qu'un lion ou une hyène et cependant on endort très bien les lions et les hyènes ; on doit même endormir aussi les grands alligators. Voici un exemple emprunté à Ch. Lafontaine : « A Tours, dans une ménagerie, à l'époque de la foire, en 1840, j'essayai

---

1. *Proceedings* S. P. R., vol. XII, p. 213.

d'agir sur un lion, sans en prévenir personne. Je me plaçai près de sa cage, et je fixai mes regards sur les siens. Bientôt ses yeux ne purent soutenir ma vue, ils se fermèrent; alors je lançai le fluide d'une main sur la tête et j'obtins, après vingt minutes, un sommeil profond. Je me hasardai alors à toucher avec toutes les précautions possibles sa patte, qui se trouvait près des barreaux. M'enhardissant, je le piquai; il ne remua pas. Convaincu que j'avais produit l'effet voulu, je lui pris la patte et la soulevai; puis je touchai la tête et j'introduisis la main dans sa gueule; le lion resta endormi. Je le piquai sur le nez et le lion ne bougea pas au grand étonnement des personnes présentes, qui n'osaient en croire leurs yeux. Je le réveillai: aussitôt le lion ouvrit les yeux et reprit ses allures, qui ne donnaient certainement pas la tentation de renouveler les attouchements. (1) »

Non seulement on endort les animaux avec le regard, mais on les guérit avec des passes, tout comme les hommes. M. H. S. Thompson a guéri très rapidement l'inflammation chez les chevaux par des passes sans contact (2). Il serait aisé d'accumuler les exemples de maladies chez les animaux guéries par le magnétisme.

1. Ch. Lafontaine, *Art de magnétiser*, p. 246; éd. 1899.
2. Le *Zoist*, vol. VIII, p. 300.

On peut même tuer certains animaux par le regard. Ch. Lafontaine a pu tuer ainsi des grenouilles, des couleuvres, des vipères, des lézards (1).

Admettons, bien qu'à ma connaissance on ne le prétende pas, que les animaux sont suggestionnables. Faudra-t-il admettre que les plantes le sont aussi ? Car les plantes sont très sensibles au magnétisme. Voici un extrait du rapport d'un médecin de Saint-Quentin, M. Picard, concernant des expériences faites sur des végétaux : (2)

« Le 5 avril, je greffai en fente six rosiers, sur six beaux et vigoureux églantiers. Je les avais choisis au même point de végétation. J'en abandonnai cinq à leur marche naturelle et je magnétisai le sixième matin et soir, environ cinq minutes seulement.... Aujourd'hui 26 août, cette greffe faite le 5 avril, ayant donné en deux floraisons dix-huit belles roses, est sur le point de fleurir pour la troisième fois, et j'ai tiré des rameaux que j'ai rabattus trente-huit écussons, dont plusieurs ont déjà donné des fleurs depuis trois semaines, tandis que les cinq autres n'ont

---

1. Ch. Lafontaine, *Art de magnétiser*, p. 252-53, éd. 1899.
2. Voir Ch. Lafontaine, *Art de magnétiser*, éd. 1899, p. 256, 257, 258, 259, et Dr J. Charpignon, *Physiologie, médecine et métaphysique du magnétisme*, éd., 1848, p. 52, 53, 54.

fleuri qu'à la fin de juin et leurs rameaux n'avaient que 15 à 20 centimètres, un seul en avait acquis 20... Je voulus pousser à l'extrême et savoir si je pourrais agir seulement sur une partie d'un végétal. A cet effet, sur un beau pêcher de grosse mignonne en espalier, je choisis un rameau du centre sur lequel il y avait trois pêches ; je les magnétisai tous les jours pendant environ cinq minutes, et au bout de quelques jours seulement ces trois pêches se faisaient déjà remarquer par leur volume. Je continuai et le 24 août je cueillis ces trois pêches en parfait état de maturité ; elles avaient 24, 22 et 21 centimètres de circonférence, grosseur que presque jamais cette espèce de pêche n'atteint dans notre pays froid et retardataire; les feuilles de ce rameau étaient sensiblement plus épaisses que les autres et leurs nervures avaient le double de grosseur ; le reste du fruit de ce pêcher est d'une belle venue ; il est au même point de maturité que celui des autres jardins du pays, c'est-à-dire que les pêches ont toutes environ 14 à 15 centimètres de circonférence, et que très probablement on n'en cueillera pas avant le 20 ou le 25 septembre, ce qui fait près d'un mois d'avance sur le même arbre et sur tous ceux des environs. »

Les disciples de Mesmer ont donné à l'od humain et à ses effets le nom de magnétisme animal, parce qu'ils supposaient que dans l'aimant ou *magnes* agit un fluide analogue. A une date récente, quelques-uns comme Durville, Chazarain et Dècle, de Rochas lui-même, ont cru découvrir dans l'homme une polarisation et même deux. Je ne sais s'ils ont raison. Leurs expériences sont contestées et je n'ai pas, quant à moi, d'opinion là-dessus. Si on tient compte de certains faits assez rares, il semblerait bien cependant que non seulement tout n'est pas vain dans ces expériences, mais encore qu'il y a entre le fluide humain et celui de l'aimant quelque chose de plus qu'une simple analogie. Mais l'organisme humain n'est pas seulement un réservoir d'od ; il est aussi un réservoir d'électricité. Et pour le moment il est non seulement permis mais encore naturel d'attribuer à celle-ci les effets produits par l'homme sur les métaux, y compris peut-être l'aimantation d'une tige d'acier par des passes, aimantation obtenue sans conteste possible par quelques rares magnétiseurs d'une grande puissance (1). Toutefois Ch. Lafontaine conseille une expérience bonne à reprendre et qui prouverait bien que, dans ce cas tout au moins, l'électricité ni aucune autre force analogue n'est en jeu : « Prenez une aiguille de cuivre, de platine, d'or ou d'argent,

1. Voir Ch. Lafontaine. *Art de magnétiser*, éd. 1899, pp. 35, 36, 37 et Charpignon, *op. cit.*, pp. 60, 61, 62.

percée au milieu ; suspendez-la horizontalement par un fil de soie non filé, dans un vase en verre, de vingt à trente centimètres de hauteur, hermétiquement fermé. Puis alors *veuillez* agir sur cette aiguille, en présentant à une de ses pointes, le bout des doigts à travers le verre, à une distance de cinq à dix centimètres. Sous l'influence magnétique, vous verrez l'aiguille tourner à droite ou à gauche *suivant votre volonté*. (1) »

Si Lafontaine dit avoir réussi cette expérience, c'est qu'il l'a fait : c'était un homme très calme et nullement porté à l'exagération, au contraire. Mais il était un magnétiseur d'une puissance exceptionnelle et la plupart échoueront sans doute là où il a réussi. Or c'est l'od qui est ainsi sous l'empire absolu de la volonté, ce n'est pas l'électricité ; du moins rien jusqu'aujourd'hui ne nous autorise à penser autrement. Nous serions peut-être ici sur la voie d'une étude expérimentale et sérieuse de la télékinésie.

Quelques lecteurs peu au courant s'étonneront peut-être que j'aie si souvent cité les magnétiseurs, pour qui les médecins et les savants officiels n'ont pas assez de colère et de mépris et qu'ils traitent d'indignes charlatans.

D'abord ceux que j'ai cités sont des hommes d'un mérite reconnu par tous les esprits indé-

1. Ch. Lafontaine, *op. cit.*, p. 35, éd. 1899.

pendants et renseignés ; puis en dessous de ces grands airs des médecins et des savants officiels se cache surtout une question de boutique. Il y a beaucoup de charlatans parmi les magnétiseurs, cela n'est pas douteux; mais il y en a au moins autant parmi les médecins du haut en bas de l'échelle. Quoi qu'il en soit, le public a gardé sa confiance aux magnétiseurs. M. Durville, par exemple, a une école de magnétisme très fréquentée, d'où sortent chaque année nombre d'élèves qui gagnent leur vie en faisant des passes mieux que beaucoup de médecins en écrivant des ordonnances. Les magistrats n'osent plus condamner les magnétiseurs pour exercice illégal de la médecine et les médecins, trop peu sûrs de leur fait, n'osent plus poursuivre. En Allemagne la vogue des magnétiseurs est encore plus grande qu'en France. Quant à moi qui suis étranger aux deux partis, je constate un fait sans plus : j'ai pour habitude de ne flatter personne, mes lecteurs ont dû s'en apercevoir. Faut-il attribuer la vogue des magnétiseurs uniquement à l'amour du merveilleux ? Non ; les magnétiseurs guérissent quand ce ne serait que par la suggestion comme à Nancy. Mais eux, en outre, prétendent qu'un je ne sais quoi de salutaire passe de leur organisme à celui du patient et nous avons vu que cela est fort probable, sinon certain. En tout cas plus d'un pauvre diable, après avoir « fait » tous les médecins, comme on dit, s'est rendu chez le magnétiseur et s'en est bien trouvé. Mon cher lecteur, élevons-nous au-dessus des coteries et des misères de ce monde et regardons de haut : nous verrons que le peu de vérité qu'il y a sur cette planète est disséminé partout, qu'il y en a chez les orgueilleux comme chez les humbles, chez les faibles comme chez les puissants et que même parfois il y en a chez les pauvres d'esprit.

Je ne parlerai pas des degrés de l'hypnose. C'est une question par trop controversée encore et qui, du reste, n'ajouterait rien au côté spécial que je veux envisager dans ce livre. Disons simplement qu'on peut retrouver dans l'hypnose toutes les phases du sommeil naturel, dont j'ai parlé à la fin du chapitre précédent.

En outre de l'hypnose, il existe encore une autre sorte de sommeil artificiel : la narcose ou sommeil produit par des narcotiques, tels que l'opium, la belladone, l'éther. La narcose est due à la fixation temporaire par la matière grise du cerveau d'une certaine quantité du poison. Je n'en dis que ce mot en passant pour que le lecteur sache ce dont il s'agit, quand il m'arrivera de la mentionner.

CHAPITRE III

La suggestion

Les magnétiseurs et la suggestion. — Qu'est-ce que la suggestion? — La suggestibilité suivant les états de veille ou de sommeil et suivant les individus. — Manière de donner les suggestions thérapeutiques. Ce qu'est réellement une maladie. — L'écriture automatique et ses sources. — Les bornes de la suggestion. — Suggestions post-hypnotiques. — Les obsessions. — Les illusions et hallucinations dans l'hypnose. — Révélation dans l'hypnose de facultés cachées. — Conclusion.

Sur la fin de sa carrière, Braid cessa de croire que « le regard fixe et prolongé, paralysant les centres nerveux dans les yeux et leurs dépendances, et détruisant l'équilibre du système nerveux, produit les phénomènes hypnotiques »; et il attribua tout à la suggestion. Les hypnotiseurs, dont il est le père, trouvèrent donc la suggestion dans son héritage et c'est la seule valeur qui n'ait pas été véreuse.

La Salpêtrière ne pouvait pas ignorer la suggestion ; elle en usa comme de tout le reste pour faire de quelques pauvres loques humaines des jouets lamentables, au grand ébahissement — je n'ose pas dire au grand amusement — d'une galerie de badauds diplômés. Mais la Salpêtrière, refuge de la « vraie science », eut vite l'intuition que la suggestion pourrait bien être le serpent qu'il ne faut pas trop réchauffer dans son sein. La suggestion, cela est peu matériel, ne tombe guère sous les sens et on ne sait pas où cela peut conduire. Parlez-moi des excitations neuro-musculaires : voilà un terrain solide ! Au reste l'âme et le corps ne faisant qu'un, quand le corps est dans un état comateux, l'âme y est évidemment aussi ; on n'a donc pas à se gêner devant un sujet en léthargie ; on expose en langage lourd et diffus ses magistrales théories, le sujet n'entend, ni ne voit ni ne sent. Mais voilà qu'il est prouvé aujourd'hui qu'au contraire le sujet perçoit tout : la Salpêtrière était pleine de suggestions de la cave au grenier sans que Charcot s'en soit jamais douté.

C'est l'école de Nancy, je l'ai déjà dit en passant, qui a montré toute l'importance de la suggestion. Mais les magnétiseurs l'ont-ils ignorée ? Les hypnotiseurs cherchent à le faire croire. C'est une continuation de la longue injustice dont les vieux maîtres du magnétisme sont les victimes. Il est à remarquer que de tous les hypnotiseurs, le moins injuste pour les magnétiseurs a été Braid. Il écrit : « Je dois dire que je ne crois pas équitable, ni même convenable, de mettre en doute les affirmations d'autres expérimentateurs, hommes de talent et d'observation et dont la parole fait autorité en d'autres matières, sous prétexte que je n'ai pas été personnellement témoin des phénomènes ou que je n'ai pu les reproduire moi-même, soit par ma méthode, soit par la leur. »

Les Hindous, les Egyptiens, les Grecs, le moyen âge ont connu la suggestion et son importance thérapeutique ; comment voulez-vous que les magnétiseurs l'aient ignorée ? Au reste ce sont leurs somnambules qui la leur ont révélée. A ce propos il me revient à la mémoire quelques phrases de M. Gurney, pleines d'un mépris bien senti à l'adresse de de Rochas qui a eu la naïveté d'attacher de l'importance aux dires des somnambules. Certainement il ne faut admettre que sous bénéfice d'inventaire ce que racontent les somnambules ; mais rejeter *a priori* tout ce qu'ils disent est le comble de la sottise : on se ferme ainsi à soi-même l'une des voies les plus sûres conduisant à la découverte. Les Puységur ou les Deleuze se gardaient bien d'agir comme M. Gurney. Aussi non seulement ils ont connu la suggestion, mais ils en ont tracé depuis longtemps les limites, question qui a fait l'objet de tant de savantes controverses entre la Salpêtrière et Nancy. Je voudrais avoir de la place pour citer longuement les vieux maîtres et prouver au lecteur combien la lecture de leurs ouvrages est intéressante et fructueuse. Cette place me manque malheureusement et je dois me borner à deux ou trois courtes phrases. Puységur dit : « L'empire que l'on acquiert sur les individus susceptibles d'entrer dans l'état magnétique, ne s'exerce absolument que dans les choses qui concernent leur santé et leur bien-être; passé cela, on peut faire usage de son pouvoir dans les choses innocentes en elles-mêmes; telles que faire marcher, changer de place, danser, chanter, porter quelque chose d'un endroit à l'autre, etc., enfin tout ce qu'on se permettrait indifféremment d'exiger d'un être quelconque dans l'état naturel. Mais il est des bornes où le pouvoir cesse. » Ailleurs Puységur interroge une somnambule et lui demande entre autres : « Mais enfin si je voulais absolument vous faire ôter vos vêtements, qu'en résulterait-il ? » Celle-ci répond : « Je me réveillerais, Monsieur; cela produirait chez moi le même effet que le coup que je me suis donné dans le côté, il y a quelques jours, et j'en serais bien malade. » Deleuze de son côté écrit : « On a craint que le somnambulisme n'exposât à commettre une indiscrétion : cela est impossible. Le somnambule est très éclairé sur ses devoirs et sur ses intérêts, et il ne fera ni ne dira jamais rien qui y soit contraire. S'il montre à son magnétiseur plus de confiance qu'il ne l'aurait fait à l'état de veille, c'est parce que sa pénétration lui donne la certitude que cette confiance est bien placée. » Et ailleurs : « On profite souvent de l'heure du somnambulisme pour faire prendre au malade un remède pour lequel il a de la répugnance. J'ai vu une dame, qui avait de l'horreur pour les sangsues, s'en faire appliquer aux pieds pendant le somnambulisme, et dire à son magnétiseur : « Défendez-moi maintenant « de regarder mes pieds lorsque je serai éveillée. » En effet elle ne s'est jamais doutée qu'on lui eût posé des sangsues. »

Donc ce ne sont pas les hypnotiseurs qui ont découvert la suggestion. Mais ni l'antiquité, ni le moyen âge, ni les magnétiseurs, ni Braid, ni la Salpêtrière n'en ont connu toute l'importance et c'est Nancy qui nous l'a révélée, cette importance, en l'exagérant du reste. Mais Nancy nous a révélé l'importance d'un nous ne savons quoi. Suggestion est un mot, rien qu'un mot, désignant une affirmation faite à un sujet dans un état particulier. Cette affirmation — qui prend quelquefois la forme d'un ordre, ce qui n'en change pas la nature — n'est pas vraie au moment où on la fait, mais le devient grâce à l'état particulier du sujet et, semble-t-il, simplement parce qu'on l'a faite. Mais comment devient-elle vraie ? Voilà ce qu'il serait intéressant de savoir, mais voilà le grand mystère. Pour l'élucider, ce mystère, il faudrait connaître la nature de l'âme et nous n'en sommes pas là : nous ne connaissons la nature de rien et peut-être est-ce l'inéluctable destinée de l'homme de ne connaître la nature de rien dans ce monde d'illusions et de ténèbres.

Le Dr Milne Bramwell, qui est pourtant un adhérent de l'école de Nancy dit à ce propos avec beaucoup de bon sens : « L'ordre du professeur Bernheim : Ne souffrez plus, n'est pas plus une instruction scientifique sur la manière de ne plus souffrir que l'ordre du prophète : Lavez-vous dans le Jourdain et soyez guéri, n'était une prescription pharmaceutique contre la lèpre. La suggestion n'explique pas plus les phénomènes de l'hypnotisme que le coup de pistolet n'explique la course de canots. »

Seulement ce qui est intolérable, c'est qu'on essaie, ici comme partout, de nous payer de mots, et de quels mots.

Brown-Séquard prétend expliquer, lui — et scientifiquement, s'il vous plaît, — les phénomènes hypnotiques. Il dit donc : « C'est par inhibition et par dynamogénie que se produisent l'augmentation ou la diminution d'une activité, d'une fonction ou d'une propriété. » Et, condescendant, il explique dans une note : « L'inhibition est l'arrêt, la cessation, la suspension ou, si on le préfère, la disparition momentanée ou pour toujours, d'une fonction, d'une propriété ou d'une activité..... Quant à la dynamogénie, c'est l'augmentation soudaine par transformation de force, ayant lieu dans des circonstances analogues à celles où se produit l'inhibition. » Si donc je remplace les deux grands mots inhibition et dynamogénie par leurs équivalents moins nobles, voici ce que j'obtiens : « C'est par la diminution ou l'augmentation d'une activité, d'une fonction ou d'une propriété que se produisent l'augmentation ou la diminution d'une activité, d'une fonction ou d'une propriété. » *Quousque...?* Jusques à quand messieurs, nous prendrez-vous pour des imbéciles ?

Je n'ai donc pas, quant à moi, l'outrecuidance de prétendre que je suis à même de pénétrer le mécanisme par lequel la suggestion produit ses effets. Mais je voudrais au moins jeter sur cette obscurité le reflet de quelques idées : cela vaudra mieux que d'y jeter le reflet de quelques mots gréco-médico-barbares.

La plupart de nos idées apparaissent à peine ou n'apparaissent que momentanément dans la partie éclairée de notre âme constituant la conscience normale. Néanmoins tout ce qui effleure l'âme, à plus forte raison ce qui la touche profondément, y laisse une trace indélébile, enfouie dans la subconscience mais pouvant réapparaître dans des circonstances données. Il n'y a d'oubli qu'en apparence, voilà une vérité définitivement établie par les psychologues modernes. Et c'est une vérité singulière si l'âme et le cerveau ne font qu'un : pourquoi le cerveau est-il une machine à la fois si parfaite et si imparfaite, pourquoi garde-t-il tout et oublie-t-il tout ? Cellules, neurones, microsomes, vibrations et ondulations, ne nous laissez pas ainsi dans l'embarras ! Mais vous ne répondez rien. C'est que peut-être vous n'avez rien à répondre. Vous êtes de grossiers outils entre les mains d'une âme qui somnole, vous n'êtes pas cette âme.

Toute idée qui ne contient pas en elle-même sa réalisation tend à se réaliser et déchaîne les forces à sa portée pour aboutir à cette réalisation. Mais, fait remarquable, l'idée est active surtout quand elle est sortie de la conscience normale pour pénétrer dans la subconscience. La conscience normale est le lieu où les idées subissent une sorte d'examen et sont acceptées ou rejetées — souvent sans rime ni raison, si l'esprit est faible. C'est pourquoi il est possible de faire accepter et agir n'importe quelle idée, même la plus absurde, en lui épargnant cet examen. Aucune absurdité ne nous frappe plus quand la conscience normale est assoupie : c'est ce qui a lieu dans le rêve. Ces remarques sont très suggestives. Supposons une âme qui a besoin de venir faire un séjour dans ce monde-ci et, pour cela, de se créer un organisme ayant le double but de l'enfermer dans ce monde et de lui permettre d'y agir. Où prendra-t-elle l'*idée* de cet organisme, idée indispensable pour le créer ? Chez celles évidemment qui déjà en possèdent un. C'est pourquoi elle s'incorpore pour ainsi dire dans l'organisme de ces dernières, travaille subconsciemment en les prenant pour modèles même longtemps après la période de gestation. Voilà pourquoi nous avons des parents. Un homme et une femme peuvent fournir à une âme les moyens de se créer un organisme, mais ne peuvent pas créer une âme. L'instinct de la maternité ou de la paternité, instinct puissant, peut parfaitement avoir sa source première dans un monde transcendantal ; il peut être une simple forme subconsciente du sentiment bien imparfait encore de charité ou d'amour devant unir toutes les âmes, filles d'un père unique. Nous désirerions procréer pour rendre à d'autres un service qui nous a été rendu. Les femmes et même les hommes qui n'ont pas d'enfants éprouvent une tristesse, un regret particulier, qui n'a certainement pas son origine dans la privation des joies inhérentes à la maternité ou à la paternité. On parle de ces joies, on y croit, mais en fait elles sont purement morales et corroborent ma thèse.

Beaucoup de personnes sans enfants ont la sensation d'avoir manqué leur vie, comme si la procréation quand même était un but de cette vie. Et cependant les difficultés de la vie sont telles qu'elles pourraient très bien détruire cet instinct ou lui faire échec, quelque puissant qu'il soit. C'est pourquoi la Nature — qu'on entende ce qu'on voudra par ce mot, quant à moi j'y verrais volontiers l'action d'Intelligences dirigeant ce monde de très haut tout en respectant les lois qui lui sont propres — a ajouté à l'instinct de la maternité ou de la paternité l'attrait presque irrésistible d'un plaisir particulier des sens, plaisir qui se trouve au fond aussi vain que tous les autres. Ce serait cette même Nature qui aurait voulu que la procréation, chez la plupart des animaux, eût lieu à deux, dans l'intérêt du ou des nouveaux venus, aux besoins de qui un seul ne saurait suffire dans les premiers temps de la vie. Mais revenons à notre sujet, d'où nous nous sommes un peu écartés.

Rien ne peut arrêter ou détruire une idée qu'une autre idée d'intensité égale. La conscience normale d'un homme est un champ clos où les idées se rencontrent et s'entretuent. En comparant l'âme à un océan, ainsi que je l'ai déjà fait, la conscience normale est la surface agitée où les flots s'entrechoquent ; mais en dessous de cette surface règne un calme majestueux. Une idée qui a pénétré dans la subconscience peut encore être détruite par une autre idée d'intensité égale, mais il faut que cette dernière pénètre aux mêmes profondeurs. Cette lutte des idées, c'est la vie elle-même. Chez tous les êtres peut-être, mais sûrement chez l'homme, toute action est précédée d'une idée plus ou moins éclairée par la lumière de la conscience normale. Quand une idée envahit un grand nombre d'esprits, elle amène des révolutions et bouleverse le monde. L'idée gouverne le monde ; mais il y a mieux : elle est peut-être le monde. Il n'est pas impossible qu'en dernière analyse rien n'existe que des âmes, produisant des idées et évoluant vers la souveraine Vérité par le choc de ces idées.

L'idée est la manifestation d'une âme puisqu'elle peut être au moins momentanément consciente, et que la conscience n'est pas, n'en déplaise aux matérialistes, un épiphénomène sans importance accompagnant tous les autres phénomènes. Partout où il y a conscience, il y a un égo, déjà haut sur l'échelle de l'évolution. La caractéristique de l'égo est l'unité, unité que l'homme sent si bien en dépit de toutes les enfantines conceptions qui la lui représentent comme une illusion. L'âme, une, utilisant les différentes forces de la nature pour créer ou réparer l'organisme, doit donc être distincte de ces forces nombreuses et variées.

Ces considérations nous permettent de comprendre la suggestion et de la définir. Une suggestion est une idée qui, au moment où elle a été déposée dans la conscience normale, n'y a rencontré pour une raison quelconque aucune autre idée qui ait pu la détruire avant qu'elle se soit enfoncée dans la subconscience, où elle va agir et au besoin détruire d'autres idées contraires qu'elle y rencontrera. De même une auto-suggestion est une idée à nous que nous avons su garantir contre la destruction jusqu'au moment où elle a pénétré dans la subconscience. Voilà ce que j'ai voulu dire quand, dans mon livre la *Zone-frontière*, j'ai appelé la suggestion un monoidéisme. Ce terme ne doit pas être entendu trop au propre, car en réalité l'hypnose est un état de polyidéisme, tout comme la veille.

Dans les circonstances ordinaires l'auto-suggestion est difficile. L'homme ne connaît de lui-même que sa conscience normale, qui est un champ de bataille. Il a trop vu d'idées, désirs, aspirations ou volitions, joncher le sol, pour avoir confiance en leur force. La foi en soi est rare, surtout chez ceux qui pensent beaucoup. De même qu'en général l'homme d'action pense peu, l'homme qui pense beaucoup agit peu. Toutefois, entendons-nous ; on peut penser peu et penser juste et fortement. Par ces mots peu et beaucoup j'entends la quantité et non la qualité. Nos potentialités sont neutralisées par l'idée de leur non-existence; l'idée contraire les libère. Mais cette idée contraire naissant rarement en nous spontanément, une affirmation de la part d'autrui aide à la faire naître : c'est pourquoi la suggestion est possible là où l'auto-suggestion ne l'est pas.

D'après ce qui précède, on comprend que la suggestion est possible aussi bien dans l'état de veille et de sommeil naturel que dans l'hypnose ou la narcose. Il n'y a pas d'état où nous soyons inaccessibles à la suggestion, il n'y a que des états où nous y sommes plus accessibles.

Nous recevons des suggestions même avant de naître et c'est ainsi que s'expliquent non seulement les nœvi ou marques de naissance, mais encore tous les phénomènes de l'hérédité, voire, si ce que j'ai dit plus haut est exact, la formation même de l'organisme. Mais n'examinons que les suggestions à partir de la naissance.

L'enfant est très suggestible : c'est un fait aujourd'hui reconnu de tous. L'éducation est une constante suggestion ; c'est pourquoi l'éducation première laisse des traces si profondes, surtout chez les natures qui ont peu de ressort en elles-mêmes. On peut façonner presque comme on le veut l'âme de l'enfant et, chez la plupart, la vie modifiera peu ce premier modelage. C'est ainsi que peuvent se perpétuer les institutions religieuses, politiques ou sociales les plus absurdes et c'est pourquoi les représentants de ces institutions, poussés par l'instinct de la conservation, tiennent tant à garder entre leurs mains l'éducation de l'enfance. A peu près dans l'esprit de tout homme il y a les contradictions les plus étonnantes : face à face se dressent sans pouvoir se détruire des idées saines élaborées par la raison et les préjugés les plus sots que notre mère nous suggéra en nous donnant le sein. Il sera peut-être à tout jamais impossible d'élever l'enfant sans le suggestionner, mais que ceux d'entre nous qui ont l'esprit un peu plus large et qui sont honnêtes se souviennent du mot du poète latin :

Maxima *debetur puero reverentia,*

le plus grand respect est dû à l'enfant. Ouvrons les jeunes âmes à la vérité et ne cherchons pas trop à les modeler sur nous-mêmes. Laissons même, dans l'esprit de l'enfant, du doute sur tout : ainsi il cherchera, travaillera, deviendra quelqu'un et apprendra à s'interroger lui-même quelquefois au lieu d'interroger les autres. Voilà ce qu'on fera quand on élèvera rationnellement et honnêtement les enfants, mais nous n'en sommes pas là. En parlant comme je le fais je suis un abominable révolutionnaire. « C'est pour moi que j'ai des enfants, monsieur, et je veux qu'ils pensent comme moi ou bien je les maudirai et je serai dans mon droit et mon dieu les maudira avec moi. » Voilà ce que disent ou pensent encore quatre-vingt-dix-neuf parents sur cent ! Ces malheureux ont une excuse : ils ne sont encore que des bêtes égoïstes et ne savent ce qu'ils disent.

Quand nous sommes sortis de l'enfance, nous demeurons suggestibles mais à un degré plus ou moins élevé, suivant les individus. Il y a des vieillards à la barbe florie comme Charlemagne qui sont et ont toujours été suggestibles comme des enfants. Il y a des adolescents qui ne le sont presque pas. L'âme n'a pas l'âge du corps.

En passant je dois signaler une anomalie bizarre et fréquente, présentée par les gens atteints de la maladie de la contradiction, suggestibles à rebours, si je puis m'exprimer ainsi. Toute idée qu'on leur communique éveille aussitôt en eux l'idée contraire, à laquelle ils s'attachent en forcenés, quelque folle qu'elle soit. C'est peut-être la marque d'une âme qui s'éveille à l'indépendance et nous devons être indulgents pour ceux qui sont atteints de la manie de contredire, quelque désagréable qu'ils soient par moments. En se fortifiant leur esprit apprendra à juger et à ne contredire qu'à bon escient.

Il est un système de suggestion très employé de nos jours : c'est la suggestion par la réclame sous toutes ses formes. On peut en calculer les résultats presque mathématiquement. Quand une affirmation, même la plus mensongère, s'étale partout et sans cesse, le public finit par l'accepter sans savoir comment cela lui est arrivé. C'est qu'elle a pénétré dans la subconscience petit à petit et à l'insu très souvent de la conscience normale. Employez des millions en affiches bariolées, en écriteaux ineptes et grotesques, ô commerçants, politiciens et bateleurs, votre argent n'est pas perdu. Si vous avez les moyens et la patience d'attendre, il vous rapportera même gros. Seulement reste à savoir si un gouvernement soucieux et conscient de ses devoirs ne devrait pas surveiller la réclame d'un peu plus près qu'on ne le fait. Cette suggestion par la réclame peut même être thérapeutique. « Prenez de ce remède pendant qu'il guérit », dit-on. Et on a raison. Il y a des remèdes qui guérissent pendant un temps : c'est celui pendant lequel on a foi en eux.

Le sommeil naturel, étant caractérisé par l'absence de sens critique, semble *a priori* devoir être un état éminemment propre à recevoir des suggestions. Il l'est en effet. Murmurez un mot quelconque à l'oreille d'un dormeur : vous provoquerez au moins un rêve. Mais la difficulté, c'est de parler un peu longuement, sans le réveiller, à un homme qui dort du sommeil ordinaire. Il faut alors tâcher de transformer ce sommeil ordinaire en hypnose, ce qui est presque toujours possible. Voici comment on procède : « On s'approche du dormeur avec précaution, on s'assure de la profondeur du sommeil et au besoin on lui fait quelques passes de la tête à la poitrine. Puis avec calme et à demi-voix, de façon que les ondes sonores ne le réveillent pas, on lui donne, de préférence non loin de la poitrine, la suggestion suivante ou à peu près : Vous dormez profondément. Le sommeil devient encore plus profond. Vous ne pouvez plus vous réveiller mais vous m'entendez distinctement. — S'il ne s'ensuit pas immédiatement un oui, il faut répéter la suggestion, en évitant de prononcer le nom du dormeur, ce qui pourrait le réveiller brusquement. Aussitôt que le dormeur a répondu : Oui ! hum ! comment ? (souvent même une réponse indistincte ou un mouvement des lèvres suffisent), le rapport est établi. Donnez alors les suggestions à demi-voix, mais distinctement. Avec la précaution nécessaire on arrive par cette méthode au but désiré. » (1)

On a ainsi établi le rapport. Les lecteurs peu au courant de la pratique du magnétisme ne comprendraient peut-être pas bien cette expression sans une explication. Beaucoup de sujets en hypnose semblent morts au monde extérieur, exception faite pour le magnétiseur que ces sujets continuent à sentir, à voir et à entendre et aux questions de qui ils répondent. Cet état de sensations exclusives est appelé l'état de rapport. Mais tout assistant peut se mettre en rapport avec le sujet en le touchant ou en

---

1. Octave Pelletier, *op. cit.*, p. 25-26.

priant le magnétiseur de lui donner un ordre dans ce but. Seulement, ce serait une erreur très grave que de croire que tous les sujets en hypnose sont ainsi exclusivement en rapport avec leur magnétiseur ou ceux qui les touchent. Un très grand nombre demeurent constamment en rapport avec tous les assistants. Quant à moi, j'attribuerais volontiers les variations de l'état de rapport aux différentes manières dont se comporte l'od extériorisé des sujets en expérience. Si cet od est violemment attiré vers l'opérateur, il y a rapport exclusif ; si au contraire l'od se diffuse dans tous les sens comme à l'état normal, il y a rapport avec tout le monde. Les sujets qui demeurent ainsi en rapport avec tous sont le plus souvent ceux qui tombent spontanément et facilement dans un état d'hémisomnambulisme. Certains auteurs ont voulu dire que le rapport exclusif caractérisait l'hypnose et la distinguait du sommeil ordinaire : ce n'est pas exact, comme on vient de le voir.

La narcose est également un état très propre à recevoir des suggestions et le Dr Paul Farez la préconise pour les sujets chez qui on ne peut pas produire l'hypnose.

Mais l'état le plus propre à recevoir des suggestions est incontestablement ce dernier état, l'hypnose, parce que la plupart du temps, l'opérateur en est le maître et peut le rendre plus ou moins profond à son gré et parce que, par le fait même qu'il a endormi le sujet, l'opérateur a acquis sur lui un grand pouvoir. Le sujet s'est abandonné en s'endormant ; il pourrait se ressaisir mais cela lui demanderait un effort considérable qu'il ne fera que dans les cas extrêmes et qu'il ne fera jamais, s'il sent que le magnétiseur est un homme honnête et bon, lui voulant du bien.

Souvenez-vous bien de cela, messieurs les praticiens : si vous voulez avoir du succès, si vous voulez éviter les accidents, ayez une âme noble, haute et débordant de bonté. Rien n'échappe à vos sujets. Plus vous les endormez, plus vous vous révélez vous-même à eux. Certains lisent en vous comme dans un livre ouvert, mais tous y lisent plus ou moins clairement. Si vous êtes un vilain monsieur aux sentiments égoïstes et bas, vous ne donnerez pas le change, malgré une voix papelarde, et toutes vos suggestions feront peu de bien quand elles ne feront pas de mal. Ou bien si vous avez affaire à un sujet qui vous vaut, vous échangerez de la malice ; vous deviendrez un couple de compères, l'un plus actif et l'autre plus passif par lâcheté. Avant de permettre la pratique du magnétisme, il faudrait peser les opérateurs dans la balance de la moralité. Ce serait la seule condition indispensable. Mais, hélas ! on ne la trouve nulle part, cette balance, pas plus dans les écoles de médecine qu'ailleurs. Il faut peser au jugé et on se trompe souvent.

C'est peut-être ici le lieu de fournir quelques indications sur la manière de donner les suggestions. Cette question est d'une très grande importance. Certains s'imaginent que la suggestion doit être un ordre brutal auquel le sujet obéira d'autant mieux qu'il sera plus péremptoire. Il n'en est pas ainsi, heureusement. Je ne saurais trop répéter que le libre arbitre n'est jamais entièrement aboli dans l'hypnose, contrairement à ce que croient trop d'observateurs superficiels. Votre ordre brutal peut être obéi, mais il peut aussi réveiller votre sujet ou le rendre plus malade au lieu de le guérir ou enfin l'indisposer contre vous et le fermer à toutes vos suggestions. Suggestionnez à peu près comme vous tâcheriez de persuader un homme à l'état de veille : mais si la brutalité ne donne aucune force à la suggestion, la répétition fréquente lui en donne (1). J'emprunterai encore un passage à la brochure de M. Octave Pelletier, qui résume si bien les méthodes employées à Nancy.

« Une suggestion contre l'insomnie, par exemple, se donnera de la manière suivante. Après

1. Il n'en est pas autrement dans la vie ordinaire. Nous entendons souvent dire, par exemple : « j'ai entendu répéter cela tant de fois, que j'ai fini par y croire. »

que l'hypnotiseur a endormi son sujet et qu'il l'a laissé reposer environ de 5 à 10 minutes, il lui dit : « Ce soir, au moment où vous allez
« ordinairement vous coucher (ou bien vers
« 10, 11 heures etc.,) vous vous sentirez pris
« d'une fatigue générale qui augmentera peu à
« peu. Alors vous vous déshabillerez et vous
« mettrez au lit. Quand vous y aurez une place
« convenable, vous penserez à ce que je vous
« dis maintenant. Vous sentirez comme un poids
« sur vos yeux, l'envie de dormir vous prendra
« et la fatigue augmentera. Peu à peu votre
« respiration deviendra plus régulière et vous
« sentirez l'approche du sommeil. Un voile
« sombre se posera sur vos yeux qui se ferme-
« ront, vous perdrez connaissance et vous serez
« endormi. »

« Si cette suggestion s'est réalisée, il faudra la répéter en ajoutant que le sommeil devra durer jusqu'à telle ou telle heure et qu'il produira sur le dormeur ses effets bienfaisants.

« S'il s'agissait de guérir quelqu'un de l'ivrognerie, il ne faudrait pas lui défendre immédiatement toute boisson alcoolique, mais au commencement on devrait se contenter de lui suggérer qu'il ne boira plus qu'à certaines heures de la journée. Puis peu à peu on lui exposera les effets désastreux de l'alcool et on lui suggèrera un dégoût pour ce poison, dégoût qui ira même jusqu'à l'envie de vomir quand il portera le verre à ses lèvres. Quand, au bout de deux à trois semaines, avec un nombre de séances à peu près égal par semaine, le buveur ne trouvera plus de goût aux liquides alcooliques, on les lui défendra complètement.

« Un père ou un maître auront à corriger un enfant de ses mauvaises habitudes. Il leur faudra d'abord le persuader de la laideur du défaut dont on veut le débarrasser. Puis, quand cette persuasion aura pris place dans le cerveau de l'enfant et qu'il n'y restera plus que de la faiblesse morale, il faudra faire une défense formelle.

« S'agit-il, par exemple, de guérir l'enfant de l'habitude du mensonge, on aura d'abord, comme on vient de le voir, à le persuader de la laideur de ce vice, et de ses conséquences fâcheuses. L'impression acquise dans le sommeil hypnotique est beaucoup plus profonde et plus durable que la remontrance la plus sévère. Plus tard on suggère à l'enfant que chaque fois qu'il voudra dire un mensonge, il rougira, tremblera et que tout ce qu'il saura faire sera de balbutier. Enfin on lui dira que cet état sera insupportable, tandis que, lorsqu'il aura dit la vérité, il se sentira soulagé.

« Veut-on guérir un gaucher, on lui suggère une faiblesse, une douleur momentanée dans la main gauche quand il voudra se servir de cette main au lieu de la droite. On lui dit aussi que cette douleur rendra la main droite d'autant plus facile à remuer et qu'enfin c'est de cette dernière main qu'on doit se servir. »

Bref il ne faut pas craindre de rentrer dans les détails et il faut être patient. La subconscience travaille d'autant mieux qu'on lui indique mieux le travail à faire et qu'on lui demande moins à la fois. C'est pourquoi il est très utile, pendant les premières séances et avant d'essayer d'endormir le patient, de questionner longuement celui-ci sur les maladies ou autres misères dont il veut qu'on le débarrasse. Ces questions ont un double avantage : empreintes de bienveillance et de pitié sincère, elles nous conquièrent la confiance du patient ; ensuite les réponses nous guideront quand le moment de donner des suggestions sera venu.

Bien plus que par un état du corps, une maladie est constituée par une idée souvent complexe et lentement formée, stationnant plus ou moins avant dans la subconscience. N'oublions jamais que l'esprit a créé le corps et le gouverne par l'idée, que sans idée il ne peut pas y avoir d'état du corps. Cette vérité — dont on ne veut pas encore aujourd'hui même à titre d'hypothèse — une fois reconnue jettera une lumière éclatante sur la plupart des mystères de la physiologie et de la nosologie. Il y aurait donc un avantage énorme pour le médecin à pénétrer dans la subconscience jusqu'à la couche où flotte l'idée constituant la maladie. Grâce à l'hypnose c'est souvent faisable. Quand votre patient sera en somnambulisme, interrogez-le sur les causes morales et physiques de sa maladie et souvent vous recueillerez ainsi les détails les plus précieux, grâce auxquels vous pourrez donner des suggestions bienfaisantes et sans lesquels vous n'auriez obtenu aucun résultat. Pendant cette vie, l'âme est maîtresse du corps, mais elle dort, elle reçoit et garde souvent les impressions physiques ou morales les plus funestes sans réagir spontanément comme elle pourrait le faire si elle ne somnolait pas. Mais trouvez moyen de lui imprimer un branle ; aussitôt elle se met à réagir contre les impressions même anciennes et à les détruire une à une ; ainsi disparaît l'idée et l'état de maladie. Ce branle est surtout facile à donner dans l'hypnose qui met à jour une petite partie de l'homme magique, lequel à l'état ordinaire assiste à tout passif et indifférent. Vous dites à un malade : Dorénavant vous vous porterez bien ! L'homme cérébral répond : « Hélas ! monsieur, je le voudrais ! Seulement souffrir est tout ce que je puis. » Mais que votre ordre pénètre jusqu'à l'homme magique, celui-ci qui a vu comment la maladie s'est installée sait très bien ce qu'il faut faire pour la déloger et il le fait.

Quelquefois on peut retrouver ce qui est

emmagasiné dans les couches plus ou moins profondes de la subconscience, sans plonger le sujet dans l'hypnose, si on a affaire à un de ces êtres particuliers dont la personnalité se fragmente aisément et qui écrivent automatiquement soit de la manière ordinaire, soit avec la planchette. Le même individu en forme alors deux ou plus, chacun de ceux-ci utilisant un organe pour s'exprimer. Du moment qu'un homme cérébral est formé avec une infime fraction d'une âme endormie, pourquoi exceptionnellement une même âme, mal incarnée, ne formerait-elle pas, simultanément ou non et d'une façon plus ou moins passagère, deux personnalités ou davantage ? Ordinairement la personnalité première ignore la personnalité seconde, mais souvent sinon toujours la personnalité seconde connaît très bien la personnalité première quoique se distinguant d'elle soigneusement. Ce n'est pas ici le lieu d'insister sur cette fragmentation de la personnalité ; plus tard quand ce phénomène sera mieux connu et mieux interprété il nous révèlera probablement une partie du grand mystère, nous dira en partie, sinon pourquoi, du moins comment l'âme s'incarne. Pour le moment qu'il me suffise de rappeler combien ce phénomène complique les études psychiques.

La plupart des soi-disant médiums ne s'entretiennent qu'avec eux-mêmes. Pierre Janet en a fait la preuve et il faut l'en remercier vivement, bien qu'on se plaise un peu trop à laisser ignorer qu'il a eu de nombreux précurseurs. Souvent il a fait réapparaître par l'écriture automatique un état et des données qu'il venait de rencontrer dans l'hypnose. Chez tout médium, de quelque nature que soit la médiumnité, nous devons d'abord supposer la création d'une personnalité seconde et il faut attendre que les faits nous acculent à une autre hypothèse. Les messages, obtenus de n'importe quelle manière, par la typtologie, l'écriture automatique ou autrement, ne peuvent nous dévoiler leur provenance que par l'étude attentive de leur contenu. M. Pierre Janet a tort de croire que l'étude de ce contenu ne peut rien nous apprendre et n'a pas de valeur scientifique.

De tout ce qui précède le lecteur a conclu avec raison que la suggestion est puissante pour guérir non seulement les maladies guérissables mais encore les défauts et les vices. Toutefois il ne faudrait pas la croire toute puissante. Une suggestion ne peut agir que si elle est acceptée et une suggestion n'est acceptée que si du for intérieur de l'homme s'élève une voix qui désapprouve le défaut ou le vice. Mais si l'âme entière se plaît dans sa fange ou croit y trouver avantage, vous échouerez à peu près toujours. Avec un bélier vous pouvez renverser un mur même solide, vous ne pouvez pas déraciner un roc qui s'enfonce profondément dans les entrailles de la terre. Bonne ou mauvaise, une âme en somme est libre et ne fait que ce qu'elle veut. Vous guérirez l'ivrognerie, la jalousie, l'obsession, mais vous guérirez difficilement l'avarice, l'égoïsme, la duplicité ou l'orgueil. Non, la suggestion n'est pas une panacée permettant de transformer en anges de lumière toutes les larves humaines. Voilà ce que l'expérience nous enseigne et ce que la réflexion devait nous faire supposer *a priori* !

Cette constatation m'amène tout naturellement à dire un mot d'une question qui a été fort débattue pendant la seconde moitié du siècle dernier. Est-il possible de faire, par suggestion, commettre des crimes réels à quelqu'un ? Oui et non. Si le sujet est faible et sans caractère ou s'il est naturellement porté au crime, oui ; mais s'il a de la volonté et s'il est honnête, non. Il se passe en somme ici ce qui se passe à l'état de veille, ni plus ni moins.

« Quand, il y a quelques années, je commençai mes études en hypnotisme, dit Milne Bramwell, je croyais comme Delbœuf que le sujet est entièrement à notre merci. Mais je ne tardai guère à sortir de mon rêve. » Ce qui a induit en erreur beaucoup d'expérimentateurs, c'est l'extrême complaisance du sujet. L'homme devient meilleur dans l'hypnose : les préjugés s'atténuent et le désir d'être agréable aux autres augmente, résultat bizarre si l'homme n'est qu'une machine protoplasmatique. Commandez un crime pour rire à un honnête homme endormi, pour vous satisfaire il n'hésitera pas; mais commandez-lui en un pour de bon et il ne vous obéira plus, heureusement.

Mais votre suggestion mauvaise aura-t-elle été tout à fait inoffensive? Pas toujours; souvent vous aurez ainsi créé une obsession accompagnée d'une anxiété intense. La volonté résistera, mais vous n'en aurez pas moins fait du mal.

Dans les suggestions post-hypnotiques, ou à échéance, qu'elles soient criminelles ou innocentes, quand vient le moment d'accomplir l'acte, le sujet ressent une impulsion, éprouve un besoin irraisonné de faire cet acte. Si le sujet est moralement fort et si sa conscience désapprouve l'acte, il peut résister. Mais alors l'idée devient obsédante et s'accompagne d'une anxiété terrible. C'est pourquoi si l'acte est indifférent en lui-même, même celui ou celle qui a une volonté forte, n'hésite pas à l'accomplir pour se délivrer de cette angoisse.

Un court dialogue que j'emprunte à un article paru dans la première livraison de 1903 des *Annales de la Société pour les recherches psychiques* (1), donne une idée très nette des sen-

1. Tous les emprunts aux *Proceedings of the S. P. R.* sont faits avec l'autorisation spéciale de la Société.

sations du sujet. L'hypnotiseur raconte : « Je lui dis (au sujet qui sort toujours de l'hypnose sans amnésie) que trois minutes après son réveil il se lèvera et viendra s'asseoir sur mes genoux. Puis je le réveille.

— Ainsi, dit-il, je dois m'asseoir sur vos genoux !

— Oui ; éprouvez-vous le besoin de le faire ?

— Pas le moins du monde. Je n'ai jamais eu de ma vie moins de tentation de faire quoi que ce soit.

Puis nous changeons de conversation. Au bout d'un instant il dit :

— Il commence à me sembler que j'aimerais à m'asseoir sur vos genoux. Mais je ne le ferai pas.

Puis un peu plus tard :

— Dites donc, j'éprouve le plus extraordinaire désir de m'asseoir sur vos genoux. Je ne serai pas heureux que je ne l'aie fait. Ne faites pas attention, mais je crois vraiment qu'il vaut mieux....

Et il s'asseoit. »

Les individus qui se réveillent amnésiques retombent, quand est venu le moment d'exécuter l'ordre, dans un état analogue à celui où ils l'ont reçu. Si donc ils l'ont accepté, l'exécution en est presque fatale.

Avec ces suggestions à échéance nous avons un moyen de constater de visu, pour ainsi dire, quelle quantité énorme de travail intellectuel peut se faire en nous sans que nous en ayons la moindre conscience. Vous dites à un sujet avant de le réveiller : Vous reviendrez me voir dans 3205 minutes et il le fait, bien qu'à l'état normal il ignore votre ordre totalement. Mais si dans l'intervalle vous le réendormez, il vous dira chaque fois exactement combien de minutes se sont écoulées et combien il en reste à courir. La partie de l'âme qui a reçu l'ordre se livre donc à un calcul précis. D'ailleurs nos pensées, nos conceptions profondes ne s'élaborent pas dans notre conscience normale : elles ne font qu'y surgir toutes prêtes à un moment donné. Souvent plus un esprit est robuste, moins il travaille consciemment. Les hommes de talent se mettent la cervelle à la torture, les hommes de génie notent ce qui leur vient ils ne savent d'où ni comment. Tout cela est très clair si vous admettez que le cerveau limite l'âme et ne la constitue pas ; cet organe seul est à incriminer dans les fluctuations de notre mémoire et de notre conscience. Mais si vous tenez absolument à ce que l'âme et le cerveau soient une seule et même chose, il n'y a plus moyen de comprendre.

L'angoisse dont j'ai parlé à propos de la résistance aux suggestions post-hypnotiques rappelle celle qu'éprouvent les malheureux hantés d'idées fixes, phobies, obsessions, compliquées ou non du besoin de faire un acte absurde ou de crainte en faisant un acte raisonnable. C'est qu'entre ces idées et les suggestions il y a quelque chose de plus qu'une analogie. Les obsessions sont des auto-suggestions provenant de raisonnements absurdes, faits à demi-inconsciemment par des individus impressionnables, naturellement timides et inquiets. Le même état d'âme ramène le même raisonnement et tous deux finissent quelquefois par atteindre un paroxysme effrayant : *vires acquirunt eundo*. On peut se guérir soi-même de ces obsessions, quand une fois on en a compris la nature. Pour cela ne cherchez pas à les raisonner, à vous démontrer à vous-même une fois de plus leur absurdité que vous connaissez bien, vous ne feriez que les ancrer davantage en vous. Portez votre attention sur l'angoisse qui vous étreint à l'épigastre et au front, calmez-la par la volonté et faites effort pour nettoyer votre mémoire de l'idée obsédante. Petit à petit, elle finira par ne plus se représenter. Mais, dussiez-vous en souffrir le martyre, ne lui obéissez jamais : la force de l'idée s'accroît chaque nouvelle fois que vous lui obéissez dans l'espoir de la chasser. Au début les obsessions sont faibles et ne deviennent fortes qu'avec le temps ; nous n'en aurions jamais si nous avions soin de mieux surveiller ce qui se passe dans la demi-clarté qui est entre la conscience et la subconscience et de nous imposer le calme la première fois qu'une crainte déraisonnable nous saisit. La suggestion étrangère, intelligemment donnée, est puissante contre les obsessions.

On peut non seulement guérir les maladies par la suggestion, mais on peut aussi en produire expérimentalement chez les individus prédisposés, ou naturellement très crédules même à l'état de veille, ou chez les hystériques qui n'ont jamais que très peu d'idées à la fois dans toutes les couches de leur âme. La production expérimentale de stigmates rentre dans cet ordre de phénomènes.

Ce qu'il est relativement facile de produire par suggestion chez beaucoup de sujets en hypnose, ce sont des illusions et des hallucinations. C'est un fait bien remarquable qu'aussitôt que nous plongeons dans le sommeil, naturel ou artificiel, les idées tendent à être perçues sous forme objective. Votre sujet a confiance en vous : vous lui affirmez qu'il gèle et il grelotte, qu'il fait très chaud et il sue, qu'il y a un lion dans la pièce et il se cache épouvanté, qu'une pomme de terre crue est un gâteau succulent et il la mange avec délices d'autant plus que les muqueuses, anesthésiées comme la peau, ne le détrompent pas. Vous lui dites que son bras ne peut plus bouger et le bras demeure immobile et souvent contracturé dans la position suggérée. Ces illusions et hallucinations peuvent être négatives, c'est-à-dire que vous pouvez par suggestion effacer d'une couche de l'âme du sujet l'idée d'un objet existant réellement à portée ; cette couche ne perçoit plus l'objet pendant plus ou moins longtemps, mais d'autres couches le perçoivent.

Enfin l'hypnose peut nous révéler chez le sujet des facultés cachées, depuis les plus banales comme le don d' « objectiver les types », suivant l'expression de Richet jusqu'aux plus hautes comme la lucidité ou la faculté de prévoir l'avenir. Mais tout cela est individuel et nous ne pouvons jamais savoir d'avance, en endormant un sujet, ce qu'il nous donnera. Défions-nous des sujets entraînés qui donnent toutes sortes de phénomènes : ils ont appris à les produire.

Il est regrettable, cependant, que les sujets ne puissent pas acquérir aussi les hautes facultés psychiques dont je parlais plus haut. Toutefois en leur affirmant qu'ils les possèdent, on peut les faire apparaître si elles existent. Affirmez à un somnambule qu'il peut voir à distance, il essaiera, ce qu'il n'aurait jamais fait sans votre affirmation et il verra s'il en était déjà capable à son insu.

Il y aurait encore bien des choses à dire sur la suggestion ou à propos d'elle. Mais il faut clore ce chapitre qui s'allonge démesurément En tout cas, la suggestion nous démontre, on le voit, d'abord que la conscience normale n'est pas toute l'âme, tant s'en faut ; ensuite que le cerveau limite l'âme au lieu de la constituer ; deux conclusions d'une extrême importance.

CHAPITRE IV

La diesthésie

Définition du mot. — Hyperacuité sensorielle. — Les sourds-muets et les aveugles. — Les sourciers. — Trois cas de diesthésie dans le sommeil naturel. — La transposition des sens. — La diesthésie dans le somnambulisme naturel : cas Janicaud. — Dans la désintégration de la personnalité. — Dans l'hypnose : cas divers. — Innéité et inconstance de la lucidité.

Mon cher lecteur, en débutant je vous dois des excuses et une explication. Moi qui me suis élevé rageusement contre les fabricants de mots gréco-médico-barbares, voilà que je vous en sers un à mon tour de ces mots-là, lequel est, Dieu me pardonne, de ma fabrication ! Mais je n'ai pu faire autrement. J'ai cherché dans l'arsenal de nos termes familiers et je n'en ai trouvé aucun qui désignât exactement et uniquement ce que je veux désigner. Il y a bien le terme *lucidité*, mais à force d'avoir été employé à tort et à travers, il est devenu d'une imprécision manifeste. Il y a bien les termes *clairvoyance* et *clairaudience*, deux frères jumeaux que nous connaissons peu, mais que les auteurs anglais affectionnent. Tous deux ont une physionomie latino-française très avenante ; mais clairvoyance rappelle trop exclusivement le sens de la vue et clairaudience trop exclusivement le sens de l'ouïe. J'ai besoin d'un mot qui donne à entendre que, malgré les apparences parfois contraires, il n'y a plus qu'un seul sens sans localisation spéciale. Le grec αἰσθησις signifiant sensation, perception en général répond très bien à mes besoins. En outre il n'est pas trop étranger : on le retrouve dans anesthésie qui a presque fini par conquérir ses lettres de naturalisation. Je le fais précéder de l'adverbe διά au travers, parce que, dans les phénomènes qui vont nous occuper, la sensation a lieu malgré les ténèbres et malgré l'interposition d'un corps opaque. Je puis donc maintenant définir la diesthésie : la perception, malgré les ténèbres où l'interposition d'un corps opaque, par un sens unique qui n'est spécialisé qu'en apparence, quand il l'est; qui peut se localiser momentanément à n'importe quel point de la phériphérie du corps, ce qui indique nettement qu'en réalité il est partout répandu et n'est localisé nulle part. Toutefois je n'accorde pas à la diesthésie proprement dite plus de portée dans l'espace qu'à nos sens ordinaires. Quand elle s'exercera malgré la distance, je l'appellerai la télédiesthésie et j'en parlerai dans le chapitre qui suivra celui-ci.

Le premier acheminement vers la diesthésie est une perception d'une acuité tout à fait extraordinaire, qui se présente assez fréquemment dans le somnambulisme naturel ou artificiel, mais sans cesser d'emprunter, autant qu'on peut en juger, le canal des sens ordinaires. Souvent le phénomène ne va pas au delà de cette hyperacuité sensorielle, mais elle est telle qu'au premier abord elle peut donner le change, comme le prouvent certaines expériences dues à MM. Bergson et Robinet et dont je vais dire un mot.

A ce propos j'avertis mon lecteur une fois pour toutes que les faits rapportés dans tout le cours de cet ouvrage et choisis parmi les mieux authentiqués, sont donnés uniquement à titre d'exemples pour éclairer mes raisonnements et mes théories. Ils ne sont pas seuls de leur genre, tant s'en faut. Tous ces phénomènes ont été observés des milliers de fois ; la littérature où on en traite est immense. Si de nos jours on les observe un peu moins, cela ne tient pas à ce qu'ils se fassent plus rares, mais simplement à ce que les préjugés scientifiques modernes en ont momentanément détourné l'attention. Rappeler l'attention sur eux est justement le principal but que je me propose.

M. Bergson, alors professeur à Clermont-Ferrand, étudiait, aidé de M. Robinet, un enfant chez qui on supposait de la lucidité. Cet enfant pouvait lire des nombres et des mots dans les conditions suivantes (1). L'un des observateurs endormait le sujet, se plaçait debout en face de lui, le dos presque tourné à la lumière, prenait un livre et l'ouvrait au hasard, le tenant presque verticalement à quelques pouces de ses yeux à lui, observateur, mais en dessous ; et il regardait tantôt le livre tantôt les yeux du sujet. Quelquefois on devait baisser un peu le livre mais finalement l'enfant arrivait presque toujours à lire le numéro de la page. Quand on demandait au sujet où il voyait le numéro, il indiquait une place sur le dos du livre, juste vis-à-vis la position réelle de ce numéro. Si on lui demandait où se trouvait la reliure, il désignait avec la main les pages, c'est-à-dire juste l'endroit où la reliure se serait trouvée si le livre avait été retourné. Après bien des observations MM. Bergson et Robinet acquirent la conviction que l'enfant, sans s'en rendre compte lui-même, voyait simplement comme dans une glace l'image du livre qui se réfléchissait sur la cornée de l'hypnotiseur. Et il parvenait à lire dans cette image très petite des caractères qui y atteignaient à peine un dixième de millimètre de hauteur ; on voit quelle acuité de vision il fallait qu'il eût dans l'hypnose.

1. Voir, *Revue philosophique*, novembre 1886.

Les autres sens peuvent dans les mêmes conditions acquérir une hyperacuité tout à fait analogue, mais je n'ai pas de place pour en donner des exemples.

Si nos cinq sens ne sont que des spécialisations grossières d'un sens unique qui leur sert de base à tous, quand l'un de ces cinq sens vient à faire défaut pour une raison quelconque, on doit logiquement s'attendre à ce que le sens unique s'efforce de suppléer à cette défectuosité d'une manière ou d'une autre. C'est bien ce qui arrive. Les aveugles, par exemple, acquièrent une finesse de l'ouïe tout à fait extraordinaire. Mais il y a mieux: le sens unique apparaît lui-même un peu à la surface. « Les sourds-muets perçoivent les bruits par l'épigastre ; c'est ainsi qu'ils évitent les voitures, qu'ils dansent en mesure, etc. Ceux d'entre eux, et c'est le plus grand nombre, qui entendent les sons musicaux, distinguent très bien la perception de l'ouïe de celle de l'épigastre. (1) » J'ai entendu parler d'aveugles qui aimaient à se promener dans la campagne. Quand on leur demandait pourquoi, ils répondaient le plus sérieusement du monde: « Pour jouir du paysage. » Ils percevaient donc ce paysage d'une manière inexplicable pour nous. Mais notez

1. Rouxel, *Rapports du Magnétisme et du Spiritisme*, p. 249.

bien que je ne présente pas ces remarques comme des vérités établies; je signale simplement une région inexplorée où nous attendent peut-être les découvertes les plus surprenantes.

C'est aussi à l'apparition à la surface du sens intérieur qu'on doit attribuer les exploits des sourciers, qui, au moyen d'une baguette fourchue de coudrier, prétendent découvrir les eaux ou les métaux souterrains. Ces exploits sont aussi indéniables que souvent niés *a priori*. Le professeur W. F. Barrett s'est livré à ce sujet à des expériences longues, minutieuses et coûteuses, dont les résultats ont été publiés dans les *Annales de la Société pour les Recherches psychiques*, volumes XIII et XV; ces expériences établissent définitivement la réalité des faits. Voici un passage des conclusions du professeur Barrett: « En même temps que se produit la contraction musculaire involontaire et ordinairement inconsciente qui fait mouvoir la baguette fourchue, beaucoup de sourciers éprouvent un malaise particulier et quelques-uns un violent spasme convulsif. C'est un effet psycho-physiologique de la nature de l'émotion. D'ailleurs l'état de monoïdéisme où se trouve le sourcier amène une catalepsie partielle quand une suggestion porte l'idée à son maximum d'intensité.

« Cette suggestion subconsciente peut provenir de beaucoup de causes. Quelquefois ce n'est pas autre chose qu'une auto-suggestion ; d'autres fois elle provient, à l'insu de la conscience normale et néanmoins par l'intermédiaire des sens, des objets environnants. Mais, chez un certain nombre des sujets ayant de l'automatisme moteur, cette suggestion semble due à *un pouvoir de perception transcendantale*, d'une sorte quelconque.

« Ces individus, pour faire usage de leur faculté transcendantale, semblent avoir besoin que leur conscience normale soit plus ou moins obnubilée ou qu'elle soit totalement submergée, comme dans l'hypnose profonde. » Bref chez les véritables sourciers il y a diesthésie provoquant un état hypnotique transitoire, c'est-à-dire l'apparition passagère d'un coin de cette subconscience dans les profondeurs de laquelle en temps ordinaire se cache le sens intérieur unique.

A une émergence, toujours faible du reste, de ce même sens intérieur sur un point, il faut attribuer les curieuses perceptions anormales de certains individus, diesthésie des métaux, diesthésie des aimants, diesthésie des cadavres et que sais-je encore ! Quand un individu affirme avoir des sensations à lui particulières, nous n'avons jamais le droit de le tenir pour un halluciné sans examen préalable. Nos cinq sens semblent bien n'être pas du tout cinq larges fenêtres ouvertes sur le monde physique, mais cinq fentes étroites aux murs de la prison où est enfermée notre âme actuellement. Rien ne nous autorise *a priori* à dire qu'il n'y a pas dans la geôle du voisin une ou deux petites fentes spéciales.

Je vais maintenant donner des exemples de diesthésie pendant le sommeil naturel, ou, si l'on aime mieux, des exemples de rêves causés par une diesthésie, ou tout au moins accompagnés de cette sorte de perception. En les lisant, beaucoup de mes lecteurs, j'en suis persuadé, se rappelleront des rêves analogues qu'ils ont eux-mêmes faits : car ces sortes de rêves ne sont pas rares.

M. J. Hunter Watts (1) se trouvant à Paris avec son frère, ce dernier acheta pour dix francs une très mauvaise copie en plâtre de la Vénus de Milo. D'abord M. J. Watts ne voulait même pas qu'on l'emportât, puis il y consentit quoique de mauvaise grâce. Mais de retour en Angleterre il exigea qu'on reléguât cet « objet » dans un endroit quelconque hors de la maison où on le verrait le moins possible. En conséquence son frère planta la statue au fond du jardin au haut d'un ouvrage en rocailles garni de fougères où elle resta de longs mois sans

1. Tous ces cas sont très résumés. Le lecteur qui voudra connaître les détails, les attestations, les signatures et autres documents en établissant l'authenticité devra se reporter aux ouvrages auxquels je le renvoie.

que M. Watts y pensât jamais, sinon en la voyant. Un matin, en faisant sa toilette, il se surprit tout à coup à faire cette réflexion : « C'est dommage tout de même que cette statue ait été renversée par le vent et brisée ; de loin elle ne faisait pas trop mal au milieu des fougères. Puis est-ce drôle que la tête ait été ainsi cassée net et que le reste du corps soit demeuré intact ! » Alors et tout à coup il se rappela dans ses détails un rêve ayant cette statue pour objet, qu'il avait fait dans la nuit. Quand il descendit à la salle à manger, la table n'était pas encore mise ; il alla donc en dépit du vent et de la pluie faire un tour au jardin. Arrivé devant la Vénus de Milo, à sa grande stupéfaction il la trouva exactement dans la position où il l'avait vue dans son rêve, la tête cassée net et le corps gisant au milieu des fougères mais intact (1).

Mlle Mary Luke occupe à New-York une maison à trois étages et rez-de-chaussée. Elle utilise le rez-de-chaussée et le premier étage pour son commerce, sous-loue à des étrangers le second étage ; quant au troisième étage il est habité par sa sœur, Mme Stallings, et la famille de celle-ci. Mlle Luke voit souvent en rêve des scènes réelles. Le mercredi 28 août 1895 elle fut

---

1. Voir F. W. H. Myers, *Human Personality*, vol. I, p. 381.

absente toute la journée et ne rentra que pour se coucher. Rien de particulier n'attira son attention, sauf toutefois l'absence d'un réveille-matin de valeur qui se trouvait sur la cheminée du salon. Mais comme l'un des locataires le prenait quelquefois quand il avait besoin de se lever à une heure inaccoutumée, elle n'attacha pas d'autre importance à l'incident. Pendant son sommeil il lui semble voir la chambre de M. et Mme L..., deux des locataires du second ; tout est dans le plus grand désordre ; les locataires sont partis emportant tout ce qui leur appartient et tout ce qu'ils ont pu trouver dans la maison ayant quelque valeur. Au matin le souvenir du rêve persiste avec une netteté particulière. Mlle Luke s'informe auprès de sa sœur qui n'a rien vu ni rien entendu d'anormal. Néanmoins, elle va frapper chez les époux L... et, n'obtenant pas de réponse, elle pénètre dans leur chambre avec une deuxième clef et trouve tout exactement dans l'état où elle l'a vu en rêve : les locataires sont partis emportant ce qui leur appartient et tout ce qu'ils ont pu trouver dans la maison ayant quelque valeur. Rien jusqu'à ce jour n'avait permis de soupçonner leur honnêteté[1].

Le 23 mars 1891, Sir Lawrence Jones écrit de Ventnor : « J'ai été appelé ce matin à huit

---

1. Voir F. W. H. Myers, *Human Personality*, vol. I, p. 391.

heures pour mon courrier qu'on a laissé ensuite hors de ma chambre. Je me suis rendormi et j'ai eu un rêve long et pénible où il s'agissait d'un chèque qu'il me fallait remplir et signer. A neuf heures je me suis réveillé de nouveau avec un souvenir très net de mon rêve. Je me suis levé et j'ai ouvert le paquet de lettres qu'on m'envoyait de chez moi. Parmi elles s'en trouvait une recommandée contenant un chèque pour une forte somme que je devais signer en ma qualité de gardien légal. Rien ne me faisait attendre ce chèque. Dans mon rêve il ne s'agissait pas du chèque réel ; je faisais plutôt des efforts inutiles pour en libeller un convenablement sur une feuille de papier blanc. La coïncidence n'en est pas moins remarquable (1). »

Le rêve suivant doit être aussi attribué à une diesthésie jusqu'à preuve du contraire. M. W. E. Brighten était propriétaire d'une goëlette de 35 tonneaux. En août 1876, par un temps très calme, il jeta l'ancre dans la Tamise vis-à-vis Gravesend. Il y avait à bord, en outre du propriétaire, un capitaine avec trois hommes composant l'équipage et des visiteurs. Le soir on laissa à l'ancre beaucoup de chaîne à cause du courant, très fort en cet endroit. Vers le matin le propriétaire qui dormait dans sa cabine se

---

1. Voir F. W. H. Myers, *Human Personality*, vol. I, p. 392.

réveilla tout à coup en même temps qu'il entendit ces mots retentir à son oreille: « Debout, réveillez-vous, ou bien vous allez être coulés bas! » Il écouta quelques instants puis se rendormit; pour la deuxième fois la même voix répétant les mêmes paroles le réveilla. Il mit quelques vêtements sans se presser et alla voir sur le pont. La marée montait, un épais brouillard pesait sur le fleuve, mais tout était calme et le jour commençait à poindre. Il redescendit donc, se recoucha et se rendormit, quand pour la troisième fois la voix le tira de son sommeil. Cette fois il s'habilla un peu plus vite, regagna le pont et grimpa dans les agrès jusqu'à ce qu'il dominât le brouillard qui s'étendait au-dessous de lui comme une mer. Tout à coup il aperçut un énorme bâtiment qui dérivait droit sur eux. C'est à peine s'il eut le temps de se laisser tomber du gréement, de réveiller le capitaine et de faire une manœuvre qui les sauva; mais quelques secondes de plus et ils étaient tous au fond de la Tamise. L'équipage entier du gros vaisseau était ivre et endormi. La voix qui sauva la goëlette et ceux qu'elle portait n'était certainement pas celle d'un homme qui aurait vu le danger et crié. Il n'y avait aucun autre navire dans le voisinage et, du reste, le brouillard était trop épais pour permettre à qui que ce fût de distinguer ce qui se passait.

Dans le somnambulisme naturel comme dans

le somnambulisme hypnotique la première manifestation de la diesthésie est ordinairement le phénomène appelé *transposition des sens*. Ce phénomène a été bien observé depuis longtemps par les magnétiseurs ; quant aux hypnotiseurs ils l'ont en général très mal vu et encore plus mal interprété, ce à quoi on devait s'attendre, car à lui seul ce phénomène renverse déjà toutes leurs conceptions matérialistes. Quelques phrases du D' Charpignon nous feront comprendre ce dont il s'agit. « Parmi les caractères du somnambulisme il y a encore le déplacement des sens. La vision, l'ouïe, le goût paraissent transportés à la nuque, à l'épigastre, aux pieds. D'autres fois, après le déplacement des sens, leur perversion est complète ; ainsi la vue n'est plus localisée, elle est partout ; elle a lieu à travers les corps opaques et malgré les distances........ L'ouïe, comme les autres sens, se déplace ; c'est à l'épigastre qu'on l'a observée le plus souvent. Quant au sens du goût, il offre les mêmes phénomènes d'extension et de déplacement. Ce déplacement du goût s'observe aussi plutôt chez les extatiques spontanés ; ainsi on les voit porter à l'épigastre, aux pieds ou ailleurs, les mets qu'ils veulent manger ; la bouche fait les mouvements de mastication et ils accusent la véritable saveur » (1).

1. J. Charpignon. *Physiologie, physique et métaphysique du magnétisme*, pp. 75, 79, édit. de 1848.

C'est Pététin qui, le premier, au moins en France, fit connaître des faits de ce genre dans son *Electricité animale* (Paris, 1808).

A ce sujet F. W. H. Myers écrit (1) : « La première explication qui se présente est que les sensations reçues par l'un quelconque des organes sont attribuées à quelque autre partie du corps arbitrairement associée avec ces sensations en vertu d'une suggestion ou d'une auto-suggestion fortuites. C'est ainsi que Fahnestock, (2) critiquant un rapport de Durand sur une patiente dont les cinq sens étaient transportés au creux de l'estomac, incrimine « la « manière de procéder de ce médecin. Celui-ci « avait réussi à attirer l'attention du sujet vers « l'estomac ; elle aurait pu répondre tout aussi « bien aux questions s'il avait parlé près de « n'importe quelle autre partie du corps. J'ai vu « en effet beaucoup de sujets en somnambu-« lisme artificiel effectuer la transposition des « sens à volonté en les priant simplement de « porter leur attention vers l'estomac ou quel-« que autre partie du corps. » De même dans le cas d'une hystérique rapporté par le Dr Niccolo Cervello (3) se passa ce fait significatif : Aussitôt que le médecin eut parlé en présence

1. *Human personality*, vol. I, p. 500, 1903.
2. *Statuvolism*. p. 174.
3. *Storia di un caso d'Isterismo con sognazione spontanea*. Palermo, 1853.

de la malade d'un cas récent où il avait été témoin de la transposition des sens aux mains et aux pieds, celle-ci commença à présenter les mêmes phénomènes. »

Donc pour s'assurer qu'on a bien affaire à un phénomène réel et non à un phénomène de simulation inconsciente, dès qu'un observateur rencontre un cas de transposition des sens, il doit pour l'étudier placer son sujet dans des conditions telles que l'action des organes ordinaires des sens ne puisse être invoquée. Les expériences où ces conditions ont été le plus rigoureusement réalisées sont incontestablement celles du professeur Fontan de Toulon. On en trouve le compte-rendu, dans un long article paru dans la *Revue philosophique* d'août 1887 et intitulé : *Hystéro-épilepsie masculine : suggestion, inhibition, transposition des sens.* J'en vais résumer quelques passages. Mais si le phénomène est réel, que nous apprennent les observations de Fahnestock, Cervello et beaucoup d'autres ? Ceci : aussitôt qu'apparaît la transposition des sens, il y a émergence du sens intérieur unique ; ce sens est partout, mais il s'ignore encore lui-même et pour qu'il s'exerce il faut que l'attention se porte sur un point. Si le sujet dit : Mon ouïe est au bout de mes doigts, il est lui-même victime d'une illusion. Ce n'est pas l'ouïe ordinaire qui s'est transportée là, c'est le sens unique qui s'imagine ne pouvoir et ne devoir entendre que par le bout des doigts. Il y a donc bien suggestion, mais pas comme l'entendent Fahnestock et les autres : les organes ordinaires des sens ne sont pour rien dans la perception. Et même peut-être n'y a-t-il pas toujours suggestion : nous ne savons pas comment émerge le sens intérieur et cette émergence peut parfaitement ne pas avoir lieu uniformément, sur tous les points à la fois.

Le sujet du professeur Fontan, B..., est un marin, âgé de 22 ans, robuste en apparence, mais en réalité hystérique avec des attaques de catalepsie. Après avoir observé chez lui la transposition de l'ouïe, du goût et de l'odorat, le professeur, ayant remarqué d'étranges mouvements des doigts du sujet sur du papier imprimé, eut l'idée d'essayer la transposition de la vue. On suggéra à B..., qu'il ne pouvait plus voir qu'avec ses doigts et on plaça un écran tout près de son visage, de manière qu'il ne pût voir ni ses mains, ni les objets qu'on lui présentait, ni les figures et les gestes des assistants.

On essaya d'abord des caractères imprimés ; et B..., qui peut à peine lire dans son état normal, parvint avec difficulté à en déchiffrer quelques-uns. On plaça ensuite devant lui des écheveaux de laine de différentes couleurs, qu'il n'avait jamais vus, et il fut prié de choisir les rouges. L'expérience réussit parfaitement, et on la refit avec les laines vertes et les laines bleues.

Le lendemain, dans une chambre où on avait

fait l'obscurité complète, on mit la main du sujet dans une boîte contenant de nouveaux écheveaux, de couleurs variées, qu'il n'avait jamais vus ni touchés. On lui dit de choisir les bleus. Il prit les écheveaux avec une force et une rapidité qui ressemblaient à de la frénésie, jetant de côté ceux qu'il ne voulait pas, si bien que les expérimentateurs crurent l'expérience manquée, et que le professeur Fontan, quelque peu effrayé, se précipita sur B..., pour prévenir, en l'hypnotisant par la pression des globes oculaires, ce qui aurait pu être, pensait-il, un dangereux accès. Cette scène n'avait pas duré plus de cinq secondes, et le sujet avait eu le temps de choisir les écheveaux demandés et de les cacher dans sa poitrine.

Une autre fois, on plaça les écheveaux sur une table sous une forte feuille de verre. B..., à qui on avait dit qu'il ne pouvait voir qu'avec les doigts et qui avait l'écran habituel devant lui, fut invité à choisir la laine rouge. Il indiqua la position des écheveaux rouges en tapant sur le verre, ce qui ne laissait pas de doute sur la nature du phénomène. On recommença l'expérience avec des laines d'autres couleurs, et on réussit toujours.

On donna à B... cinq photographies, parmi lesquelles se trouvait une photographie d'enfant, et on lui dit de trouver cette dernière. Il toucha les figures, tourna les portraits la tête en haut, promena ses doigts attentivement sur l'image de l'enfant et présenta la photographie voulue au D' Fontan.

Je vais maintenant donner des exemples de diesthésie empruntés à divers auteurs. Je commencerai par le somnambulisme naturel.

En février 1889, a paru, dans la *Revue philosophique*, un article publié par le D' Dufay, contenant un rapport écrit par M. Badaire, ex-directeur de l'École normale de Guéret. M. Badaire a observé pendant des années le sujet, Théophile Janicaud, qui faisait partie de l'École comme élève-maître.

Ce rapport, lu devant tous les professeurs et les élèves, fut déclaré par ceux-ci scrupuleusement exact. De huit à dix ans, Janicaud avait eu de fréquents accès de somnambulisme, mais ces accès ne reparurent que vers dix-neuf ans. Nous n'emprunterons au rapport de M. Badaire que deux passages se rapportant à l'étude poursuivie dans le présent chapitre. Dans le chapitre suivant, nous aurons occasion de revenir au cas Janicaud.

Une nuit, Janicaud se réveilla en sursaut, se mit brusquement sur son séant, et se tournant vers un de ses condisciples, lui dit : « Vois, Roullet, comme tu es étourdi ! Je t'ai sûrement dit de fermer la porte de l'atelier de reliure ; mais tu ne l'as pas fait, et un chat, en mangeant la colle de pâte, vient de renverser l'assiette, qui est cassée en cinq morceaux. » On descendit immédiatement à l'atelier et on vit que tout ce que le somnambule avait dit était parfaitement exact.

La santé de Janicaud laissant fort à désirer, on l'envoya chez lui pour changer d'air et prendre de l'exercice. Pendant cette absence de l'école, il n'eut que peu d'attaques, et seulement pendant les premiers jours. Deux jours après son arrivée dans sa famille, il se leva pendant la nuit avec l'intention bien arrêtée d'aller à la pêche. M. Simonet, son beau-frère, tint à l'accompagner, et avant de partir il réussit à lui faire changer d'idée et on se mit en route pour aller rendre visite à un parent demeurant à quelque distance. Janicaud resta dans son état somnambulique, et ni les aboiements des chiens ni la fatigue de la marche ne le réveillèrent. Enfin le jeune somnambule voulut bien se décider à revenir à la maison ; arrivés à un étroit et dangereux sentier le long de la rivière, M. Simonet pria Janicaud de faire attention et de bien regarder là où il posait le pied. Mais le jeune homme répondit que c'était lui qui y voyait le mieux des deux, et comme preuve il demanda à son compagnon s'il voyait l'allumette qui se trouvait sous son pied gauche. M. Simonet toucha aussitôt sous son pied et y trouva en effet une allumette. Non seulement il faisait très sombre, mais Janicaud, qui avait son bonnet de nuit tiré sur sa figure, se trouvait à environ trente pas en avant.

On observe assez souvent aussi la diesthésie dans les cas de désintégration de la personnalité. Nous nous bornerons à un exemple. Il est emprunté au Rapport du Dr Barrows sur le cas de Miss Anna Winsor (1). Le professeur James a fait sur ce cas, en 1889, une enquête complémentaire et a obtenu en corroboration les témoignages de la mère et du frère de la patiente et du Dr Wilcox, ancien associé du Dr Barrows. Ce dernier a tenu un journal relatant les incidents intéressants au point de vue scientifique de la vie de la malade. A la date du 9 avril 1861, il écrit :

« Devient sourde ; grande douleur dans la tête ; a conscience de ses souffrances la plupart du temps. Commence son travail de perles ; fait trois corbeilles de perles, le tout avec sa main gauche ; enfile son aiguille, enfile ses perles, exécute ses corbeilles ; travaille également au jour, à la lumière du gaz, pendant le crépuscule et dans l'obscurité. Je suis resté assis près d'elle dans la soirée et l'ai vue travailler. J'ai baissé le gaz jusqu'à produire l'obscurité presque complète, et je lui ai demandé d'enfiler son aiguille et de continuer son travail, ce qu'elle

1. Voir F. W. H. Myers, *Human Personality*, vol. 1er, p. 354, 1903.

fit aussitôt, sans paraître s'apercevoir que la chambre était obscurcie. Elle choisit une petite aiguille dans sa ménagère, la piqua perpendiculairement dans un coussin placé près d'elle, enleva en la mordant l'extrémité du fil, le roula entre le pouce et l'index, et le passa dans le trou de l'aiguille avec autant d'aise et de rapidité que j'en aurais eu à le passer dans une bague ; puis elle se mit immédiatement à enfiler ses perles ; yeux fermés. »

Dans le somnambulisme artificiel, il n'est pas rare de rencontrer la diesthésie et la lucidité sous toutes ses formes. Mais il semble que les procédés de magnétisation employés ont une grande importance pour le développement de ces troublants phénomènes. C'est pourquoi les hypnotiseurs les ont rarement rencontrés. Ceux de la Salpêtrière, qui opéraient sur des malades et employaient des procédés brutaux, et qui du reste niaient la lucidité *a priori* — « ces choses-là ne relèvent pas de la science » — n'en ont trouvé aucun cas. Ceux de l'École de Nancy en ont trouvé, mais toutefois moins fréquemment que les magnétiseurs de la vieille école, aux passes desquels nous devrons revenir si, daignant admettre enfin que les phénomènes de la lucidité, comme tous les autres, relèvent de la science, nous voulons avoir de nombreuses occasions de les étudier. Dans le rapport de la Commission nommée en 1831 par l'Académie de médecine pour vérifier les faits du magnétisme, on lit : « Nous avons vu deux somnambules distinguer, les yeux fermés, les objets que l'on a placés devant eux. Ils ont désigné, sans les toucher, la couleur et la valeur des cartes ; ils ont lu des mots tracés à la main ou quelques lignes des livres qu'on a ouverts au hasard. Ce phénomène a eu lieu alors même qu'avec les doigts on fermait exactement l'ouverture des paupières...... Nous avons rencontré une somnambule qui a indiqué les symptômes de la maladie de trois personnes avec lesquelles on l'avait mise en rapport. »

Tous les grands magnétiseurs rapportent dans leurs livres des cas de lucidité et partant de diesthésie, en très grand nombre quelquefois. Mais peut-être ne ferais-je pas mal de préciser en passant ce qu'il faut entendre par ce mot *lucidité*. Beaucoup me trouveront pédant : trop aimer la clarté, c'est être pédant. La lumière du soleil où rien ne peut se dissimuler est une horreur ! Parlez-moi d'un pâle clair de lune où on peut faire voir tout ce qu'on veut, et même faire voir quelque chose quand il n'y a rien, aux gens plus imaginatifs que raisonnables ! Néanmoins j'aime mieux autant que possible me conformer en toute circonstance au principe de Pascal, le véritable créateur de la prose française moderne : employez les mots que vous voudrez, mais définissez-les soigneusement. Donc la lucidité comprend non seulement ce que j'ai appelé la diesthésie, mais encore la télédiesthésie, la transmission de pensées, l'exaltation des facultés intellectuelles, la psychométrie, la prévision de l'avenir. Les auteurs ont appelé de ce nom tour à tour toutes les facultés supranormales qu'ils ont observées dans le sommeil et les états analogues. C'est pourquoi, si on veut être compris, il est indispensable maintenant de créer pour chacune d'elles un terme qui lui soit propre et de conserver le vieux mot *lucidité* pour désigner l'ensemble.

Voici un cas de diesthésie emprunté à Ch. Lafontaine (1) : « Mme de Loyauté (chanoinesse) fut magnétisée par moi dans une soirée chez le duc de Luxembourg. En huit minutes elle fut plongée dans le sommeil et, vingt minutes après la lucidité apparut dans tout son éclat. Nous ne pûmes cependant pas en jouir, car chacun voulut faire des expériences banales pour se convaincre de cette lucidité. Ainsi cinq personnes changèrent les aiguilles de leurs montres sans regarder où elles les arrêtaient. On présentait une montre au-dessus de la tête ; la somnambule répondait : telle heure, telles minutes. On présentait une montre derrière le sujet : même résultat. Un autre gardait sa montre dans la main et Mme de Loyauté indiquait

1. *Art de magnétiser*, p. 100, éd. de 1899.

toujours exactement l'heure aux montres de chacun. »

Dans une lettre au Dʳ Elliotson, datée du 31 mai 1847, M. William Topham, avocat, dit à propos d'un jeune homme de 18 ans, nommé Thomas Horner, qu'il avait commencé à soigner en 1843, par le magnétisme, pour des attaques d'épilepsie : « Après cinq ou six semaines de magnétisations il se mit spontanément à donner des exemples de lucidité. La première fois, ce fut le 11 septembre. La nuit tombait et il faisait presque noir dans la chambre où je le magnétisais. Les autres fois je l'endormais par la fixation du regard, mais ce soir-là je me mis à faire des passes sur le haut de la tête et je les continuai après que le sommeil fût venu. Cinq ou six minutes après le début du sommeil, il s'écria qu'il pouvait voir dans la pièce qui était au-dessus de nos têtes. Je lui dis : « Vos yeux sont fermés, comment pouvez-vous voir ? » Il me répondit : « Je ne vois pas avec mes yeux. « Je vois par le haut de ma tête ; tout le haut « de ma tête semble ouvert. » Il se mit alors à décrire avec exactitude l'emplacement de différents objets dans la pièce au-dessus, emplacement que je n'avais jamais remarqué moi-même. Quant à lui il n'était entré dans cette pièce qu'une fois dans sa vie un mois auparavant pour me parler et il y était resté à peine deux minutes. Il me nomma deux personnes qui s'y trouvaient, — et il y avait alors beaucoup de monde dans la maison — me dit où elles étaient assises et ce qu'elles faisaient. Je lui demandai s'il y voyait de la lumière, car ordinairement on n'y portait pas de lampe si tôt ; il me répondit qu'il n'y voyait qu'une petite bougie sur la table, auprès de la personne qui lisait : il désigna cette personne par son nom. Vérification faite tout se trouva parfaitement exact : on avait allumé une bougie en attendant la lampe... A une autre occasion, au moment où Horner me décrivait ce qui se passait dans la pièce au-dessus, où un grand nombre de personnes étaient rassemblées, je priai, sans que le sujet pût m'entendre, un ami, M. de Gex, d'y monter et de soulever le rideau de la fenêtre : « Tiens ! s'écria tout à coup le somnambule, voilà M. de Gex qui entre dans cette pièce. » Je lui dis : « Surveillez-le et dites-moi ce qu'il fait. » — « Oh ! L'étrange geste pour lui ! Il est debout, « la main sur l'épaule de votre père. Mainte- « nant, le voilà qui sort de la pièce ! » Quelques instants après M. de Gex revint dans la chambre où nous étions et je lui fis part des déclarations du sujet. « C'est parfaitement exact, me répondit-il ; pour me convaincre moi-même, j'ai changé l'acte convenu (1) ».

Le somnambule qui a présenté la lucidité la

1. *Zoist*, n° XVIII, p. 127.

plus constante de tout le xix⁰ siècle est incontestablement le fameux Alexis, sujet de M. Marcillet. Pour convaincre ses visiteurs, Alexis jouait souvent avec eux une partie d'écarté, les yeux étroitement bandés. Voici la relation par Alphonse Karr d'une de ces étranges parties : « Après que M. Marcillet eut déclaré son sujet endormi, on lui mit sous les yeux deux gros tampons de ouate, puis on recouvrit la ouate de trois bandeaux épais. Un de mes amis, un peintre d'un talent charmant, M. J... que j'avais mené dans la maison, consentit à jouer aux cartes avec lui. Il fit couper, donna cinq cartes à Alexis, qui avait les yeux bandés comme je viens de le dire, puis tourna la onzième carte. Alexis, laissant les cartes retournées sur la table, en demanda trois, puis dit : « J'ai le point, vous « n'avez que deux atouts, le roi et le dix. » M. J. avait en effet le roi et le dix d'atout, et perdit le point. Alexis désigna une ou deux cartes à faux dans le jeu de son adversaire, mais cependant joua ses cinq cartes à lui sans se tromper, fournissant de la carte demandée, ou coupant quand il n'en avait pas. Le coup d'après, comme il hésitait à écarter la dame de pique, il toucha le talon et dit: « Je puis jeter la dame de pique, je vais prendre le roi. » Il donna des cartes à son adversaire et en prit lui-même quatre, dans lesquelles se trouvait effectivement le roi de pique ; puis il pria M. J... de laisser son jeu sur la table et, plaçant le sien dans la même position, il joua les deux jeux. Le jeu dont on se servait pour l'écarté avait été, dans l'origine, un jeu de piquet. Quelques basses cartes y avaient été oubliées. Alexis, les yeux bandés comme nous l'avons vu, les cartes retournées sur la table ôta avec impatience ces quelques basses cartes mêlées aux autres. Quelqu'un prit un livre parmi une trentaine de volumes qui se trouvaient dans le salon. On ôta les bandeaux d'Alexis puis on lui présenta un livre ouvert. Il demanda à quelle page on voulait qu'il lût. Le livre était ouvert à la page 139 ; je demandai qu'il lût à la page 145. Le somnambule, les yeux fixés sur la page 139, répondit : « Je vois écrit, « en lettres italiques, à la page 145, à cette place « (et il indiqua les deux tiers de la page) les *Mystères de Paris*. On ouvrit le livre et à la page 145 on trouva écrits, en lettres italiques, les mots : les *Mystères de Paris* (1) ».

En lisant ces faits, les incrédules ne manqueront pas d'invoquer les trucs et la prestidigitation. Voici l'opinion de celui qui a peut-être été le plus habile prestidigitateur de tous les temps, Robert Houdin ; c'est une lettre adressée au marquis de Mirville.

1. *Le sommeil magnétique expliqué par le somnambule Alexis en état de lucidité*, Dentu éditeur, 1856.

« Monsieur, comme j'ai eu l'honneur de vous le dire, je tenais à une seconde séance ; celle à laquelle j'assistais hier chez Marcillet a été plus merveilleuse encore que la première et ne me laisse plus aucun doute sur la lucidité d'Alexis. Je me rendis à cette séance avec l'arrière-pensée de bien surveiller la partie d'écarté qui m'avait tant étonné. Je pris cette fois de bien plus grandes précautions encore qu'à la première ; car, me défiant de moi-même, je me fis accompagner d'un de mes amis, dont le caractère calme pouvait apprécier froidement et établir une sorte d'équilibre dans mon jugement. Voici ce qui s'est passé, et l'on verra si jamais *des subtilités* ont pu produire des effets semblables à celui que je vais citer. Je décachète un jeu apporté par moi, et dont j'avais marqué l'enveloppe, afin qu'il ne pût être changé... Je mêle...... C'est à moi de donner...... Je donne avec toutes les précautions d'un homme exercé aux finesses de son art. Précautions inutiles ! Alexis m'arrête, et me désignant une des cartes que je venais de poser devant lui sur la table : « J'ai
« le roi, me dit-il. — Mais vous n'en savez rien
« encore, puisque la retourne n'est pas sortie. —
« Vous allez le voir, reprit-il, continuez. »
Effectivement je retourne le huit de carreau, et la sienne était le roi de carreau. La partie fut continuée d'une manière assez bizarre, car il me disait les cartes que je devais jouer, *quoique*

mon jeu fût caché sous la table et serré dans mes mains. A chacune de ces cartes jouées, il en posait une de son jeu sans la retourner, et toujours elle se trouvait parfaitement en rapport avec celle que j'avais jouée moi-même. Je suis donc revenu de cette séance aussi émerveillé que je puisse l'être, et persuadé qu'il est *tout à fait impossible que le hasard ou l'adresse puisse jamais produire des effets aussi merveilleux.* Recevez, Monsieur, etc. *Signé*, Robert Houdin, 16 mai 1847.

Le livre auquel j'emprunte ces deux documents — qu'on retrouve ailleurs du reste et dont l'authenticité n'est pas contestable — est intitulé : *Le sommeil magnétique expliqué par le somnambule Alexis en état de lucidité, précédé d'une Introduction par Henri Delaage.* Dentu éditeur, 1856. Il doit être rare aujourd'hui et, à un certain point de vue, je le regrette. C'est un étrange factum, mélange d'enfantillages, d'orgueil, d'ignorance et de bon sens, mais d'une importance capitale pour se faire une idée de la mentalité de cet être anormal que fut Alexis. Le style en est étrangement nuageux et prétentieux. Et l'auteur avait trouvé pour le présenter au public un homme digne de lui. Lisez donc la première phrase de l'Introduction : « Lorsque le ciel de la pensée humaine est obscurci par le sombre nuage du matérialisme, et que, semblable à un phare battu et aveuglé par la tempète, la lampe du sanctuaire philosophique ne verse plus dans les consciences troublées qu'une fugitive lueur, impuissante à éclairer les écueils où la société menace de s'abîmer tout entière, ils sont bénis les pieds de l'homme qui, portant en ses mains le flambeau magique de la vérité, en jette les vives lumières sur les mystérieux ressorts de l'organisme humain. » Ne riez pas, mon lecteur ; on peut croire qu'il faut s'exprimer ainsi, dès qu'on prend une plume à la main, et y voir clair tout de même en plein midi ; d'autres, qui écrivent mieux, s'enferment dans une cave pour ne pas voir ce qu'il ne leur plaît pas de voir. Et puis ne croyez pas qu'elle soit éteinte la race des écrivains à laquelle appartenait M. Henri Delaage : seulement aujourd'hui, au lieu d'arrondir des périodes sonores et filandreuses, ils parlent gréco-barbare avec le grand regret de ne pouvoir parler hébraïco-barbare, ce qui serait bien plus beau et rehausserait d'autant leur prestige. Avouons tout de même que les phénomènes présentés par Alexis ne gagnaient pas à être mis en termes aussi galants.

Empruntons, cependant, à Alexis lui-même, l'expression de deux vérités qu'il ne faut jamais perdre de vue : la lucidité somnambulique est une faculté innée et un magnétiseur ne peut pas la créer ; cette faculté est inconstante et nous ne savons pourquoi. Alexis dit : « Le grand caractère de la lucidité somnambulique est la variabilité : aussi, tandis qu'à tous les instants du jour et avec tous les spectateurs, un prestidigitateur réussira constamment, le somnambule doué de la plus miraculeuse clairvoyance, ne sera pas lucide avec tous les consultants et à tous les instants du jour ; car la faculté de la lucidité étant une crise pénible et anormale, il y a des influences atmosphériques et des antipathies invincibles qui s'opposent à sa production, couvrent d'un bandeau les yeux du somnambule et l'empêchent de voir. Jusqu'à ce jour la plume ayant toujours été tenue par la main des magnétiseurs, ils ont dénaturé complètement le caractère de la lucidité somnambulique, qui est une faculté innée, pour se l'attribuer et revendiquer la gloire de l'avoir créée et développée chez leurs sujets en les magnétisant. Leur prétention est trop ridicule pour être prise au sérieux, et ils savent parfaitement qu'ils n'ont pas plus créé la lucidité que l'animal n'est l'auteur de la truffe que son museau déterre. »

Hein ! Magnétiseurs, vous voilà bien servis et vous n'êtes probablement pas flattés d'être comparés à cet animal-là. Mais Alexis a parfaitement raison. La lucidité sera toujours assez fréquente pour que nous puissions lui demander des preuves de la vraie nature de l'âme et de son immortalité ; mais elle sera toujours trop inconstante pour nous permettre de la monnayer, comme l'ont fait et le font nombre d'individus peu délicats. Au reste on doit en dire autant de la médiumnité. Je ne me ferai jamais à cette idée qu'il puisse y avoir des somnambules lucides et des médiums de profession comme il y a des menuisiers, des avocats ou des employés des postes et télégraphes.

CHAPITRE V

La Télédiesthésie

Explication du terme. — La télédiesthésie ne peut être un phénomène cérébral. — La télédiesthésie dans le rêve: cas Squires; cas Warburton; cas Hilda West; cas Crewdson; cas Drummond Hay; cas Hamilton. — La télédiesthésie dans le somnambulisme naturel : cas Janicaud; cas Honorine X. — La télédiesthésie dans la maladie : cas de Mme Schmitz; cas de Clémence***. — La télédiesthésie dans l'hypnose : cas de Mme de Maricourt; trois cas observés par Charpignon; cas de Miss Scotow. — Difficulté en bien des cas de distinguer la télédiesthésie de la lecture de pensée. — Deux cas rapportés par Alphonse Karr.

Ce chapitre est à proprement parler la continuation du précédent. C'est toujours de la perception en dépit des obstacles matériels que nous allons nous occuper; mais une complication nouvelle, qui constituerait pour les sens ordinaires une difficulté plus insurmontable encore, va s'y ajouter: la distance. Le mot *télédiesthésie* signifie: perception en dépit des obstacles matériels et en dépit de la distance. Par des faits, selon mon habitude, je vais montrer que la *télédiesthésie* est non seulement possible, mais fréquente, quoique nous ne puissions pas encore et quoique nous ne pourrons probablement jamais la substituer au télégraphe, au téléphone et autres outils.

Dans la diesthésie il est déjà bien invraisemblable que le cerveau — ce cerveau qui est l'âme elle-même d'après les matérialistes — joue un rôle autre que celui que je lui ai assigné pour toutes les circonstances : fournir à l'âme de l'od, c'est-à-dire donner à une certaine matière une certaine forme, un certain état inconnu de nous, permettant à l'âme de percevoir le monde physique et d'y agir. Dans la télédiesthésie, cette invraisemblance augmente encore. Mais ne croyez pas que les matérialistes soient embarrassés pour si peu. Ils ont un raisonnement très simple, irréfutable à leur avis et que voici : Ceux qui prétendent que l'âme et le corps ne sont pas une seule et même chose ne sont pas des Savants comme nous, puisque nous leur fermons nos rangs ; donc l'âme et le corps sont une seule et même chose et si des phénomènes tels que la diesthésie, la télédiesthésie, la prévision de l'avenir existent — ce qu'il faudra nous prouver, chose difficile puisque nous nous bouchons les yeux et nous fermons les oreilles quand on nous apporte des preuves — c'est le cerveau qui perçoit et qui prévoit. Du reste nous avons un argument meilleur encore : le cerveau, nous le voyons, nous le touchons ; votre âme, nous ne la voyons ni ne la touchons ; donc elle n'existe pas. Toutes les fois qu'il y a pensée, il y a un cerveau, donc c'est le cerveau qui pense, qui sécrète la pensée comme le foie sécrète la bile. — Et la pensée, elle, la voyez-vous comme vous voyez la bile ? — Mais, certainement ; les typographes l'étalent en noir sur du papier blanc.

Ne croyez pas que j'exagère, mon cher lecteur, pour faire de l'esprit. Les livres de nos adversaires sont remplis de raisonnements de cette force. Il n'y a qu'une chose qui m'ennuie, c'est qu'en en montrant l'absurdité, j'ai l'air de donner raison à des hommes bien plus redoutables pour le progrès de l'humanité : les hommes des religions. Que Dieu — le vrai — me préserve de fournir des armes aux cléricalismes quels qu'ils soient ! Les prêtres sont les pires de tous nos ennemis, parce qu'ils incarnent l'ignorance qui veut vivre et dominer quand même et par tous les moyens. Ils traitent le matérialisme de hideux, mais la hideur des hideurs sera bientôt le psychisme qui se lève et qui est appelé, suivant l'expression de Crookes, à « dominer le monde de la pensée. »

Pour vous montrer que je n'exagère pas, mon cher lecteur, je vais vous citer un passage de

M. Maeterlinck (1). « Il est, à certains égards, tout à fait incompréhensible que nous ne connaissions pas l'avenir. Il suffirait probablement *d'un rien, d'un lobe cérébral déplacé, de la circonvolution de Broca orientée de façon différente, d'un mince réseau de nerfs ajouté à ceux qui forment notre conscience,* pour que l'avenir se déroulât devant nous avec la même netteté, avec la même ampleur majestueuse et immuable que le passé s'étale, non seulement à l'horizon de notre vie individuelle, mais encore de celle de l'espèce à laquelle nous appartenons. C'est une infirmité singulière, une limitation curieuse de notre intelligence, qui est cause que nous ne savons pas ce qui va nous arriver, alors que nous connaissons ce qui nous est advenu. »

Voilà un brillant passage, agréable à lire. Mais il est dommage que la pensée ne soit pas à la hauteur du style. Certainement — et j'en donnerai plus tard des exemples — l'homme peut dans certains cas exceptionnels non seulement prévoir, pressentir, mais encore contempler dans ses détails une scène, un événement qui n'aura lieu réellement que dans un avenir quelquefois assez éloigné. Mais, si c'est par le cerveau que cette vision a lieu, pourquoi cette faculté s'exerce-t-elle d'une façon si irrégulière,

1. Maurice Maeterlinck. *Le Temple enseveli*, p. 285.

si fugitive? L'ardent désir de l'homme de pénétrer l'avenir n'a-t-il donc pu la faire sortir de sa torpeur d'une manière définitive au moins chez quelques rares privilégiés? Il y avait là un besoin devant créer un organe. M. Maeterlinck a donc tout à fait raison d'appeler cela une infirmité singulière. Le besoin de nous souvenir a créé, dit-on, la mémoire; mais le besoin de prévoir l'avenir est pour le moins tout aussi grand, et la prévision de l'avenir nous serait pour le moins aussi utile que le souvenir du passé.

Mais pourtant le cerveau se souvient! — Non, ainsi que j'ai eu l'occasion de le montrer ailleurs, ce n'est pas le cerveau qui se souvient, c'est l'âme. Loin de créer la mémoire, le cerveau est au contraire la cause de l'oubli. Rien ne se réflète en lui que ce qui est déjà réalisé dans le monde des phénomènes. L'avenir n'est réalisé qu'en Dieu, et s'il se réflète quelquefois en nous, ce n'est pas dans l'homme cérébral, mais dans l'homme magique, ce n'est pas dans le cerveau mais dans l'âme.

L'homme contemple l'avenir dans certains cas exceptionnels : voilà un fait. Ce fait me dépasse et je n'y comprends rien, mais mon inintelligence le laisse subsister tout entier. Seulement ce que je comprends, c'est que le cerveau de l'homme ne peut pas prévoir l'avenir. Si cette prévision a lieu, c'est que l'homme n'est pas ce que les matérialistes croient, un ensemble d'organes dont l'un a pour fonction de penser. Mais — et voilà où je voulais en venir — s'ils osent prétendre, pour se tirer d'embarras, qu'une modification au cerveau pourrait nous faire voir l'avenir comme nous voyons le passé, à plus forte raison prétendront-ils que le cerveau peut exceptionnellement percevoir, malgré les obstacles et la distance. N'ont-ils pas un tas de vibrations et d'ondulations à leur service ? Mais nous ne sommes pas obligés de nous noyer avec eux dans le pathos. Si nos conceptions ne s'accommodent pas des faits, gardons les faits et modifions nos conceptions. Les faits semblent montrer que l'âme est distincte du corps, admettons-le, jusqu'à ce que d'autres faits nous viennent montrer le contraire. Les faits semblent montrer qu'en dehors du corps, l'âme est au-dessus de l'Espace et du Temps ; nous ne comprenons pas, n'importe : notre Intelligence n'est pas plus que nos sens la mesure de l'Univers. Pour toutes ces raisons, je crois et continuerai de croire que dans la suggestion, la diesthésie, la télédiesthésie et les autres phénomènes dont je parlerai plus tard, notre cerveau et tous nos organes ne jouent qu'un rôle bien secondaire. Ils ne sont que les rouages d'une machine et il est absurde de nier la présence d'un mécanicien simplement parce que nous ne le voyons pas et parce que nous ne le connaissons pas.

Prenons des cas de télédiesthésie dans le rêve.

En septembre 1887, deux jeunes gens très unis, J. L. Squires et Wesley Davis, employés dans une même ferme de l'État de Vermont (États-Unis) sont à la recherche de bestiaux égarés. Ils trouvent le troupeau dans un pré non fauché et courent chacun d'un côté pour le ramener. Dans ce mouvement Davis perd sa montre, de peu de valeur mais à laquelle il tenait parce qu'il n'avait pas les moyens de la remplacer. Quand il s'en aperçoit, il est trop tard pour aller la chercher le jour même. Le lendemain les deux jeunes gens consacrent en vain toute la matinée à cette recherche, et l'après-midi J. L. Squires ne cesse de penser à l'ennui de son ami.

La nuit, en rêve, Squires voit la montre, à un mille de distance, gisant dans l'herbe haute du pré, le cadran en haut, la chaîne formant un demi-cercle. A trois pieds de là est un endroit où l'herbe a été foulée par une bête qui s'y est couchée ; à cinquante mètres environ au nord il y a une haie ; à douze pieds à l'est de la montre un rocher émerge du sol. Au réveil il raconte son rêve à son ami qui n'y croit pas et ne veut pas aller voir. Néanmoins Squires selle un cheval, va droit à l'endroit et y trouve la montre exactement dans la position où il l'avait vue pendant son sommeil (1).

1. *Proceedings of the S. P. R.* vol. XI, p. 397 et Myers, *Human Personality*, vol. I, p. 379.

On peut penser à la cryptomnésie ; mais Squires affirme qu'il était au moins à deux cents mètres, quand Davis perdit sa montre. Seulement on ne dit pas si les jeunes gens sont bien sûrs de n'être pas passés en cet endroit pendant leur recherche infructueuse. S'ils y étaient passés, Squires auraient pu apercevoir la montre subconsciemment et le souvenir lui en serait revenu pendant le sommeil. C'est l'explication qu'on aime à donner dans des cas comme celui-ci. Mais si on démontre par ailleurs l'existence de la télédiesthésie, il est certainement plus simple et plus naturel de lui attribuer le rêve de Squires.

La télédiesthésie semble très souvent provoquée par la télépathie. Comme ce dernier mot a été souvent pris dans le sens du premier, il est nécessaire de définir exactement le sens que je lui donne avec F. W. H. Myers. La télépathie est la communication d'impressions quelconques d'un esprit à un autre sans l'intermédiaire ordinaire des sens, cette communication déterminant parfois une hallucination symbolique. La télépathie est une forme de la transmission de pensées. On peut transmettre ainsi la vision exacte d'une scène, d'un événement. Mais quand rien n'indique cette transmission détaillée, quand en outre la vision et l'événement sont simultanés, le plus simple est d'attribuer cette vision à la télédiesthésie en admettant — ce qui est très vraisemblable — que cette faculté anormale peut être éveillée par une émotion subconsciente. L'espace n'existant pas pour les âmes, ce n'est pas la distance qui peut les empêcher d'agir l'une sur l'autre quand il y a entre elles des liens d'affection ou d'une autre nature.

M. W. Warburton vient d'Oxford voir son frère, avocat à Londres. En arrivant chez ce dernier, il trouve un mot sur une table lui apprenant que celui-ci est allé à un bal et reviendra vers 1 heure du matin. Au lieu de se mettre au lit, M. W. Warburton s'asseoit dans un fauteuil et s'endort. A une heure du matin exactement, il s'éveille en sursaut en criant : « Sacredieu, le voilà par terre ! » Il venait de voir son frère sortir d'un salon sur un palier brillamment éclairé, faire un faux pas et tomber tout de son long dans l'escalier, mais parvenant à se garantir avec les mains et les coudes. Croyant à un rêve, M. W. Warburton chasse la vision et se rendort. Une demi-heure plus tard son frère arrive et s'écrie : « Ah ! Te voilà ! je viens de l'échapper belle ! Un peu plus et je me cassais le cou. En sortant de la salle du bal, j'ai fait un faux pas et suis tombé tout de mon long dans l'escalier (1). »

Le père et le frère de Mme Hilda West sont en voyage l'hiver, en traîneau. Celle-ci pendant

---

1. Myers. *Human Personality*, p. 138.

la nuit rêve qu'elle regarde par une fenêtre et la scène suivante se déroule sous ses yeux: Son père et son frère chacun dans un traîneau suivent une route, celui-là en avant, celui-ci en arrière. Au moment où ils croisent un chemin transversal, un autre voyageur en traîneau arrive à fond de train. Le père allait être infailliblement écrasé si ce voyageur n'avait fait cabrer son cheval. M⁽ᵐᵉ⁾ West s'écrie: « Oh ! père, père ! » et s'éveille glacée d'effroi. Au matin le père et le frère arrivent ; M⁽ᵐᵉ⁾ West leur dit : « Que je suis donc heureuse de vous voir tous deux sains et saufs ! J'ai fait cette nuit à votre sujet un rêve effrayant. » Son frère lui répond : « Tu aurais été bien plus effrayée si tu avais vu la réalité. » Mais après explications il se trouva que c'était bien la réalité dans ses moindres détails qu'avait vue M⁽ᵐᵉ⁾ West. Toutefois c'était le jeune homme, qui voyant son père en danger, s'était écrié : « Oh ! père, père ! (1) »

Le 20 mars 1885, M. Edward Crewdson de Tuckerville, Nébraska (États-Unis) se dispose à quitter avec ses deux fils plus âgés sa ferme de Tuckerville, où il réside habituellement, pour aller travailler dans une autre ferme lui appartenant aussi et distante environ de vingt kilomètres de la première. Au moment de partir, le

---

1. Gurney, Myers et Podmore. *Phantasms of the living*, vol. I, p. 202.

fils le plus jeune, un enfant de trois ans et demi appelé Hugues, accourt en pleurant et demande qu'on l'emmène aussi. Mme Crewdson, qui était grosse et attendait sa délivrance pour la fin d'avril, dit : « Oh ! oui, emmenez le donc ! Au moins je pourrai me reposer tout à fait jusqu'à votre retour. » Le père part avec ses trois fils. La nuit suivante le petit Hugues qui dormait avec son père le réveille en criant : « Papa, papa, il y a un petit bébé dans le lit de maman ! Je viens de le voir. » Mme Crewdson avait en effet accouché et au moment où personne ne s'y attendait. M. Crewdson écrit : « Le petit Hugues ne savait pas, ne pouvait pas savoir qu'un bébé était attendu ; nos enfants sont d'une innocence qui touche à l'absurde (1). »

En février 1879, Sir John Drummond Hay, ministre anglais au Maroc et résidant à Tanger, se réveille pendant la nuit en croyant avoir entendu distinctement la voix de sa belle-fille disant d'un ton de douleur : « Ah ! Je voudrais que papa sût que Robert est malade ! » Celui-ci, fils de Sir John, résidait alors à Mogador où il était consul. Sir John se met sur son séant, prête l'oreille, regarde tout autour de la chambre, puis se rendant compte qu'il a rêvé se dispose à se rendormir. Mais à peine

1. F. W. H. Myers. *Human Personality*, vol. I, p. 307.

avait-il fermé les yeux que la même voix le réveille avec les mêmes paroles. Alors Sir John à son tour réveille sa femme qui dormait tranquillement près de lui, fait part à celle-ci de l'incident et va le noter dans son journal. Au matin il raconte aussi son rêve à sa fille. Quelques jours plus tard une lettre arrive de Mogador. Mme Robert Drummond Hay annonce que son mari est gravement malade de la fièvre typhoïde et parle de la nuit où il a eu le délire. Cette nuit était celle du rêve. Sir John écrit en détail à sa belle-fille ce qui lui est arrivé à lui-même. Par retour du courrier celle-ci répond qu'en effet cette nuit-là dans sa détresse elle avait prononcé plusieurs fois exactement les paroles que Sir John avait entendues (1).

Le 20 mars 1888, M. E. W. Hamilton se réveille avec le souvenir intense d'avoir rêvé que son frère, dont il n'avait pas de nouvelles depuis plusieurs mois, est revenu d'Australie après une absence de douze ans et demi. Il avait très peu changé mais il avait un bras malade, horriblement rouge près du poignet ; la main était repliée en arrière. M. Hamilton note l'incident dans son journal. Le 26 il reçoit une lettre de son frère mise à la poste à Naples : celui-ci annonce son retour pour les environs

1. F. W. H. Myers, *Human Personality*, vol. I, p. 396.

du 30 et dit qu'il vient d'avoir une grave attaque de goutte au bras gauche. En Angleterre on s'aperçut que le médecin du bord s'était trompé dans son diagnostic et qu'on avait affaire non à de la goutte mais à un abcès profond ; et dans son rêve M. Hamilton avait cru voir un eczéma très mauvais (1).

Pour trouver des exemples de télédiesthésie dans le somnambulisme naturel, nous n'avons qu'à reprendre le cas Janicaud dont j'ai déjà parlé.

Une nuit Janicaud s'échappe du dortoir malgré toutes les précautions prises pour l'en empêcher et vient frapper à la porte de M. Badaire : « J'arrive de Vendôme, dit-il, et viens vous donner des nouvelles de votre famille. M. et Mᵐᵉ Arnault vont bien et votre bébé a quatre dents. — Pourriez-vous retourner à Vendôme, demanda M. Badaire, et me dire où ils sont à présent ? — Attendez, m'y voici ; ils dorment dans une chambre du premier étage ; leur lit est au fond de la pièce, à gauche ; celui de la nourrice est à droite et le berceau d'Henri est auprès. » Ces détails étaient exacts ; le lendemain M. Badaire reçut une lettre de son beau-père lui disant que l'enfant venait de percer sa quatrième dent.

1. F. W. H. Myers, *Human Personality*, vol. I, p. 141.

Une autre nuit il raconta qu'il voyait sur la route de Glény et dans une voiture se dirigeant vers Guéret le cadavre d'un homme qui s'était noyé dans la Creuse. Le fait fut trouvé entièrement exact le lendemain après vérification ; mais au moment où Janicaud donna ces détails, tout le monde à l'école ignorait l'accident.

« M¹¹ᵉ Honorine X..., remplissant les fonctions d'institutrice chez Mᵐᵉ la baronne***, château de Saint-Sever, sujette au somnambulisme naturel, vit une nuit le bateau, sur lequel était embarqué un des fils de la baronne, faire naufrage en mer, près d'une côte lointaine. Les détails de l'accident, qui coûta la vie à deux hommes, furent consignés avec une grande exactitude.

« Très longtemps ensuite, la relation du naufrage sur les côtes de l'Orégon, écrite par le fils, arriva dans une lettre qui contenait les mêmes détails, si bien qu'il y avait identité entre les deux récits. On ne peut accuser Mˡˡᵉ Honorine d'avoir improvisé le sien après coup, car sa narration, écrite en état somnambulique, avait été conservée avec soin et datée. Or, la date coïncidait avec celle de l'événement.

« Il est impossible de mettre ce fait sur le compte du simple rêve ou de l'hallucination (1). »

Dans les deux cas qui suivent, le percipient

---

1. Cte de Maricourt. *Souvenirs d'un magnétiseur*, p. 70. Plon éditeur, 1884.

n'est pas en état de somnambulisme; mais il est malade. Or, la maladie s'accompagne souvent de désagrégation de la personnalité laquelle désagrégation est elle-même souvent accompagnée d'états hypnoïdes.

Le Dr Despine, médecin des eaux d'Aix, reçut du père de Mme Schmitz, qui avait été soignée à Aix pour une névrose et qui était rentrée chez elle à Genève, une lettre d'où nous extrayons ce qui suit :

« Le jeudi, à minuit, elle (Mme Schmitz) m'envoie chercher MM. Faidy et Martin, qui logent à l'étage inférieur de ma maison. J'objecte à mon enfant que ces messieurs dorment et qu'il ne faut pas les déranger. Aussitôt elle me répond : « M. Faidy est couché, mais M. Martin dessine des petits amours dans un nuage ; va les chercher, je veux leur montrer les phénomènes de ma triste maladie. » J'obéis, me souvenant de vos exhortations formelles de ne jamais la contrarier... Je frappe à la porte de M. Martin, qui arrive sa lampe à la main... « Mais, lui dis-je, vous n'êtes donc pas couché ? — Non ; qu'y a-t-il à votre service ? — Puis-je vous demander ce que vous faites ? — Oui, je dessine, venez voir... » J'entre, et je vois qu'il dessinait les petits amours que ma fille avait vus de son lit (1). »

1. Dr Charpignon. *Physiologie, médecine et métaphysique du magnétisme*, p. 115, Germer-Baillière, éditeur, 1848.

« Mlle Clémence***, fille de la baronne*** et élève de Mlle Honorine X, dont nous avons parlé plus haut, mourut jeune de phtisie.

« L'avant-veille de sa mort, au milieu de la nuit, elle poussa de grands cris en donnant toutes les marques d'une profonde terreur :

« Maman ! maman ! on assassine M. et Mme Firmin avec une hache. La justice va venir ; ce n'est pas moi.... Nous ne pouvons plus empêcher le crime. »

« Elle décrivit la figure de l'assassin. Croyant à un accès du délire qui ne la quittait presque plus, sa mère chercha à l'apaiser en détournant son attention du hideux drame qui semblait hanter son imagination.

« Le lendemain matin, le médecin, venu de la ville située à cinq lieues du château de Saint-Sever où habitait la baronne, raconta que M. Firmin, avoué, et sa femme, avaient été assassinés pendant la nuit, à l'aide d'une hache. On avait pu mettre la main sur le meurtrier, ancien domestique de la maison.

« Le crime avait eu lieu précisément à l'heure où Mlle Clémence y avait assisté dans son prétendu délire. (1) »

En suivant toujours le même plan que d'habitude, laissons maintenant les diverses formes de

---

1. Comte de Maricourt, *Souvenirs d'un magnétiseur*, p. 72.

sommeil spontané et passons au sommeil provoqué ou hypnose, où l'on rencontre assez fréquemment la diesthésie et la télédiesthésie, dès qu'on arrive à la phase du somnambulisme. En voici des exemples :

« Dans Seine-et-Marne, je fus invité, avec mon beau-frère, à une battue chez un voisin de campagne. Le pays m'était tout à fait inconnu. On nous fit chasser du matin au soir, à travers une série de bois, séparés les uns des autres par des zones cultivées. Il m'eût été impossible de m'orienter dans cette région. Je m'aperçus, en rentrant, de l'absence de ma montre avec chaîne et breloques.

« L'idée me vint d'interroger ma femme, que j'avais déjà endormie, sans qu'elle donnât des preuves remarquables de clairvoyance. Quoiqu'elle fût en relation avec les propriétaires qui nous avaient invités, elle n'avait jamais parcouru le territoire, ni les bois où l'on avait chassé pendant la journée.

« Elle décrivit les bois parcourus, indiquant les arbres sur lesquels j'étais monté. A la branche inférieure de l'un d'eux, dit-elle, la montre pendait, accrochée par sa chaîne.

— Quant aux breloques, elles sont endommagées en partie, ajouta-t-elle, et un cachet gravé auquel nous tenions beaucoup a disparu.

— Mais on peut le voir aussi bien que le reste ?

— Non ! il est caché par des feuilles mortes. Vous ne le retrouverez pas, malgré vos recherches. (En parlant au pluriel, elle parlait de son frère et de moi.) D'ici à longtemps, une femme du village, en allant ramasser du bois mort, le prendra, le vendra, et personne n'en entendra parler.

« Le lendemain matin, guidé par mon beau-frère, sans lequel je me serais fourvoyé dans les bois, je refis le chemin parcouru, essayant de reconnaître les arbres qui m'avaient servi de perchoir pour tirer des lapins. Les indications de la somnambule étaient si précises, qu'au bout d'une demi-heure, mon beau-frère m'indiquait la montre accrochée à un tronçon de branche brisée. Le cachet avait été projeté au loin ; malgré les recherches les plus minutieuses dans un certain rayon autour du pied de l'arbre, il nous fut impossible de mettre la main dessus (1). »

Voici deux cas empruntés au Dr Charpignon :

« Un soir, nous avions chez nous deux somnambules, et dans une maison voisine se donnait un bal. A peine l'orchestre eut-il préludé que l'une des deux s'agita, puis entendit le son des instruments. Nous avons dit plus haut que certains somnambules isolés étaient cependant sensibles à la musique. Bientôt la seconde

1. Cte de Maricourt, *op. citat.*, p. 76.

somnambule entendit aussi, et elles comprirent que c'était un bal.

« — Voulez-vous le voir ? leur dis-je.

« — Certainement...

« Et sur le champ voilà les deux jeunes filles riant et causant sur les poses des danseurs et les costumes des danseuses.

« — Voyez donc ces demoiselles avec leurs robes bleues, comme elles dansent drôlement, et leur père qui balance avec la mariée... Ah ! que cette dame est sans gêne ; elle se plaint que son verre d'eau n'est pas assez sucré, et elle demande du sucre...Oh ! et ce petit bonhomme ! quel singulier habit !... De notre vie nous n'avions vu spectacle plus agréable et plus instructif. » Deux personnes présentes, doutant qu'il y eût vision réelle, se rendirent à la salle du bal et furent stupéfaites en voyant les demoiselles à robes bleues, le petit homme à habit rouge et le danseur de la mariée que les jeunes filles avaient nommé !.... (1). »

« Une autre fois, une de nos somnambules désira, dans un de ses somnambulismes, aller voir sa sœur qui était à Blois. Elle connaissait la route et la suivit mentalement.

« — Tiens, s'écria-t-elle, où va donc M. Jouanneau ?

« — Où êtes-vous donc ?

1. Dr Charpignon, *op. cit.*, p. 88.

« — Je suis à Meung, vers les Mauves, et je rencontre M. Jouanneau tout endimanché, qui va sans doute dîner à quelque château.

« Puis elle continua son voyage.

« Or, la personne qui s'était offerte spontanément à la vue de la somnambule, était un habitant de Meung, connu des personnes présentes, et on lui écrivit de suite pour savoir de lui s'il était vraiment en promenade dans l'endroit désigné, à l'heure indiquée.

« La réponse confirma minutieusement ce qu'avait dit Mlle Céline (1) ».

L'exemple suivant est tiré de Ch. Lafontaine :

« Miss Scotow, marraine de la jeune Georgiana Burton, sourde et muette, que j'avais fait entendre, ne pouvait, même en la voyant parler et entendre, croire que ce fût le magnétisme qui avait produit ce merveilleux effet, le magnétisme auquel elle ne croyait pas.

« Je lui proposai, pour la convaincre, de la magnétiser elle-même ; elle y consentit : en sept à huit minutes elle fut plongée dans le sommeil et quelques instants après le somnambulisme se déclara.

« Après avoir répondu à différentes questions, tout à coup elle s'écria : « Oh ! mon Dieu, que « de monde ! Que d'hommes ! Ils parlent vive-

1. Dr Charpignon, *op. cit.*, p. 80.

« ment, ah ! ils se disputent, ah ! les lumières
« s'éteignent, ils se sauvent tous. »

« A mes questions : Où vous trouvez-vous ?
« elle me répondit : Je ne sais. — Est-ce à la
« Chambre des Pairs ? des lords ? des commu-
« nes ? des députés ? — Non, non, je ne sais.
« — Est-ce à une réunion politique où l'on dis-
« cute le renversement du gouvernement ?—
« Non non ! — Mais enfin où êtes-vous ? Dans
« quel quartier ? — Je ne sais, mais c'est près
« d'un pont, il y a quelques boutiques dessus.
« — Bien, c'est le Pont-Neuf. Après ? — Dans
« la rue qui suit le pont se trouve à droite une
« petite rue étroite (il est à remarquer que cette
« dame était à Paris depuis deux jours et n'a-
« vait pas été dans ce quartier). C'est dans une
« maison dont la porte donne dans une cour,
« puis il y a une grande salle dans laquelle tous
« ces hommes sont réunis. Ah ! je les vois, on
« rapporte des lumières, ils causent, ils sont
« plus calmes. »

« Voulant savoir ce que pouvait être cette
réunion et où elle avait lieu, j'insistais pour
que la somnambule se transportât à l'un des
bouts de la rue, pour voir le nom écrit sur le
mur.

« Elle chercha sans en trouver; elle se diri-
gea de l'autre côté et elle n'aperçut qu'un D et
un A, ce qui était exact.

« Le lendemain j'allai à la recherche de la rue

indiquée et je reconnus que c'était la petite rue d'Anjou qui aboutit à la rue Dauphine.

« En effet toutes les lettres étaient tombées d'un côté et, à l'autre bout de la rue, il ne restait que le D et l'A ; toutes les autres s'étaient également détachées. Je reconnus la porte et je demandai au concierge s'il y avait des réunions dans cette maison. Il m'apprit qu'une société, qui s'occupait de sciences, donnait ses séances dans une grande salle, où il y avait eu la veille une réunion fort agitée, parce qu'il s'agissait de nommer un président. A ma demande s'il n'y avait pas eu bataille, il me répondit négativement, mais que le lustre en tombant avait occasionné une panique et que tout le monde s'était sauvé.

« Il est impossible d'expliquer comment cette dame, arrivée depuis deux jours à Paris et qui n'avait pas été de ce côté, put se transporter d'elle-même dans cette séance, dont elle n'avait eu aucune idée dans son état de veille et dont ni moi ni aucune des personnes présentes n'avions connaissance (1). »

Voilà en effet un magnifique cas de télédiesthésie, et bien observé ! L'interrogation contenue dans ce dernier paragraphe est intéressante : qu'est-ce qui avait bien pu amener l'esprit de la

---

1. Ch. Lafontaine, *op. citato*, p. 106-107, édit. de 1899.

somnambule dans cette réunion ? Etait-ce le pur hasard ? Non, le hasard ne fait rien. Mais nous avons, je crois, des données, tout au moins pour chercher le mot de l'énigme. Les visions diesthésiques spontanées s'associent souvent à la manière de nos idées. Miss Scotow s'était endormie avec l'idée qu'elle se prêtait à une expérience scientifique et il n'en avait pas fallu davantage pour que son esprit à demi dégagé se transportât dans une réunion de savants. C'est encore là une indication que l'esprit hors de la chair ignore l'Espace et probablement aussi le Temps. Il est où est sa pensée. Pékin et Paris, pour un somnambule lucide, peuvent être des villes contiguës, si l'association de ses visions évoque l'une de ces villes aussitôt après l'autre. Souvent, quand on prie le sujet de se transporter dans un lieu et d'observer ce qui s'y passe, il fait ou a l'air de faire toute la route qui y conduit, surtout s'il connaît cette route : c'est ce que nous avons vu plus haut avec la somnambule du Dr Charpignon qui a voulu aller visiter sa sœur à Blois et qui en chemin rencontre M. Jouanneau. Mais ce n'est là qu'un souvenir de ce qui se passe dans la vie ordinaire. Le sujet peut se transporter — servons-nous de ce terme impropre faute d'un meilleur — instantanément où il veut, mais il ne s'en rend pas encore compte et croit devoir voyager comme il voyage éveillé.

En parlant de la diesthésie dans le rêve, nous avons été amenés à remarquer, si j'ai bonne souvenance, qu'il était difficile souvent de distinguer une véritable vision diesthésique d'une transmission télépathique détaillée. Dans le somnambulisme il est non moins difficile de savoir si on a vraiment affaire à de la diesthésie ou simplement à de la lecture de pensées. Pour l'esprit désincarné les idées sont des réalités absolues, des formes concrètes. Il semble même bien que la seule réalité pour lui, ce soient les idées. Même quand il y a incontestablement diesthésie, on peut se demander si c'est la matière des objets que perçoit le somnambule : lui-même n'en sait probablement rien. Donc si votre sujet décrit des lieux, des scènes ou des objets que vous connaissez même subconsciemment, on a toujours le droit de croire que c'est le panorama de votre âme qui se déroule devant lui. Voici un exemple rapporté par Aphonse Karr qui nous édifiera : « Quelqu'un donna à Alexis un papier plié en plusieurs doubles, en l'invitant à lire ce qu'il contenait. Après d'assez longues hésitations, il dit : « Je ne peux pas lire, parce que la
« personne qui m'a donné ce papier ne l'a pas
« écrit elle-même ; elle l'a fait écrire par un
« enfant qui est ici, et l'enfant a d'abord voulu
« écrire son nom, puis on lui a fait mettre un
« autre mot ; et le nom de l'enfant et le mot
« écrit se confondent à mes yeux. — Eh bien !

Voyez-vous le nom de l'enfant ? — Oh ! Oui ; il s'appelle Charles. — C'est vrai (1). »

L'enfant était présent, mais il se serait absenté aussitôt après avoir voulu écrire son nom que cela n'aurait rien changé. Une fois conçue, l'idée persiste non seulement dans l'esprit qui l'a conçue ou dans ceux à qui elle a été communiquée, mais encore — ce qui est bien plus surprenant — elle s'incruste pour ainsi dire dans les objets qui ont eu un rapport quelconque avec elle : nous le verrons dans le chapitre où nous traiterons spécialement de la psychométrie. Dans le cas qui nous occupe actuellement, l'idée première de l'enfant avait assez de corps pour cacher le mot écrit. Mais était-ce bien l'écriture qu'elle cachait ? N'était-ce pas plutôt l'idée exprimée par cette écriture ? L'observation d'Alexis semble indiquer que, dans tous les cas, c'était l'idée qu'il percevait, non l'écriture.

Pour bien faire voir la nature de la difficulté signalée, voici deux exemples empruntés au même rapport d'Alphonse Karr. Du point où nous observons ces phénomènes qui sont déjà d'un autre monde, nous ne pouvons jamais savoir d'une façon absolument certaine ce qui se passe. Aussi ne faut-il pas attacher trop d'importance aux divisions que le besoin d'ordre m'a imposées dans cet ouvrage.

1. *Le sommeil magnétique expliqué par le somnambule Alexis*, p. 140-141, Dentu éditeur, 1856.

« J'étais venu avec plusieurs amis, avec lesquels j'avais dîné chez l'un de nous. En quittant la maison, j'avais cassé une branche à une azalée à fleurs blanches, et j'avais mis cette branche dans une bouteille à vin de Champagne vidée.

« Celui chez lequel on avait dîné, dit au som-
« nambule : Voulez-vous aller chez moi ? —
« Oui. — Que voyez-vous dans mon salon ? —
« Une table avec des papiers dessus, et des
« assiettes et des verres. — Il y a sur cette
« table, quelque chose que j'ai disposé à cause
« de vous, tâchez de le voir. — Ah ! Je vois
« une bouteille... Il y a du feu ; non, ce n'est
« pas du feu, mais c'est comme du feu... La
« bouteille est vide, mais il y a quelque chose
« qui brille... Ah ! c'est une bouteille à Cham-
« pagne...., il y a dessus quelque chose.... ce
« n'est pas son bouchon, mais c'est à la place
« du bouchon ; c'est bien plus mince par le bout
« qui est dans la bouteille que par l'autre ;
« c'est blanc, c'est comme du papier. Tenez ! »
Et il dessina une bouteille avec la branche d'azalée, et il s'écria : « Ah ! c'est une fleur...
« un bouquet de fleurs... de fleurs blanches. »

« Un médecin se trouvait là qui est un homme considérable. Il a écrit des ouvrages fort importants, couronnés par l'Académie. C'est un observateur sagace et sérieux, le baron F... Il demande au somnambule s'il pourrait également aller chez

lui. Alexis répondit : « Je suis bien fatigué, mais
« je vais essayer. — Que voyez-vous dans mon
« cabinet ? — Une table, des livres. — Comme
« partout. — Deux bibliothèques. — Non, il
« n'y en a qu'une. — Une bibliothèque, oui ;
« mais il y a beaucoup de livres sur un autre
« meuble. — C'est possible ; mais tâchez de
« voir quelque chose de plus particulier? — Je
« vois un buste, un buste en marbre. — Bien.
« — En marbre blanc. — Pas tout à fait. — Le
« socle est noir, en marbre noir, mais le buste
« est blanc, avec des veines... grises, violettes,
« bleues. — Enfin, du marbre veiné. — Oui. —
« Que représente ce buste ? — C'est... je ne
« vois pas bien ; il a la tête ronde. Ah! mais,
« c'est l'empereur Napoléon. — C'est vrai. Sur
« quoi est-il ? — Il est singulièrement placé...
« sur quelque chose où on ne met pas d'ordinaire
« des bustes... C'est... tiens, c'est sur votre pen-
« dule. — Oui. — Il n'y a qu'un an que vous
« l'avez. — Effectivement. »

CHAPITRE VI

Les facultés intellectuelles

Résumé de la théorie qui semble se dégager des faits. — La mémoire dans le sommeil naturel : son exaltation ; souvenir d'actions faites dans l'hypnose revenant dans le rêve ; l'inverse ; l'amnésie disparaissant dans le rêve, exemples ; fausses interprétations de la cryptomnésie. — La mémoire dans le somnambulisme naturel : cas Janicaud. — La mémoire dans le somnambulisme provoqué : cas rapportés par Ch. Lafontaine et le Dr Dufay. — L'émotivité dans l'hypnose. — Le travail intellectuel dans le sommeil naturel ou artificiel : exemples divers ; cas Lamberton ; cas Hilprecht ; cas d'Espérance. — Dans l'hypnose nous pouvons assister au travail subconscient ; exemples. — Un passage de M. Ribot. — Un passage de Puységur. — Cas Flammarion. — Peut-être y a-t-il quelquefois inspiration extérieure.

La théorie que je soutiens, ou plutôt la théorie à laquelle les faits examinés sans parti pris nous acculent — car quant à moi je n'ai de préférence pour aucune théorie — est bien connue du lecteur maintenant. Ses deux points fondamentaux sont : L'homme n'est pas simplement une machine éphémère de protoplasme, il est un esprit immortel incarné, assoupi dans la chair pour un temps et dans un but inconnu de nous ; le sommeil sous toutes ses formes est un commencement de désincarnation, une première manifestation du phénomène vulgairement appelé mort. Si cette théorie contient une parcelle de vérité, nous devons logiquement nous attendre à trouver dans le sommeil des cas où quelques-unes au moins des facultés intellectuelles sont exaltées et même des cas où elles le sont toutes ; car hors de la chair ces facultés doivent atteindre une force, une ampleur et une acuité insoupçonnables, sans que les différences individuelles cessent d'exister. En effet il nous est souvent donné d'observer l'exaltation des facultés dans le sommeil. Laissons comme d'habitude parler les faits ; leur éloquence est sans pareille et ils valent mieux que tous les raisonnements. Commençons par la mémoire.

Voici une constatation bien remarquable, confirmée par tout un siècle d'expériences hypnotiques : plus l'on s'éloigne de la veille, plus on plonge avant dans le sommeil, plus la mémoire devient « facile, tenace et prompte », pour me servir de la terminologie des psychologues. A ce propos F. W. Myers écrit : « Dans tous les exemples rapportés — autant du moins que je puis me fier à ma mémoire et quand il y a eu quelque similitude entre des états alternatifs, de manière à rendre la comparaison possible — c'est toujours la mémoire la plus éloignée de l'état de veille qui est la plus vaste, c'est toujours elle qui a enregistré le plus grand nombre des impressions de l'organisme. Quelque inexplicable que ce phénomène ait paru à ceux qui l'ont rencontré sans avoir la clef du mystère, les observations indépendantes de centaines de médecins et d'hypnotiseurs s'unissent pour en attester la réalité. L'exemple le plus vulgaire est fourni naturellement par le somnambulisme hypnotique ordinaire. A la vérité le degré d'intelligence qui arrive à s'exprimer durant l'hypnose, varie grandement suivant les sujets et suivant les moments. Mais toutes les fois que l'esprit du dormeur est assez alerte pour nous permettre de former un jugement, nous nous apercevons que dans l'état hypnotique il y a une mémoire considérable de l'état de veille, quoiqu'elle ne soit forcément ni complète ni raisonnée. Au contraire la plupart des sujets à l'état de veille — à moins qu'un ordre contraire ne leur ait été donné dans l'hypnose — n'ont aucune mémoire de l'état hypnotique. Le même fait se présente dans beaucoup d'états hystériques ; plus nous descendons au-dessous de la surface, plus la mémoire que nous rencontrons est étendue » (1).

Le souvenir d'une action faite dans l'hypnose et oubliée au réveil peut revenir dans le rêve : ainsi le Dr Auguste Voisin ordonne à un de ses sujets en état hypnotique de poignarder la femme qui est dans le lit à côté, en réalité une poupée : celui-ci obéit aussitôt et se réveille amnésique. Mais trois jours après il vient se plaindre d'être tourmenté dans ses rêves par le fantôme d'une femme qui l'accuse de l'avoir poignardée ; une suggestion appropriée fit disparaître cette hantise bizarre (2).

Inversement, le souvenir d'un rêve oublié peut revenir dans l'hypnose. Le Dr Tissié dit de son sujet Albert : « Albert est couché faisant aller ses jambes comme à l'hôpital : il est en état de sommeil somnambulique. Il rêve, j'entre en conversation avec lui. Il m'apprend alors avoir rêvé la nuit précédente qu'un monsieur lui avait conseillé de quitter le chantier et d'aller chercher du travail à Bazas » (3).

Il n'est pas rare du tout de retrouver dans le rêve un fait si bien oublié que toute trace en semble évanouie. Charcot a observé un cas

1. F. W. H. Myers, *Human Personality*, Vol. 1, p. 129.
2. *Revue de l'hypnotisme*, juin 1891.
3. Tissié, *les Rêves*, p. 135.

morbide où ce phénomène est exagéré, ce qui le rend plus frappant. Le 28 août 1891, un chenapan donne à Mᵐᵉ D..., personne de 34 ans bien portante et très raisonnable, la fausse nouvelle que son mari est mort et qu'on apporte le cadavre à la maison. Le choc est terrible autant qu'imprévu. Un peu plus tard une amie, voyant le mari approcher bien vivant, s'écrie : « Le voilà ! » Mᵐᵉ D... ne comprend pas et croit qu'il s'agit du cadavre ; elle a une attaque prolongée d'hystérie. Après deux jours de délire elle revient à elle, mais, fait étrange ! elle a entièrement perdu la mémoire de tout ce qui s'est passé depuis le 14 juillet et continue à ne plus se souvenir de rien de ce qui lui arrive. Ainsi, ayant été mordue par un chien supposé enragé, elle fut soignée à l'Institut Pasteur sans qu'il lui restât le moindre souvenir de la morsure ou du traitement. Admise dans le service de M. Charcot, on pria ses deux voisines de lit de l'observer pendant la nuit ; bientôt celles-ci signalèrent le fait qu'elle parlait dans son sommeil et que le souvenir du chien revenait dans ses rêves. Charcot l'hypnotisa et retrouva dans l'hypnose la mémoire intacte (1).

On retrouve dans le rêve des perceptions qui ont à peine effleuré la conscience normale. Dans un rêve, le nom *Asplenium Ruta Muralis* appa-

1. *Revue de médecine*, février 1892.

rait à Delbœuf comme une expression familière. Au réveil il se demande où il a bien pu entendre ce terme botanique. Longtemps après il trouve écrit de sa propre main *Asplenium Ruta Muraria* sur un échantillon faisant partie d'une collection de fougères et de fleurs dont il avait noté les noms, sous la dictée d'un botaniste de ses amis (1). On donne à cette mémoire subconsciente d'événements oubliés par l'homme cérébral, ainsi qu'à leur réapparition, le nom de cryptomnésie. En voici encore un exemple typique et compliqué.

Ce cas fut communiqué au Dr Elliotson, avec le nom et l'adresse du comptable, par le Dr Davey, médecin à l'asile d'aliénés de Colney-Hatch. En septembre 1849, dans son compte de fin de mois, le teneur de livres en question commit une erreur, qui le préoccupa longtemps jour et nuit à l'état de veille sans qu'il fût capable d'en découvrir la cause. La nuit du 11 décembre, à peine endormi, son cerveau se remit à travailler là-dessus ; tous ses livres lui apparurent successivement et sans peine aucune il découvrit enfin la cause de l'erreur. Aussitôt, toujours dans son sommeil, il écrit une note qui doit lui permettre de faire à loisir le lendemain la correction nécessaire. Au matin tout souvenir du rêve a disparu ; la journée se passe, il tourne et

1. Delbœuf, *Le Sommeil et les Rêves* et Myers, *Human Personality*, vol. 1 p. 132.

retourne maintes fois ses livres sans que le souvenir revienne. Ce ne fut que le soir, au moment où il prenait sur sa table de toilette un morceau de papier pour essuyer un rasoir qu'il retrouva la note. Aussitôt il court à son bureau et s'aperçoit qu'il a réellement découvert pendant son sommeil et sans peine ce qu'il avait si vainement et si péniblement cherché pendant la veille (1).

Un point est à remarquer : Ce n'est pas au hasard et sans but que la cryptomnésie s'exerce. Le souvenir retrouvé nous est utile.

Chez les somnambules, la cryptomnésie peut souvent être prise pour de la lucidité et, chez les médiums, pour une révélation de l'au-delà. Les amateurs de merveilleux, qui abondent parmi les spirites, commettent cette erreur tous les jours : ils ont la manie de mettre des esprits partout, sans s'apercevoir que c'est justement le moyen de donner à penser qu'il n'y en a nulle part. Voici un exemple : « Mlle Smith étant chargée de préparer les marchandises sortant de son rayon, on lui remet un jour un télégramme d'un client qui demandait qu'on lui expédiât immédiatement 4 mètres n° 13.459. « Cette demande
« laconique, dit Hélène, n'était point faite pour
« hâter l'expédition. Comment trouver facile-
« ment ce n° 13.459. au milieu de 6 à 7.000

---

1. *Zoist*, vol. VIII, p. 328 et Myers, *Human Personality*, vol. 1 p. 372.

« autres en magasin ? Pensive, le télégramme
« en main, je songeais comment je pourrais y
« arriver, et mon imagination se portait déjà
« sur une marchandise que je connaissais pour
« être très ancienne en rayon, lorsqu'une voix
« extérieure, mais très près de moi, me dit : *non,
« point celle-là, mais bien celle-ci,* et involon-
« tairement je me retournai, sans me ren-
« dre compte du pourquoi, puis ma main se
« posa machinalement sur l'objet que j'attirai à
« moi, et qui portait bien en effet, le n° 13.159. »
Flournoy ajoute avec son bon sens ordinaire :
« Point n'est besoin d'être médium pour connaître par expérience ces heureuses réminiscences ou inspirations, qui viennent parfois
nous tirer d'embarras en jaillissant comme un
éclair au moment opportun ; mais ce qui, chez le
vulgaire, reste à l'état faible d'idée ou d'image
interne, revêt volontiers, chez les tempéraments
médiumniques, la forme vive et arrêtée d'une
hallucination (1) ».

Dans le somnambulisme naturel, la mémoire
peut s'exalter et acquérir, en les portant tout
de suite à leur plus haut degré, les qualités qui
lui manquent à l'état de veille. Janicaud, que
nous connaissons, avait dans son état ordinaire
une mémoire incertaine ; il ne retenait qu'avec
difficulté. Mais, à différentes reprises, alors

1. Flournoy, *Des Indes à la planète Mars*, p. 377.

qu'il étudiait ses leçons d'histoire dans son lit, le maître d'études lui avait pris le livre des mains et le somnambule avait alors répété sans en omettre une syllabe les cinq ou six pages qu'il venait de lire. Réveillé aussitôt après, il n'avait plus le moindre souvenir de ce qu'il venait de lire et réciter.

Même facilité de la mémoire dans le somnambulisme provoqué.

« A Rennes, en janvier 1841, raconte Ch. Lafontaine (1), Victor L'Hérie, cet artiste de talent mort si malheureusement, était en représentation avec la troupe de M. Tony ; j'assistais avec lui à la répétition d'une pièce dans laquelle il devait jouer le soir : c'était *Roquelaure*. Une jeune actrice m'avait demandé que je l'endormisse en attendant ; je l'avais fait, et lorsqu'on vint la prévenir que l'on répétait la pièce et que c'était à elle à paraître, elle était endormie et arrivée au somnambulisme. Elle me pria de la réveiller sur le champ, en me disant qu'elle ne savait pas seulement son rôle, qu'elle ne l'avait lu qu'une fois. Je la rassurai en lui disant que probablement elle le répéterait très bien si elle voulait le faire pendant qu'elle dormait. Tous les artistes le demandèrent, excepté L'Hérie ; mais je le rassurai. Je conduisis la jeune actrice sur la scène et, au

1. *Art de magnétiser*, p. 244, édit. de 1890.

grand étonnement de tous, elle donna parfaitement la réplique et sut son rôle d'un bout à l'autre sans se tromper. Je la réveillai sur le théâtre même et, dès qu'elle fut éveillée, on lui dit de répéter ; elle ne savait plus rien et nous dit qu'elle n'avait pu relire son rôle qu'une fois. Elle ne voulait pas croire qu'elle l'avait répété d'un bout à l'autre et que la répétition était finie. »

Le Dʳ Dufay rapporte un cas tout semblable (1). Il hypnotisait une petite actrice sans talent spécial, Mlle B., et il était arrivé à l'endormir d'un mot ou d'un regard. Ayant remarqué chez elle l'exaltation de l'intelligence dans le somnambulisme, il l'avait quelquefois endormie (simplement en lui donnant l'ordre de dormir), au moment où elle entrait en scène; et chaque fois elle avait eu un grand succès.

Un soir il arriva tard au théâtre : le directeur l'attendait anxieusement. L'actrice qui devait jouer l'un des principaux rôles dans la deuxième pièce de la soirée avait manqué le train et le directeur comptait sur Mlle B., pour remplacer l'autre au pied levé. Mais Mlle B., n'avait jamais répété le rôle et l'avait seulement vu jouer. — Sait-elle que je suis là ? demanda le Dʳ Dufay. — Non. — Alors qu'on ne l'avertisse pas, je vais tenter une expérience. Il s'enferma dans une loge

---

1. *Revue philosophique*, septembre 1888.

et voulut de toutes ses forces que M⁽ˡˡᵉ⁾ B... tombât endormie. Après la représentation on lui raconta ce qui s'était passé. Au moment où il avait commencé son action mentale, la jeune actrice s'habillait dans sa loge. Tout à coup elle se laissa tomber dans un sofa en priant son habilleuse de la laisser reposer un peu. Elle se releva au bout de quelques minutes d'assoupissement, acheva sa toilette, entra en scène et s'acquitta merveilleusement de son rôle. Pour qu'elle pût prendre part au souper qui suivit la représentation, il fallut la tirer de son sommeil.

Ces succès scéniques en état de somnambulisme rappellent le phénomène observé par Ch. Richet et nommé par lui *l'objectivation des types*. Le sujet qui objective les types, non seulement mime bien mieux qu'à l'état de veille, mais il retrouve en lui-même le souvenir précis de gestes, d'intonations et de particularités de langage qui à l'état de veille lui passent presque inaperçus.

L'émotivité aussi peut être exaltée, même à un degré dangereux dans l'hypnose profonde. Chardel (1) rapporte le fait suivant : « Un jour en magnétisant une somnambule, je la fis passer à l'état supérieur; elle se promenait dans l'appartement avec une amie et me pria de réciter une scène des tragédies de Racine. Je me livrai

---

1. Chardel. *Esquisse de la nature humaine*, p. 278, 1826.

imprudemment aux sentiments que cet auteur exprime si bien et je ne m'aperçus de l'émotion de ma somnambule qu'en la voyant tomber sans mouvement à nos pieds. Jamais privation de sentiment ne fut plus effrayante ; le corps avait toute la souplesse de la mort ; chaque membre que l'on soulevait retombait de son propre poids, la respiration s'était arrêtée, le pouls et les battements de cœur ne se faisaient plus sentir ; les lèvres et les gencives se décolorèrent et la peau prit une teinte livide et jaunâtre. Heureusement je ne me troublai pas ; je magnétisai les plexus, je soufflai dans les narines, sur la bouche et sur les oreilles et peu à peu ma somnambule recouvra l'usage de la parole. »

Revenons un instant à la mémoire. Le souvenir d'un acte exécuté pendant le somnambulisme naturel ou provoqué et oublié au réveil se retrouve dans l'hypnose. Le Dr Dufay en rapporte un bel exemple. Une jeune servante, pendant une attaque de somnambulisme, jugeant que les bijoux de sa maîtresse n'étaient pas en sûreté dans le tiroir où celle-ci les avait mis, les cacha dans un autre meuble. Oubli au réveil ; la servante, accusée d'avoir volé les bijoux est arrêtée et mise en prison, malgré ses dénégations. Le Dr Dufay pendant une visite professionnelle à la prison la reconnaît parce qu'elle avait été servante chez un de ses collègues. La sachant somnambule, il l'endort et apprend la vérité.

Les bijoux sont retrouvés à l'endroit désigné et la jeune fille échappe ainsi à une injuste condamnation.

C'est une erreur grave — et j'ai déjà eu l'occasion de la signaler — de croire que tout le travail intellectuel de notre esprit ou à peu près se fait dans le champ de la conscience normale. C'est plutôt le contraire qui a lieu. Les vrais hommes de génie travaillent peu consciemment. Leurs idées leur viennent toutes prêtes, ils ne savent d'où ni comment ; mais en réalité ces idées ont été élaborées en eux, à leur insu, par une puissante subconscience. Mais la conscience normale prend si peu de part à ce travail que beaucoup croient très sincèrement à une inspiration extérieure. Et même nous ne pouvons pas dire que cette inspiration n'ait jamais lieu ; il y a des cas où elle serait vraisemblable et c'est encore une complication de ces difficiles problèmes, que certains croient si simples. George Sand laissait courir sa plume sur le papier, écrivant presque automatiquement les œuvres que nous connaissons. Mozart, pour composer, avait besoin que sa conscience normale fût occupée. Sa femme lui racontait les cancans du jour et il les écoutait attentivement pendant que sa main écrivait des pages immortelles.

Mais s'il est vrai que ce travail soit subconscient, nous devons pouvoir y assister quelquefois jusqu'à un certain point quand la subconscience émerge un peu à la surface, c'est-à-dire dans le sommeil. C'est ce que l'expérience confirme. La Fontaine composa en dormant sa fable des deux Pigeons. Qui ne connaît l'aventure du compositeur Tartini ? Il voulait écrire une sonate, mais se trouvait dans l'un de ces moments où l'inspiration se tait. Après des efforts inutiles, il se coucha et s'endormit. Dans son sommeil le diable lui apparaissant exécuta sur le violon une sonate magnifique avec un brio endiablé, c'est le cas de le dire. Tartini aussitôt réveillé nota la sonate et l'intitula la *Sonate du Diable*. Evidemment Messer Lucifer, c'était Tartini lui-même. Ce dédoublement de la personnalité et cette dramatisation sont choses communes dans le rêve.

Coleridge une nuit rêva d'un personnage qui lui récita un long poème d'au moins trois cents vers. A son réveil il en écrivit quarante, mais pour le reste la mémoire lui fit défaut, ce qui est regrettable, car les quarante premiers sont fort beaux. C'est un cas presque identique à celui de Tartini. Camille Flammarion (1) rapporte un cas analogue. En novembre 1881 M. Marcel Séméziès Sérizolles rêva qu'il lisait un volume de vers. L'illusion était complète. Tout d'un coup, au tournant d'une page, il

---

1. Camille Flammarion, *L'inconnu et les problèmes psychiques*, p. 486.

s'éveilla et écrivit les douze derniers vers qu'il venait de lire. Le sens n'est pas complet, mais malgré tous ses efforts, il ne put en retrouver d'autres. Ces douze vers sont assez bons ; ils méritent d'être cités car ils reflètent les idées métaphysiques de leur auteur inconscient, qui doit être spirite et avoir lu Allan Kardec :

Du temps où je vivais une vie antérieure,
Du temps où je menais l'existence meilleure,
    Dont je ne puis me souvenir,
Alors que je savais les effets et les causes,
Avant ma chute lente et mes métamorphoses
    Vers un plus triste devenir ;

Du temps où je vivais les hautes existences,
Dont, hommes, nous n'avons que des réminiscences
    Rapides comme des éclairs ;
Où peut-être j'allais libre à travers l'espace,
Comme un astre laissant voir un instant sa trace
    Dans le bleu sombre des éthers....

Tout y est : la réincarnation, la vie dans l'espace, théories sujettes à caution, et qui même nous semblent aujourd'hui un peu enfantines.

Mais il n'y a pas que de la musique et des vers qu'on puisse composer dans son sommeil ; on peut encore s'y livrer à des occupations plus sévères. A l'automne de 1869, le professeur W. A. Lamberton fut appelé à enseigner le latin et le grec à l'Université de Lehigh. Pendant ses loisirs, il étudiait les mathématiques et fit alors, pour la première fois de sa vie, connaissance avec les beautés de la géométrie descriptive. Mais il s'occupait surtout de géométrie analytique et d'algèbre. Il s'était proposé la solution d'un problème difficile, dont je ne traduirai pas l'énoncé, ne le comprenant pas. Il y travailla sans résultat une semaine, deux peut-être, et pas un instant l'idée ne lui vint de demander cette solution à la géométrie descriptive. A la fin, il résolut de ne plus penser au problème de quelque temps, persuadé qu'après un repos son esprit trouverait sans peine ce qui pour le moment lui semblait introuvable. Environ une semaine plus tard, le voici tout à coup en possession de la solution désirée, un matin à son réveil, et dans des conditions étranges. D'abord, cette solution était géométrique, alors qu'il ne l'avait jamais cherchée sous cette forme. Ensuite cette solution se présenta à lui par une figure qui se dessinait sur le mur d'en face, à une distance considérable. Cette figure était nettement extérieure, comme une hallucination. Évidemment, nous avons affaire ici à une illusion hypnopompique; or, on sait que ces illusions sont le reflet des derniers rêves, alors que les illusions hypnagogiques annoncent l'apparition première des rêves. Ainsi donc ici non seulement la subconscience avait continué à chercher, alors que la conscience normale avait renoncé à toute recherche, mais elle avait cherché dans une voie où la conscience normale ne s'était jamais engagée (1).

Voici deux autres cas. Pendant l'hiver de 1882-1883, le Dr Herman V. Hilprecht, professeur d'assyrien à l'Université de Pennsylvanie, se préparait à publier le texte, avec traduction et notes, d'une inscription sur pierre de Nabuchodonosor Ier. Il acceptait alors l'interprétation que son collaborateur, le professeur Delitzsch, avait donnée de ce nom Nabuchodonosor : « *Nabû-Kudûrru-usur* », « Que Nebo protège mon auge à mortier », c'est-à-dire « mon œuvre en tant que constructeur. » Une nuit, après avoir travaillé tard, il se coucha vers deux heures du matin. Après un sommeil agité, il s'éveilla l'esprit plein de l'idée que ce nom devait se traduire : « Que Nebo protège ma borne. » Il avait un vague souvenir d'avoir rêvé qu'il travaillait à son bureau, sans pouvoir retrouver les détails du rêve. Mais en y réfléchissant à l'état de veille, il vit tout de suite que *Kudûrru*, « borne », pouvait dériver du verbe *Kaddâru*, enclore. Il publia peu après cette version qui a été depuis universellement adoptée.

Le deuxième cas nous est encore fourni par le professeur Hilprecht. Un samedi soir, vers la mi-mars 1893, il s'efforçait en vain, comme

1. *Proceedings of the S. R. P.*, vol. XII, p. 11-20, et Myers, *Human Personality*, vol. I, p. 373.

il l'avait fait si souvent pendant les semaines précédentes, de déchiffrer deux petits morceaux d'agate ayant appartenu, supposait-on, aux bagues de quelque Babylonien. Les difficultés étaient grandes pour bien des raisons : ces morceaux ne présentaient que des fragments de lignes et de lettres ; des douzaines de petits morceaux semblables avaient été trouvés dans les ruines du temple de Bel, à Nippour, et on n'avait rien pu en tirer ; enfin le professeur n'avait pas en main les morceaux eux-mêmes, demeurés à Constantinople ; il n'avait qu'un croquis fait à la hâte par l'un des membres de l'expédition que l'Université de Pennsylvanie avait envoyée à Babylone. Les deux morceaux semblaient avoir appartenu à la période cassite de l'histoire de Babylone et l'un paraissant porter le caractère *Kou* pouvait être assigné au roi Kourigalzou ; quant au deuxième morceau il était inclassable. Le soir en question, le professeur Hilprecht repassa dans son esprit toutes les données du problème, avant de donner le bon à tirer de son livre, mais sans plus de résultat. Vers minuit, épuisé, il se coucha et fit un rêve remarquable. Un prêtre de l'antique Nippour, haut de taille et maigre, âgé d'environ 40 ans, le conduisit au trésor du temple. Tous deux entrèrent dans un réduit sans fenêtres et bas de plafond où se trouvait un grand coffre en bois ; des débris d'agate et de lapis-lazuli étaient éparpillés sur le sol. Le prêtre dit : « Les deux morceaux que vous avez publiés séparément aux pages 22 et 26 de votre livre, vont ensemble ; ils n'appartenaient pas à des bagues et voici leur histoire. Un jour, environ 1300 ans avant Jésus-Christ, le roi Kourigalzou envoya entre autres choses au temple de Bel un cylindre d'agate avec inscription. Puis tout à coup nous reçûmes l'ordre de faire des boucles d'oreilles en agate pour la statue du dieu Ninib. Faute d'autre matière première, nous coupâmes le cylindre d'agate en trois anneaux, chacun de ceux-ci emportant une partie de l'inscription. Les deux premiers servirent à faire les boucles d'oreilles du dieu et ce sont des morceaux de ces boucles qui vous ont donné tant de mal. Rapprochez-les et vous verrez que je dis vrai. Quant au troisième anneau, vous ne l'avez pas trouvé dans vos fouilles et ne le trouverez jamais. » Sur ces mots le prêtre disparut et le professeur se réveilla. Dès le lendemain il suivit le conseil qu'il s'était probablement donné à lui-même et obtint, en suppléant quelques syllabes, un texte très clair, dont voici la traduction : Au dieu Ninib, enfant du dieu Bel, son seigneur, Kourigalzou, grand-prêtre du dieu Bel, a offert ceci (1).

1. *Proceedings of the S. P. R.* XII, pp. 11-20 et Myers, *Human Personality*, vol. I, p. 375 et seq.

Le somnambulisme naturel nous permet, plus souvent encore que le rêve, d'assister au travail subconscient. Et ici, comme ce n'est plus le sujet qui s'observe lui-même, il n'y a pas pour l'observateur d'illusion de dédoublement, ce qui n'est pas à dédaigner.

« M¹¹ᵉ Honorine, dans l'état de somnambulisme naturel, corrigeait les devoirs de ses élèves, tombait parfois en crise pendant les leçons, voyait ce qui se passait au dehors et souvent écrivait ses impressions, ou relatait les faits dont elle était la lointaine spectatrice. Elle était étonnée au réveil de trouver des pages entières remplies de son écriture » (1).

Dans son livre de mémoires intitulé *Au pays de l'Ombre*, le médium bien connu Mᵐᵉ d'Espérance raconte un incident de cette nature, trop vraisemblable pour n'être pas vrai (2). A l'école, ses succès n'étaient pas très brillants. Un jour, quand on lui réclama sa composition de style pour un examen en cours, elle répondit avec hésitation que ce travail n'était pas encore prêt. On la pria de le préparer sans plus attendre. « Ce soir-là, je m'approvisionnai, dit-elle, d'une bougie, de papier et de crayons, et, au dortoir, je m'assis sur mon lit, décidée à faire quelque chose. Mais j'avais à peine commencé que mes

1. Maricourt, *Souvenirs d'un magnétiseur*, p. 70. Plon, édit. 1884.
2. Mᵐᵉ d'Espérance, *Au pays de l'Ombre*, ch. V.

compagnes se plaignirent, m'enjoignant d'éteindre la lumière et me menaçant de le faire elles-mêmes si je ne m'exécutais pas. Je n'avais qu'à m'incliner. Je me tournai le visage contre le mur et pleurai ; je m'endormis cependant, résolue à m'éveiller dès l'aube pour me mettre à écrire n'importe quoi. Mais le matin suivant, je ne m'éveillai pas spontanément et une compagne dut me jeter au visage une éponge mouillée. Mon premier coup d'œil fut pour mes papiers et mes crayons que j'avais posés le soir sur la table près de mon lit : ils étaient éparpillés çà et là ; quelques-uns étaient par terre. En me baissant pour rassembler le tout, je vis que des feuilles étaient couvertes d'écriture. » Bref la jeune fille avait fait son travail pendant la nuit sans en garder le moindre souvenir ; et ce travail était tellement supérieur à ce qu'elle faisait d'ordinaire que maîtres et élèves se demandèrent si elle en était bien l'auteur, malgré qu'il fût écrit de sa main. Enfin le directeur de l'école, sachant que ce cas n'était pas sans exemple, laissa la composition figurer à l'examen.

Dans l'hypnose nous pouvons encore assister d'une façon plus directe au travail subconscient ; nous pouvons le provoquer, ce qui nous permet de l'observer presque quand nous voulons et de juger de son intensité. Les suggestions post-hypnotiques sont particulièrement favorables à cette observation ; j'en ai déjà dit un mot ailleurs en passant et je vais ici en donner un exemple.

Le 26 mars Gurney dit à un de ses sujets : « Dans 123 jours à partir d'aujourd'hui vous mettrez une feuille de papier blanc sous enveloppe et vous l'enverrez à mon ami, M. X.. » Le sujet n'avait jamais vu ce monsieur, mais connaissait son adresse. Aucune allusion ne fut faite à la suggestion jusqu'au 18 avril suivant. Ce jour-là on demanda au sujet en état d'hypnose s'il se souvenait de quelque chose ayant rapport à M. X.. Aussitôt le sujet répéta l'ordre reçu et ajouta : « Cela fait vingt-trois jours ; il en reste cent. — Comment le savez-vous ? En prenez-vous note chaque jour ? — Non ; mais cela me semble tout naturel. — Y avez-vous pensé souvent ? — Ordinairement cela me frappe le matin de bonne heure. Quelque chose semble me dire : N'oublie pas que tu as à compter. — Cela vous arrive-t-il chaque jour ? — Non, pas chaque jour ; plutôt tous les deux jours. Puis cela me sort de l'esprit. Je n'y pense jamais pendant le jour. Tout ce que je sais c'est que cela doit se faire. » D'autres questions démontrèrent qu'entre ces éclairs de souvenir il ne s'écoulait jamais des intervalles assez longs pour être difficiles à évaluer. « Il pouvait demeurer deux ou trois jours sans y penser, puis quelque chose semblait le lui rappeler. » Le

20 avril on l'interrogea de nouveau et il répondit aussitôt : « Cela va très bien ; vingt-cinq jours. » Le 22, étant en hypnose, il parla spontanément de la suggestion reçue ajoutant : « Voilà vingt-sept jours de passés ! » Le 18 avril, après l'avoir réveillé, Gurney lui demanda s'il connaissait l'ami en question et s'il avait pensé à lui. La question le surprit d'une manière évidente ; il répondit qu'il croyait avoir vu cet homme une fois chez M. Gurney (ce qui n'était pas vrai), mais que jamais il n'avait pensé à lui d'une manière quelconque (1).

Par elle-même, la subconscience semble demeurer indifférente à tout, ne s'occuper de rien — et encore n'est-ce pas toujours vrai comme je vais le montrer par un exemple — mais quand on a une fois appelé son attention sur un point, rien ne peut l'en distraire, contrairement à ce qui se passe avec la conscience normale. L'âme endormie, ayant placé en sentinelle avancée sur le monde physique une infime partie d'elle-même qui constitue l'homme cérébral, a laissé à celui-ci l'initiative ; mais que de fois néanmoins elle est forcée de venir en aide à ce personnage éphémère et falot !
« A l'asile de Burgholzli, dit le Dr Forel, pour surveiller pendant la nuit les malades qui

1. Gurney, *Peculiarities of certain post-hypnotic states*, Proceedings *of the S. P. R.* vol. IV, pp. 268-323.

ont la manie du suicide, nous employons des gardiens qui ont reçu des suggestions appropriées. Ceux-ci dorment sans rien entendre que les bruits inusités. Mais si le malade cherche à sortir du lit et à se faire du mal, aussitôt le gardien s'éveille et avise. Ce système nous réussit admirablement (1).

Voici l'exemple promis montrant que la subconscience peut même prendre une initiative, tout au moins quand elle émerge un peu, dans le somnambulisme. Le Dr Bramwell avait une patiente qui dans l'état hypnotique restait sans bouger quelquefois une heure ou deux, pendant qu'il donnait ses soins à d'autres malades. Il l'interrogea sur sa vie mentale dans ces conditions et voici ce qu'elle répondit: « Quand vous ne me parlez pas et que rien ne se passe ayant de l'intérêt pour moi, ordinairement je ne pense à rien et je demeure dans un état de profond repos. Une fois, cependant, j'avais à faire un costume important et je ne savais comment m'y prendre. Après que vous m'avez eu endormie et laissée reposer tranquillement, j'ai tracé le plan de mon costume. A mon réveil je l'avais oublié et j'étais toujours préoccupée; mais en retournant chez moi tout à coup l'idée de la manière dont je devais faire mon costume me vint et je l'exécutai ensuite à ma complète satisfaction. Je croyais

---

1. *Revue de l'hypnotisme*, vol. IV, p. 357 (1892).

avoir trouvé à l'état de veille le moyen de résoudre la difficulté ; mais à présent je sais bien qu'il n'en est rien et que j'ai tracé mon plan pendant mon sommeil. » Eveillée, le sujet ne se souvint pas de ce qu'elle venait de dire et continua de croire qu'elle avait fait le plan de son costume dans son état normal (1).

A propos de ce cas il me revient en mémoire un passage de M. Ribot que je n'ai jamais compris — cela m'arrive souvent quand je lis les ouvrages des matérialistes. L'illustre psychologue conteste la possibilité de l'attention spontanée dans le sommeil. « Tout d'abord, dit-il, il faut retrancher une catégorie de cas que l'on serait tenté de produire comme des exemples affirmatifs. Telles sont les solutions des problèmes, les découvertes scientifiques, les invention artistiques ou mécaniques, les combinaisons ingénieuses qui se sont révélées en rêve. Tartini, Condorcet, Voltaire, Franklin, Burdach, Coleridge et bien d'autres ont rapporté des observations personnelles assez connues pour que je me borne à les rappeler. *Mais tout cela est le résultat de l'automatisme cérébral,* c'est-à-dire un mode d'activité qui est en complet antagonisme avec l'attention volontaire. On ne découvre, on n'invente, on ne résout que d'après les

1. *Brain* Summer number 1900, p. 207 et Myers, *Human Personality*, vol. 1 p. 512-13.

habitudes de son esprit. Coleridge compose un poème, mais il ne résout pas un problème d'algèbre ; Tartini achève sa sonate, mais il n'invente pas une combinaison financière. C'est un long travail d'incubation antérieure, tantôt conscient, *le plus souvent inconscient (c'est-à-dire purement cérébral)* qui atteint brusquement le moment de l'éclosion. » (1)

D'abord qu'est-ce que M. Ribot peut bien entendre par ces mots : *un travail inconscient, c'est-à-dire purement cérébral ?* La pensée consciente n'est-elle donc pas purement cérébrale et M. Ribot admettrait-il que la conscience normale tient à quelque chose en dehors du cerveau ? Non, M. Ribot n'admet rien du tout, mais on lui demande une explication et, fidèle à une ancienne habitude des pontifes, il nous sert un mot et même, dans le cas présent, un mot d'une absurdité qui crève les yeux quand on réfléchit. Mais si peu de gens réfléchissent et il y en a tant qui sont contents quand, en guise d'explication, on fait à leur adresse un bruit avec les lèvres. Et puis avec quel mépris le savant psychologue parle de ce travail subconscient qui cependant est presque de règle chez les hommes de génie ! Du reste, Tartini endormi n'a pas inventé de combinaison financière et Coleridge endormi n'a pas

1. Ribot, *Psychologie de l'attention*, p. 156, Alcan, éditeur.

résolu un problème d'algèbre. Mais est-ce que Tartini éveillé aurait été capable d'inventer une combinaison financière ? Est-ce que Coleridge éveillé aurait été capable de résoudre un problème d'algèbre ? Je ne sais pas ; mais à l'état de veille, aussi bien que pendant le sommeil, on ne découvre, on n'invente, on ne résout que d'après les habitudes de son esprit, c'est-à-dire d'après ses aptitudes spéciales. Beaucoup des exemples que j'ai rapportés tendraient même à prouver que lorsqu'on veut faire un travail pour lequel on n'a pas d'aptitude spéciale, héritée ou acquise, on y réussit mieux endormi qu'éveillé. C'est ainsi que le professeur Lamberton trouve pendant son sommeil la solution du problème si vainement cherchée la veille et dans une voie différente.

Dès les débuts du magnétisme, ou plus exactement dès les débuts de la renaissance du magnétisme avec Mesmer, on a eu des occasions d'observer cette exaltation des facultés intellectuelles dans le somnambulisme. Ainsi Puységur écrit à propos d'un de ses sujets, Vialet : « La suite de l'écrit de Vialet est dans mon portefeuille. Si je ne me permets pas d'en publier le contenu, c'est qu'il s'y trouve des choses si extraordinaires et si éloignées de la portée d'un paysan, qu'il me semble impossible qu'on puisse croire qu'il en soit l'auteur. Ma retenue sur ce sujet n'est pas la seule que je me sois imposée : sachant combien tout ce qui tient au merveilleux est fait pour éloigner les hommes de la vérité, j'ai soin de tenir secret tout ce qui n'a pas un rapport direct aux maladies des somnambules magnétiques. » Ce sont là de sages paroles. Il faut croire que les grands magnétiseurs du commencement du siècle dernier n'étaient pas les ignorants et les charlatans que certains ont bien voulu dire : le calme et la raison, même en matière de magnétisme, étaient venus au monde avant Braid. Bien que ce n'en soit peut-être pas très bien ici la place, je ne puis résister au plaisir de citer un autre passage du même Puységur et de le proposer aux méditations de certains hypnotiseurs qui n'étudient qu'un ou deux sujets et prétendent ensuite mettre sur le compte du charlatanisme et de l'amour du merveilleux tout ce qu'ils n'ont pas observé eux-mêmes : « Ce qu'un somnambule a fait, vingt autres souvent ne le pourront répéter, tandis que chacun en particulier manifestera de même d'autres phénomènes qui lui seront propres. Enfin, un magnétiseur doit s'estimer trop heureux si, dans le cours d'un long traitement, il lui arrive (sans qu'il l'ait cherché) un seul événement extraordinaire fait pour étonner son esprit autant que pour éclairer sa raison. »

Pour le moment nous sommes des hommes, c'est-à-dire des esprits endormis dans la chair :

c'est là notre état normal. L'éveil, donc, de nos facultés transcendantales ne peut être qu'anormal et passager et il est souverainement déraisonnable de le nier parce qu'on ne peut pas le rendre constant ou tout au moins le reproduire à volonté.

Cette exaltation des facultés intellectuelles dans le somnambulisme naturel ou provoqué rappelle les prouesses de certains médiums, prouesses attribuées bien à tort à la présence et à l'inspiration d'hypothétiques esprits. A tout homme qui s'est occupé peu ou prou de ces questions il est arrivé de rencontrer, plus souvent qu'il ne l'aurait voulu peut-être, des spirites enthousiastes lui faisant part de mirobolantes communications. Et si l'on dit : « Mais, monsieur, certainement il y a là dedans beaucoup de littérature, pas de la meilleure peut-être, mais il y en a beaucoup. Mais pourquoi pensez-vous que ce soient des esprits qui ont dicté cela ? » On vous répond avec indignation ou pitié, suivant les cas : « Le médium est une revendeuse au petit panier, tout à fait incapable d'écrire par elle-même quelque chose de pareil. — Incapable à l'état de veille, oui, mais êtes-vous également sûr qu'elle en soit incapable à l'état somnambulique ? » Ordinairement votre interlocuteur hausse les épaules et s'en va. Mais tout de même les spirites en général sont trop ignorants des questions du magnétisme et il faut trop peu de chose pour entraîner leur conviction.

Camille Flammarion a été l'un des médiums d'Allan Kardec. Certainement Camille Flammarion a toujours été de bonne foi. Homme de grande valeur, il doit avoir une puissante subconscience qui travaille beaucoup plus que sa conscience normale. Il écrivait automatiquement ou presque automatiquement à la façon de George Sand et, en toute sincérité, ne se croyait pas l'auteur de ce qu'il écrivait. Plus tard il a eu des soupçons au sujet de ces prétendues révélations et, très honnêtement, il l'a dit. Il fallait entendre le joli concert de protestations et d'injures qui a suivi cette déclaration pourtant bien naturelle. Apostat! Misérable! Oh! Oh! Je le regrette bien fort, mais les spirites sont des hommes de religion, intolérants comme tous leurs pareils : la vérité leur est indifférente; ce qu'ils défendent, c'est ce qu'ils ont adopté, eux, comme étant la vérité. Ils éloignent de ces études, par leur manque de raison, beaucoup d'hommes sérieux; et cela est très regrettable.

Notez bien que je ne nie pas la possibilité de l'inspiration extérieure dans certains cas. Mais avant de l'admettre, il faut avoir épuisé toutes les autres hypothèses. C'est au moins ce que nous conseille la plus élémentaire prudence. Une chose n'est pas simplement parce que nous aimerions qu'elle fût.

Il y a eu des cas très importants où l'on a pu se demander sans déraisonner si une inspiration extérieure n'était pas en jeu d'une façon intermittente. L'un des plus connus est celui de Rachel Baker. Née à Pelham, État de Massachusetts en 1794, elle ne fréquenta l'école que sept mois, mais reçut l'instruction religieuse chez ses parents qui étaient presbytériens. Presque chaque soir pendant une grande partie de sa vie elle eut un accès de somnambulisme, pendant lequel elle prononçait des sermons qui témoignaient d'une exaltation extraordinaire des facultés intellectuelles. L'accès débutait et finissait par de légers symptômes épileptiques, durait environ 45 minutes, puis se transformait en sommeil naturel pour le restant de la nuit. Au réveil l'oubli était complet (1).

Un cas analogue et plus récent est celui de J. J. Morse. « Il était le fils d'un cabaretier londonien dans l'aisance. Il perdit sa mère à l'âge de 4 ans et son père, qui dans l'intervalle s'était ruiné, entre 8 et 9 ans. Il fut alors confié aux soins d'une femme dont « l'inspirateur principal était l'alcool et la méthode pédagogique le bâton. » Il s'enfuit et, à moins de dix ans, se trouva réduit à ses propres ressources. Avant cette époque il avait fréquenté six mois l'école et il n'y retourna plus jamais.

1. Myers, *Human Personality*, vol. I p. 519.

A 14 ans, nous le rencontrons au gaillard d'avant d'un bateau charbonnier qui cabotait entre Whitby et Londres. A la suite d'un accident grave il est remercié, et le voilà sur le pavé de Londres avec six sous dans sa poche. Il passe six mois à l'Infirmerie de l'Asile des indigents. Après son rétablissement il travaille dans des restaurants et un ou deux cabarets. De curieuses circonstances le font prendre part à une séance de spiritisme. Peu après il a sa première écriture automatique. Il était à son travail et nettoyait des pots d'étain avec du sable mouillé, quand son doigt se mit à écrire dans le sable et les mots : « Ta mère » furent griffonnés. Bientôt il obtint avec un crayon des phrases suivies et peu après se trouva parler automatiquement. A cette époque James Burns, qui était alors le libraire spirite le plus important de Londres, fit sa connaissance et lui donna un emploi permanent. Ses progrès dès ce moment furent constants, et pendant ces quinze ou vingt dernières années, il s'est acquis par ses discours automatiques une renommée universelle. Aux États-Unis, pendant un engagement, il devint membre de la branche américaine de la Société pour les Recherches Psychiques. Mais il est regrettable que la Société anglaise ne se soit pas occupée de lui. (1) »

1. Edward T. Bennett, *The Society for psychical Research*, Londres 1903. Brimley Johnson éditeur.

CHAPITRE VII

Transmission de pensée et télépathie

Carl du Prel. — Citation. — Le rêve provoqué dans l'hypnose par la transmission de pensée : une poésie de Martin Greif ainsi transmise en entier. — Expériences Carl du Prel-Schrenk Notzing ; précautions prises ; exposé détaillé de quelques-unes. — La lucidité est-elle rare ? — Encore la difficulté de distinguer entre la télédiesthésie et la transmission de pensée. — En quoi consiste le prétendu don des langues. — La distance et la transmission de pensée. — La télépathie ; exemples. — Le livre de M. Camille Flammarion et ce qu'il vaut.

Ce sujet a été magistralement étudié et traité, entre autres, par Carl du Prel, l'une des intelligences les plus profondes et les plus claires de la deuxième moitié du siècle écoulé. Je vais lui demander à peu près tous les éléments de ce chapitre, en me bornant le plus souvent à traduire. Je ne saurais puiser à source plus limpide et plus sûre et, ensuite, j'attirerai peut-être l'attention de quelques-uns sur des travaux et des expériences trop peu connus chez nous, surtout, je crois, parce qu'ils sont exposés en allemand. On étudie cette langue dans tous nos collèges, mais d'après des méthodes si logiques, si nouvelles, si attrayantes, qu'après sept ou huit ans d'études nos pauvres enfants en savent à peu près autant qu'au premier jour : ils n'en ont acquis que le dégoût. Il n'y en a peut-être pas deux sur quarante qui, au lendemain de leur baccalauréat, soient capables de lire un journal. La pensée d'Outre-Rhin n'a pas cessé et ne cessera jamais d'être pour eux *terra incognita* : ils en sauront ce que la presse leur en dira, pas davantage. Sont-ce nos enfants qui ont tort ? Non, c'est la routine, la sacro-sainte routine et l'incapacité pédante des cuistres à qui nous les confions. L'anglais est un peu moins inconnu (pas beaucoup moins), sans doute parce qu'il nous a emprunté beaucoup de mots et semble à première vue moins rébarbatif : ce n'est pas qu'on l'enseigne mieux. Et cependant, si on voulait, nos établissements d'instruction pourraient renverser en grande partie ces barrières des langues, derrière lesquelles tant de méchanceté et de sottise s'abrite. Nous marcherions alors rapidement vers un avenir meilleur. Mais est-ce bien cela que l'on cherche ? Nous marchons vers le mieux à notre corps défendant et c'est l'une des raisons pour lesquelles je pense que les événements de ce monde sont dirigés par des intelligences invisibles, qui font du travail passable avec de très mauvais matériaux. Ce n'est pas le jeu naturel des forces en action qui, à lui seul, peut produire cet effet. Si vous niez ces intelligences invisibles, vous êtes forcé de refuser à l'homme tout libre arbitre. Or j'aime mieux croire que l'homme a un libre arbitre au moins en puissance et qu'il est guidé, parfois rudement, en enfant pervers et méchant qu'il est. — Mais, de grâce, mon cher ami, venez au fait ; c'est de transmission de pensée que vous deviez m'entretenir dans ce chapitre ; l'avez-vous oublié ? — Mon lecteur, vous avez raison. Donc commençons par un passage de Carl du Prel.

« La possibilité d'éveiller des rêves chez autrui est beaucoup accrue par le fait de la transmission de pensée. La transmission de pensée avec contact, que personne ne nie, suffirait déjà. Mais la Société anglaise pour les Recherches Psychiques a démontré par de nombreuses expériences qu'il est possible de transmettre des pensées sans contact et sans parole à des hommes en état de veille, bien que le nombre des sujets sensibles ne soit pas très grand. Dans le premier chapitre du présent ouvrage j'ai démontré la même chose pour l'hypnose. Il est difficile à l'homme éveillé, même s'il a les yeux bandés, de se placer dans un état de passivité assez complet pour que son cerveau soit une table rase. Le sommeil naturel est un état intermédiaire entre la veille et l'hypnose profonde. La transmission de pensée aura donc lieu plus facilement avec un homme endormi du sommeil naturel qu'avec un homme éveillé, mais moins facilement qu'avec un sujet en état hypnotique. Si le dormeur rêve activement, si son cerveau est accaparé par les fantaisies de son imagination, l'expérience ne réussira probablement pas. Les essais de ce genre faits intentionnellement sont peu nombreux ; on ne peut pas néanmoins douter du fait, car la transmission involontaire d'une pensée à un dormeur a été souvent observée. On aurait donc réussi plus facilement encore en agissant volontairement.

« Il est assez remarquable que les cas de transmission de pensée involontaire ont été le plus souvent observés entre deux dormeurs. C'est le phénomène du double rêve.

« Si deux personnes endormies font en même temps un rêve dont tous les détails concordent, ce rêve ne peut logiquement avoir que deux sortes de causes : Ou bien les deux cerveaux ont été mis en branle par une même cause extérieure ; ou bien la cause est dans l'un des deux cerveaux dont les fantaisies ont passé à l'autre sans qu'il y eût participation de la volonté.

« Le premier cas peut se présenter, quand par

exemple, un bruit monte de la rue et que l'imagination des deux dormeurs l'élabore de manière identique. C'est ainsi que, d'après Abercrombie, le mari et la femme tous deux rêvèrent une nuit, à la suite d'un tapage, que les Français avaient débarqué à Edimbourg, éventualité alors généralement redoutée.

« Freiligrath nous raconte un exemple du deuxième cas. « Avant la révolution de février,
« dit-il, j'étais sérieusement occupé de l'idée
« d'aller me fixer dans l'Amérique du Nord. Vers
« cette même époque ma femme lut un jour, dans
« je ne sais quel livre, que la Dame blanche qui
« hante le château royal de Berlin apparaît sou-
« vent avec un balai et balayant une chambre.
« Il lui vint alors à l'esprit que je lui avais parlé
« jadis d'un cas analogue, d'une dame blanche
« qui hante le château de Detmold et elle se
« promit de me demander à mon retour du bureau
« si cette dernière apparaît aussi quelquefois en
« balayeuse. Mais le soir je rentrai chez moi
« avec des lettres importantes d'Amérique ; la
« résolution d'émigrer fut vivement discutée et
« la question au sujet du fantôme oubliée. La
« nuit je m'agitai dans mon lit, si bien que je
« réveillai ma femme. Elle me demanda si j'étais
« malade. Mon Dieu, non, répondis-je, mais je
« suis obsédé par un rêve étrange. Toutes les
« fois que je m'endors, je vois la dame blanche
« avec un grand balai errer dans les apparte-

« ments du château de Detmold et je n'ai jamais
« entendu dire qu'elle apparût en balayeuse. Ma
« femme alors me raconta que le souvenir de la
« question qu'elle voulait poser lui était revenu
« dans son sommeil. Cet incident insignifiant
« et qui à l'époque ne me cassa pas beaucoup la
« tête, pourrait cependant, si le magnétisme
« animal est une vérité, s'expliquer en fin de
« compte en admettant que la pensée de ma
« femme me fut transmise par le contact magné-
« tique. »

« Schubert parle d'un psychologue qui étant précepteur chez un fermier fit exactement le même rêve qu'un fils aîné de la maison venu en visite. Mirville cite un homme célèbre qui rêvait constamment les mêmes choses que sa femme. Rêvait-il par exemple d'un ami mort, sa femme voyait cet ami dans le même temps, au même endroit et dans le même costume. Le professeur Nasse raconte qu'une mère rêva être assise avec tous ses enfants autour d'une table avec l'intention de les empoisonner au moyen d'un breuvage. Elle les questionne à tour de rôle pour savoir quels sont ceux qui veulent boire : les uns sont prêts, d'autres veulent vivre encore. Quand elle sortit de cet affreux cauchemar, elle entendit gémir un de ses fils âgé de onze ans et apprit en l'interrogeant qu'elle lui avait communiqué son rêve. Fabius rapporte le fait suivant : Une dame de la Haye notait journellement tout ce qui lui arrivait, à elle et aux siens, pour l'écrire à sa fille qui se trouvait alors dans les Indes Orientales. Celle-ci en faisait autant de son côté. Une nuit la mère rêva que le vaisseau auquel sa fille, sur le point de revenir en Hollande, avait confié tout son avoir s'était perdu corps et biens. Elle écrivit ce rêve à sa fille. La lettre se croisa en chemin avec une autre écrite par cette dernière, et contenant la narration d'un rêve identique. Schopenhauer rapporte aussi des exemples semblables. » (1)

Un sujet en état hypnotique repose ordinairement dans le calme le plus parfait, sans penser à rien, et c'est justement pourquoi l'hypnose à elle seule est déjà si sédative et si fortifiante. Mais si le sujet en hypnose est sensible à la transmission de pensée, il peut percevoir les pensées de son magnétiseur, qui lui apparaissent comme des formes oniriques. Carl du Prel et von Schrenk-Notzing ont fait à ce sujet d'intéressantes expériences avec un sujet de ce dernier, nommé Lina (2). En voici une. Lina dort. Carl du Prel, sans prononcer un mot, écrit sur un morceau de papier : « M. de Notzing

1. Carl du Prel. *Experimental psychologie und experimental metaphysik*, p. 60-61-62-63. Wilhelm Friedrich édit. Leipzig, 1891.
2. De Rochas a eu un sujet du même nom, mais ces deux dames n'ont pas autre chose de commun.

lira la poésie *Le coup du matin*, en silence et à distance ; interrogée à son réveil sur ce qu'elle a rêvé, Mlle Lina racontera le contenu de cette poésie. » Après avoir pris connaissance de ce désir, l'hypnotiseur prie Lina d'être attentive à ce qu'il va penser ; et, prenant le livre de Martin Greif, il lit des yeux la poésie dont voici la traduction. Carl de Prel avait souligné les passages saillants et prié von Notzing de les imaginer plus fortement.

Le coup du matin. — Encore le coup de l'étrier ; nous avons le temps ; sur le penchant des collines pèse encore l'obscurité.

Hé, là ! Trois étrangers demandent du vin ; il faut du malvoisie, du meilleur et du plus fin.

On gèlerait dans cette humidité et ce froid ! — J'entends quelque chose bouger. — Je suis tout raidi !

C'est à peine si mes lèvres auraient la force d'embrasser la donzelle, que j'imagine avec des yeux couleur de jais.

Seigneur Dieu ! La sinistre et triste figure qui sort de là-dedans ! Es-tu la seule femme de la maison ?

Si, au matin de la bataille, une enfant à l'œil vif et plein de la force de la jeunesse, m'avait servi,

Les idées noires et les soucis se seraient évanouis d'eux-mêmes. Mais une araignée du matin ne porte pas bonheur.

Verse, au nom du diable, de ta drogue insipide ; verse encore, nous dirons amen quand ça suffira, eh ! sorcière.

Remplis davantage mon verre, j'ai déjà repris haleine. Mon vieux justaucorps de cuir ne se plaint pas quand ça lui coule par en dessous.

Nous repasserons par ce chemin sur le soir, si le combat a pris fin sur la lande.

Alors nous te paierons volontiers, et richement. La pleine lune et les étoiles seront notre monnaie.

Alors nous boirons comme des ducs, comme des gaillards riches ; et le désir pourrait même nous venir de coucher avec toi, ô perle de prix.

Mais si nous ne revenons pas pour chanter mélodieusement, nos trois cavales accourront ensemble.

A leurs flancs ensanglantés, vous les reconnaîtrez toutes les trois ; elles seront encore tout ombrageuses et toutes farouches de l'effroi d'avoir vu nos cadavres.

Alors pense que nous dormons là-bas sous la bruyère ; tu pourras alors savourer toi-même le vin dans ce verre, si ça te plaît.

Ou plutôt, non. Je vais le briser chez toi. Après nous, trois compagnons de guerre, personne ne doit y boire.

Tiens, regarde ; le fragile objet a fait trois éclats. Qu'importe ! Nous mourrons tous les trois, mais je m'en moque un peu.

Allons, gai ! Les brouillards du matin s'évanouissent déjà. Je fais le signe de la croix autour de moi avec mon sabre.

« Quelques instants après son réveil, on demande à Lina si elle a bien dormi et si par hasard elle aurait fait quelque rêve. Elle raconte alors, mais en peu de mots, ce qui est contenu dans la poésie : un reître était venu avec des varlets, avait crié et demandé du vin en s'emportant. Il y avait aussi une femme. Le bris du verre fut indiqué par un violent mouvement du bras. Lina ne paraissait pas encore bien éveillée, et ne reprit entièrement connaissance qu'au grand air, pendant que l'hypnotiseur l'accompagnait chez elle. Comme Von Notzing me l'écrivit encore le soir même, elle compléta le récit de son rêve sur la demande qui lui en fut faite : le reître coiffé du heaume avait été tout à fait grossier ; il avait brandi puis jeté son verre, qui s'était cassé, mais en quelques morceaux seulement. Cela avait été considéré comme un mauvais présage ; et à la femme, qui était très laide, le reître avait dit que lui et ses compagnons ne reviendraient plus jamais, que les chevaux reviendraient seuls.

« Deux ou trois jours plus tard, Lina me fit à moi aussi le récit complet de son rêve. Je lui donnai à lire la poésie de Martin Greif. Elle la lut plusieurs fois et s'absorba tellement dans cette lecture, que je craignis un retour de l'état hypnotique. A partir de la ligne: « Verse au nom du diable », elle reconnut le tableau de son rêve. « Mais j'ai vu tout cela », disait-elle ; et elle ne pouvait comprendre comment il se faisait que son rêve se trouvât dans un livre. Il y avait donc eu incontestablement transmission de pensée (1). »

Le phénomène de la transmission de pensée a été signalé de tout temps et partout où il a été question d'états extatiques. Mention en a été faite chez les Hindous, les philosophes alexandrins, au moyen âge, à propos des saints du christianisme, des sorcières, des possédés, des somnambules. La Société pour les recherches psychiques, ainsi que Carl du Prel le rappelait plus haut, a démontré irréfutablement par des expériences rigoureuses et nombreuses que la transmission directe de pensée, sans contact, sans parole et sans signe d'aucune sorte est possible même entre gens éveillés. Tout cela n'empêche pas les « illustres maîtres » de la nier. C'est ainsi qu'en Allemagne, vers 1880, le professeur Preyer, de son cabinet de travail et sans avoir jamais expérimenté, décréta que la transmission directe de pensée est d'une impossibilité totale, que tout se borne à une lecture des mouvements musculaires ou à des illusions de

---

1. Carl du Prel, *op. cit.*, p. 66-67.

pauvres esprits naïfs, épris de mysticisme. Carl du Prel et von Notzing résolurent de profiter de la sensibilité toute particulière de leur sujet Lina pour lui prouver qu'il avait tort. Ils organisèrent une série d'expériences où toutes les précautions furent prises pour satisfaire les plus difficiles. Il ne leur restait plus qu'à prier le professeur Preyer d'y assister : ils le firent, mais celui-ci savait trop à quoi noblesse l'obligeait et il déclina l'invitation. En France nous avons beaucoup de professeurs Preyer : nous pouvons en vendre, en mettre au Mont-de-Piété, en donner aux pauvres et il en reste. L'expérience du poème de Martin Greif, racontée plus haut, fait partie de cette série. Je vais en relater quelques autres et donner quelques détails sur les conditions où elles furent faites.

Les expériences eurent lieu chez Carl du Prel ; le sujet était Lina que nous connaissons, l'hypnotiseur von Schrenk-Notzing. Un grand nombre de personnes intelligentes, de toutes classes et de toutes professions, des savants, des artistes, des médecins, des officiers, furent alternativement invitées à y assister. La fraude, si de fraude il devait être question, ne pouvait avoir que trois provenances : le sujet, l'hypnotiseur, les assistants. D'abord il fallait s'assurer que l'hypnose n'était pas simulée : cela est facile aujourd'hui, il suffit par exemple de noter le changement du pouls au sphygmographe. Le sujet pouvait essayer de deviner la pensée qu'on désirait lui transmettre : pour qu'il ne pût y réussir, il suffisait de choisir une pensée assez étrange et assez complexe pour être indevinable. L'hypnotiseur et le sujet pouvaient s'entendre avant la séance : pour rendre cette entente vaine, il fallait que l'hypnotiseur fût chargé de transmettre la pensée, mais non de la proposer. C'était Carl du Prel qui ordinairement était chargé de proposer cette pensée. Mais — comme lui aussi aurait pu s'entendre d'avance avec le sujet — le plus souvent il priait l'un des assistants, venu là pour la première fois et qu'il s'agissait de convaincre, de le suivre dans une autre pièce et c'était ce dernier qui proposait la pensée à transmettre. Cette pensée était alors écrite sur une feuille de papier, hors de la pièce où avaient lieu les séances, puis apportée à l'hypnotiseur qui la lisait des yeux, sans qu'un mot fût prononcé de part ni d'autre. Ou si Carl du Prel proposait la pensée lui-même, il l'écrivait au bureau où il était assis ; l'hypnotiseur s'approchait et la lisait des yeux. Il était loisible à tous les assistants d'en faire autant.

Les séances avaient lieu dans le cabinet de travail de Carl du Prel, exceptionnellement vaste. Les assistants, quatre à six personnes en moyenne, étaient assis sur un divan, le long d'un mur et aux deux côtés étroits d'une table placée près de ce mur. A l'autre côté de la table se tenaient l'hypnotiseur et le sujet, celui-là sur une chaise, celui-ci dans un fauteuil, se faisant vis-à-vis et sans se toucher. Carl du Prel, lui, était assis à son bureau, à sept pas environ du divan. Par dessus le corps supérieur de ce bureau, il pouvait voir tout ce qui se passait, alors que les assistants ne pouvaient pas voir ce qu'il écrivait ; il se servait d'un crayon.

Après avoir pris connaissance de la pensée à transmettre, von Schrenk-Notzing priait le sujet d'être attentif à ce qu'il allait penser et n'ajoutait pas un autre mot.

Dans ces expériences, l'indispensable n'est pas autant de vouloir avec force que de bien se représenter dans l'esprit les images à transmettre. Von Schrenk-Notzing sait vouloir fortement mais il sait moins bien convertir ses idées en images. Néanmoins il n'y eut pas d'insuccès complet, mais souvent beaucoup d'hésitations et de tâtonnements de la part du sujet. Je ne sais si Carl du Prel a noté dans son livre toutes les expériences sans exception, mais il rapporte avec plus ou moins de détails la transmission dans ces conditions de : 24 ordres à exécuter dans l'hypnose ; 5 ordres à exécuter après le réveil ; 2 hallucinations post-hypnotiques positives ; 5 hallucinations post-hypnotiques négatives.

Voici deux ou trois de ces expériences :

« Dans une pièce éloignée de celle des séances, sous la dictée de l'un des assistants, j'écrivis : « Lina prendra le mètre qui est sur la table « et le mettra dans la poche de M. von Sch.... »

« Lina désigne la table où se trouve le mètre ; dix minutes à peu près s'écoulent ; elle murmure « se lever », essaie et y réussit grâce à mon aide ; en faisant un court détour, elle va vers la table, saisit le mètre, le rejette, le prend de nouveau, le déplie, nous le montre, le replie puis va vers M. von Sch......, dont elle palpe les bras ; elle revient vers la table et fait le geste d'enfoncer le mètre dans une poche imaginaire, très profonde. Elle murmure : « C'est si profond ! » le met dans sa propre poche, l'y laisse et répète l'acte automatiquement deux ou trois fois avec un mètre imaginaire. L'hypnotiseur se voit contraint de lui dire à haute voix : « Exécutez ce que je pense. » Elle murmure : « Le sortir », sort le mètre de sa poche, va vers M. von Sch......, lui applique le mètre déplié comme pour le mesurer et murmure des mots dépourvus de sens : « Mesuré, mesuri, mesuro, mesura. » Après une nouvelle invitation d'exécuter l'ordre, elle met le mètre dans la poche de derrière de M. von Sch...... » (1)

« Parmi les photographies qu'on va donner à « l'hypnotiseur, celui-ci fixera celle qui repré- « sente la Bavière — ce choix avait été fait par

---

1. Carl du Prel, *op. cit.*, p. 14.

« deux médecins présents — et donnera de vive
« voix l'ordre à Lina de tomber endormie quand
« au réveil, en parcourant la collection, cette
« photographie lui passera sous les yeux.

« L'hypnotiseur donna l'ordre voulu à Lina
endormie en fixant l'image sans prononcer un mot
qui pût faire reconnaître celle-ci. Assez longtemps
après son réveil, on pria le sujet de parcourir
une collection de photographies — il y en avait
68. Elle le fit : en arrivant à celle qui représentait la Bavière, son regard se troubla, elle fixa
l'image, ses deux bras tombèrent, elle s'appuya
contre le dossier de sa chaise et s'endormit en
murmurant : « La Bavière. » Malheureusement
cette expérience n'est pas tout à fait irréprochable. Pendant que l'hypnotiseur fixait l'image, je
remarquai trop tard qu'au verso était écrit le
mot : Ruhmshalle. Mais on peut difficilement
admettre que Lina l'ait lu : elle était en état
d'hypnose profonde et les caractères étaient très
petits (1). »

« A son réveil Lina verra le baron H... (qui
« en réalité était absent) assis sur le canapé.
« L'hallucination durera jusqu'à ce que le mot
« cristal » soit prononcé. »

Lina connaît le baron H... pour l'avoir vu à des
séances précédentes : il lui est très sympathique. Quand l'hypnotiseur s'approche de mon

---

1. Carl du Prel, *op. cit.*, p. 28.

bureau et lit l'ordre donné, le visage du sujet s'éclaire aussitôt ; elle murmure : « M. le baron. » Pour plus de sûreté, l'hypnotiseur dit à haute voix : « A votre réveil, il vous arrivera ce que je pense. » Nous nous asseyons autour de la table ; une place est laissée libre pour le baron imaginaire et un verre de vin est placé devant. Lina est alors réveillée et, pour lui faire reprendre ses sens plus vite, nous trinquons (1). Elle se lève, vient s'asseoir près de la place vide, parle au baron H.., se tourne vers nous d'un air joyeux et dit : « Il est tout de même venu ! » Elle le remercie d'avoir fait si tard le chemin qui est long, s'informe de sa récente excursion dans le Tyrol, de la santé de son fils. Peut-être l'hallucination aurait-elle été complète et Lina aurait-elle entendu des réponses imaginaires, mais nous crûmes devoir lui dire que le baron ne pouvait répondre parce qu'il était revenu du Tyrol fort enrhumé. Lina s'en montre affectée et demande aussi pourquoi il ne boit pas. Von Schrenk-Notzing prend une glace de moyenne grandeur, la place devant la place vide et demande au sujet ce qu'elle aime le mieux, de l'image du baron réflétée par la glace ou du baron lui-même. Elle ne comprend pas bien, regarde alternativement le canapé et la glace puis dit ne pas trouver de différence.

1. A partir d'ici je résume un peu.

L'hallucination prend fin d'une manière inopinée mais tout à fait remarquable. On parlait d'expériences avec des prismes. Von Schrenk, par inadvertance, dit : « Il n'y a pas de prisme dans la maison et le *cristal* qui est sur le bureau n'en pourrait tenir lieu. » A ce mot Lina jette un regard effrayé sur la place vide, nous déclare ne plus apercevoir le baron, se lève, va voir dans le corridor, n'y trouve personne et ouvre une fenêtre donnant sur la rue ; voyant passer un monsieur qui était à peu près de la taille du baron, elle l'appelle par le nom de ce dernier (1). »

Carl du Prel écrit: « Quand Lina s'éveillera, « ma femme sera invisible pour elle. »

L'hypnotiseur dit: « A votre réveil il vous « arrivera ce que je pense. Il ne s'agit pas d'une « action mais d'un état. De quelle personne est-« il question ? » Lina désigne du doigt ma femme, essaie de parler, puis fait à l'adresse de celle-ci de gracieux mouvements de la main. « Quel est « celui de vos sens qui sera affecté ? Montrez-« le moi. » De l'index de la main gauche Lina désigne l'œil gauche et de l'index de la main droite l'œil droit. « Cet état durera jusqu'à « ce que je prononce le mot « fenêtre ». « Une seule personne y figurera ». Lina indique

---

1. Carl du Prel, *op. cit.*, p. 28-29-30.

ma femme et se passe la main sur les yeux et les oreilles.

« A son réveil Lina va et vient au milieu de nous, mais demande aussitôt : « Où est madame la baronne? » J'essaie de la calmer en lui disant : Elle reviendra bientôt ; mais l'idée semble la hanter. « Pourquoi est-elle allée se coucher ? Je ne lui ai pas dit au revoir. Peut-être est-elle encore près de son enfant. » Pendant tout ce temps ma femme est à côté, près du bureau. Lina prend sur ce bureau un encrier de voyage fermé et l'examine. Je le lui prends des mains, le tiens dans l'air et la prie de bien faire attention : « Je vais lâcher cet encrier et, en vertu d'une force magnétique, il flottera dans l'air. » Je fais signe à ma femme qui met sa main en dessous pendant que je retire la mienne. Au grand ébahissement de Lina l'encrier flotte dans l'air. Toute émue elle dit : « Il faudra « montrer cela à Mme la baronne quand elle « reviendra. » Je me vante de pouvoir faire « flotter de même des objets bien plus lourds. » La même expérience est alors faite avec un chapeau et un livre et compliquée. Enfin « von Schrenk-Notzing dit à Lina d'aller à la *fenêtre*. Elle y va ; ma femme entre alors (Mme du Prel était sortie dans le corridor sur la fin des expériences précédentes) ; j'appelle sur elle l'attention de Lina qui s'écrie : « Vous auriez bien dû vous trouver ici tout à l'heure ! » Et la voici qui raconte à ma femme, en lui faisant voir les objets, mes tours d'adresse. Elle me demande de les répéter devant ma femme et je ne puis me dérober qu'en prétextant que ces expériences me fatiguent beaucoup (1). »

Pendant d'autres expériences avec le même sujet, mais qui n'appartiennent pas à la série en question, on produisit aussi des illusions post-hypnotiques.

Les sujets sensibles dans l'hypnose à la transmission de pensée ne sont pas d'une rareté très grande. Du reste la lucidité sous toutes ses formes n'est pas absolument très rare. Tous les magnétiseurs dont la pratique a été un peu étendue — sauf toutefois ceux qui se contentent de faire de vagues passes sans endormir — l'ont maintes fois rencontrée. Ch. Lafontaine, par exemple, dit : « J'ai produit le somnambulisme lucide sur deux cents personnes du monde, qui n'avaient jamais été magnétisées avant de l'être par moi. J'ai pu l'observer encore en magnétisant vingt-et-une personnes qui déjà avaient été mises dans cet état par d'autres magnétiseurs. J'ai donc rencontré ce phénomène sur deux cent vingt-et-une personnes, et j'ai pu l'étudier sous toutes ses faces (2). » Ainsi donc,

---

1. Carl du Prel, *op. cit.*, p. 33-34-35.
2. *Art de magnétiser*, p. 98, éd. de 1899, Alcan, édit.

lorsqu'une association sérieuse se sera formée pour faire une étude approfondie de la lucidité, il ne lui sera pas trop difficile de trouver des éléments de travail : il lui suffira d'ouvrir des cliniques par où passeront un grand nombre de gens ; on pourra faire dans ces cliniques beaucoup de bien aux individus, tout en servant on ne peut mieux les intérêts de la science et partant de l'humanité tout entière. Toutefois il faudrait que ces cliniques fussent confiées à des psychologues et même à des psychistes plutôt qu'à des médecins ; tout au moins faudrait-il les confier à des médecins-psychologues et c'est là une espèce rare. Guérir les gens est bien, mais démontrer à l'homme qu'il est non seulement un phénomène physique éphémère, mais encore un esprit cosmique appelé aux destinées les plus hautes, c'est mieux ! Et quand cette dernière idée sera admise même à titre d'hypothèse, vous verrez combien il sera plus facile de guérir les maladies : car alors pour la première fois nous commencerons vraiment à les comprendre. Mais, hélas ! quelle végétation nauséabonde de préjugés il va falloir détruire encore avant d'en arriver là ! Actuellement, parmi ceux qui sont étiquetés savants, il y en a bien quelques-uns qui, ne niant plus la lucidité *a priori*, seraient désireux de la rencontrer et de l'étudier. Mais leur égoïsme leur nuit : du reste l'égoïsme nuit toujours. Chacun d'eux se dit : « Ah si je pouvais trouver un beau cas ! Je l'étudierais bien, je l'assaisonnerais à la sauce scientifique du jour, je le présenterais aux académies ; et alors, à moi la gloire et les prébendes et, voire, les décorations ! » Oui, mais comme il s'agit de trouver tout seul un merle blanc puis de le mettre en cage et sous clef pour qu'on ne nous le vole pas, l'opération est difficile. En magnétisme il faut travailler sur une grande échelle, sur une échelle énorme ; en n'étudiant que trois ou quatre sujets, on risque, même en y apportant le plus grand soin, de commettre les bourdes les plus grosses : voilà ce que l'expérience a surabondamment démontré. Je l'ai déjà dit : nos connaissances actuelles de la question ne nous permettent pas de prévoir ce qu'un sujet peut donner : un même sujet ne donne qu'un ou deux phénomènes intéressants ; dans beaucoup de cas et pour beaucoup de phénomènes, un sujet devrait être rejeté après quelques séances parce qu'il devient de plus en plus difficile de se garder contre la suggestion ; en outre chaque fait doit avoir été observé chez des centaines de sujets distincts, avant qu'on puisse le tenir pour établi. Ces considérations et d'autres qui m'entraîneraient trop loin, montrent qu'en magnétisme un homme isolé ne peut pas faire grand'chose. Seule, une organisation d'hommes aux idées larges et haules pourra nous conduire vite vers les splendides horizons qui s'entr'ouvrent à nos yeux; mais « ces hommes, où sont-ils, vierge souveraine ? », comme aurait dit Villon. Et cependant, avant d'être à même d'aborder avec profit l'étude de la médiumnité, il faudra que nous ayons étudié à fond les phénomènes magnétiques, sinon, tous tant que nous sommes, positivistes et mystiques, nous continuerons à interpréter à faux la plupart des phénomènes médiumniques. Mais aux impatients je puis affirmer que le magnétisme et la lucidité fourniront des preuves de l'immortalité de l'âme peut-être plus décisives que la médiumnité. Revenons au sujet de notre chapitre et aux faits.

Le hasard seul actuellement, ai-je dit, nous fait découvrir les phénomènes magnétiques les plus intéressants. En voici un exemple : « Un magnétiseur bien connu de nous, dit le Comité littéraire de la Société pour les Recherches psychiques, fut prié par une dame de l'endormir. Cette dame espérait pouvoir ainsi visiter en esprit des lieux totalement inconnus du magnétiseur lui-même. Celui-ci n'obtint pas le résultat désiré; mais il s'aperçut qu'il pouvait faire décrire à la dame des lieux inconnus d'elle, si ces lieux lui étaient familiers, à lui. Ainsi une fois il lui fit décrire une chambre où elle n'avait jamais mis les pieds ; elle donna tous les détails dont il se souvenait. Il vint alors à l'idée du magnétiseur d'imaginer un grand parapluie ouvert sur une table de cette chambre. Aussitôt la dame de s'écrier : « Je vois un grand parapluie ouvert sur la table (1) ! »

Voilà un exemple qui montre combien il est difficile parfois de savoir si on a affaire à de la diesthésie ou à de la lecture de pensée. Mais les deux phénomènes existent : le tout est de les distinguer.

Ch. Lafontaine écrit : La transmission de pensée est le premier phénomène où le corps est complètement étranger ; on le confond souvent avec la vue sans le secours des yeux. Lorsque vous venez, malade, près d'un somnambule, vous croyez, soit d'après vos sensations, soit d'après votre médecin, avoir telle ou telle maladie ; vous établissez, par le contact de votre main, un rapport direct entre votre cerveau et celui du sujet. Le somnambule voit ce qui se passe dans votre cerveau et, guidé du reste par la transmission physique qu'il a de vos sensations, il vous dit votre maladie en vous décrivant vos souffrances. Il y a là seulement transmission de pensée ; de même que lorsque vous mettez un objet dans votre poche et que le somnambule vous indique quel est cet objet, il peut fort bien ne pas le voir, mais en

1. *Proceedings of the S. P. R.* vol. I, p. 120.

avoir connaissance par vous-même qui le savez (1). »

Lafontaine parle beaucoup trop du cerveau. Je crois, pour ma part, cet organe bien innocent en la circonstance.

C'est la transmission de pensée qui a fait croire à certains magnétiseurs que les somnambules peuvent comprendre et parler des langues qu'ils ne connaissent pas. « Pendant mon séjour à Tours, dit Ch. Lafontaine, je magnétisai une somnambule à qui l'on parlait espagnol, latin, anglais, portugais, allemand, grec, et la somnambule répondait en français à toutes les questions faites dans ces diverses langues. Mais une personne lui fit une question en hébreu ; la somnambule ne répondit pas. Je la pressai et lui demandai pourquoi elle ne répondait pas ; elle me dit : « Mais la raison est simple : ce
« monsieur me dit des mots, mais il ne les
« comprend pas ; il ne sait pas ce qu'ils veu-
« lent dire, alors je ne puis rien lui répondre ; il
« ne pense pas. Les mots sont des signes de
« convention ; il faut qu'ils expriment quelque
« chose dans la pensée de celui qui les pro-
« nonce pour qu'ils aient de la valeur. Je ne m'at-
« tache pas aux mots, je ne puis les compren-
« dre ! C'est à la pensée seulement, que je vois,
« que je puis répondre. » En effet la personne

1. Ch. Lafontaine, *op. cit*, pp. 98-99.

convint qu'elle avait demandé à un Israélite de ses amis de lui vouloir bien indiquer une phrase en hébreu, mais qu'elle n'avait pas pensé à lui en demander le sens (1). »

Voilà qui donne un démenti aux psychologues qui prétendent qu'il est impossible de séparer la pensée de son expression. La pensée existe par elle-même, bien que l'homme cérébral en puisse difficilement comprendre la nature. Nous avons vu combien la pensée subconsciente est parfois intense ; je ne crois pas que cette pensée subconsciente se serve de mots. Même consciemment nous pensons très souvent sans mots. En ce qui me concerne, il n'est pas rare qu'une pensée m'apparaisse nettement sans que je puisse la traduire en langage. L'aphorisme de Boileau est généralement vrai, mais non dans tous les cas sans exception ni pour tout le monde :

> Ce que l'on conçoit bien s'énonce clairement,
> Et les mots, pour le dire, arrivent aisément.

Dans la transmission de pensée la distance ne compte pas ou, du moins, ne semble pas compter. Cela est important. Dans le système des matérialistes, la pensée ne peut être qu'une des nombreuses formes de l'énergie. Mais l'énergie sous toutes ses formes, doit compter avec la distance : elle est soumise à

---

1. Ch. Lafontaine, *op. cit.*, p. 238.

l'Espace et au Temps. La pensée au contraire paraît en être affranchie : elle n'est donc pas un phénomène du monde physique. C'est un abus, ou une lâche concession aux préjugés du jour, que de faire résonner à propos de télépathie toutes les vieilles guitares des vibrations et des ondulations. Nos savants du jour semblent avoir dit à cette intruse, la télépathie : Ou tu t'accommoderas de ces théories ou tu disparaîtras. Ainsi, au temps où les bêtes parlaient, la grenouille dit un jour au Soleil : Ou tu cesseras de dessécher mon marécageux séjour, ou je t'effacerai du Ciel. La grenouille n'a pas encore tenu parole. Mais il est vrai que tous les marécages ne sont pas desséchés.

A propos de la distance en matière de transmission de pensée, Carl du Prel écrit : « Dans nos expériences avec Lina notre but principal était de constater la transmission de pensée sans contact. Mais le plus ou moins grand éloignement de l'hypnotiseur semblait chose indifférente : l'expérience réussissait que l'hypnotiseur fût auprès du sujet ou à l'autre bout de la pièce. On pourrait croire que la pensée, comme toute autre force terrestre, décroît d'intensité avec le carré de la distance ; mais cela ne semble pas exact. La décroissance d'une force avec le carré de la distance n'a lieu que si cette force irradie dans tous les sens, comme la lumière et la chaleur du Soleil, dont il n'arrive à notre Terre qu'une quantité infime : le reste se perd pour nous dans les espaces. Au contraire, dans la transmission de pensée qui est un phénomène de la volonté, la pensée semble aller droit au percipient, et à lui seul » (1).

La transmission de pensée et la télépathie sont une seule et même chose : il n'y a de différence qu'à notre point de vue à nous, esprits emprisonnés dans ce que nous appelons matière. L'esprit libéré semble avoir près de lui tout ce à quoi il pense et loin de lui tout ce à quoi il ne pense pas : pour lui c'est là toute la distance.

Voici un exemple de télépathie dans le sommeil.

« Lady G.., et sa sœur avaient passé la soirée avec leur mère et l'avaient quittée bien portante de corps et d'esprit. Au milieu de la nuit, la sœur de Lady G... s'éveilla effrayée et dit à son mari : « Il faut que j'aille chez ma mère « tout de suite ; faites atteler. Je suis sûre « qu'elle vient de tomber malade.» Le mari, après avoir inutilement tenté de persuader à sa femme que c'était une imagination, fit ce qu'elle lui demandait. Celle-ci en arrivant non loin de la la maison de sa mère, à l'endroit où deux routes se rencontrent, aperçut la voiture de Lady G... En s'abordant, les deux sœurs se demandèrent

---

1. Carl du Prel, *op. cit.*, p. 68-69.

mutuellement la raison de leur présence en ce lieu. Toutes deux répondirent la même chose : « Je n'ai pu dormir ; je sentais que maman était tombée malade et je suis venue voir. » Sur le pas de la porte elles rencontrèrent la femme de chambre de confiance laquelle leur apprit que leur mère avait été prise d'une indisposition subite, qu'elle était mourante et avait exprimé un ardent désir de voir ses filles. » (1)

Le nombre des cas de télépathie recueillis aujourd'hui et dont l'authenticité ne saurait être raisonnablement contestée est tellement grand, il emplit tant de volumes qu'il est bien inutile que je prenne la peine d'en rapporter d'autres. Tous mes lecteurs connaissent, par exemple, le livre fameux de Gurney, Myers et Podmore, *Les fantômes des vivants*, bizarrement intitulé par le traducteur français *Hallucinations télépathiques*. Il y a là-dedans des centaines de cas accompagnés de toutes les attestations désirables. En France, Camille Flammarion a tenté une collection semblable dans son livre *L'Inconnu et les problèmes psychiques*. Certainement Flammarion n'a pas, comme Gurney, Myers et Podmore, passé au crible de la plus sévère critique chacun des cas qu'il a rapportés : dans les conditions où il travaillait, il ne pouvait pas

---

1. *Proceedings of the S. P. R.* vol. I p. 31 et Edward Bennett, *the Society for Psychical Research*, p. 41.

le faire. Est-ce à dire que tous ces cas soient controuvés comme M. Podmore l'a insinué dans une phrase méchante : « M. Flammarion, dans sa vie, a raconté de si jolies histoires à ses lecteurs que ceux-ci se sont crus obligés de le payer de revanche ? » M. Podmore par moments s'entend à la malice. Il ne se doute peut-être pas combien lui-même y prête le flanc par sa critique étroite, tatillonne, prenant souvent les allures d'une contradiction systématique et par les théories étranges qu'il substitue à celles des autres. Ainsi il a dit quelque part : « La télépathie n'est qu'un retour atavique vers un passé lointain ; c'est le moyen par lequel les premiers sauvages communiquaient entre eux ».

Donc si quelques histoires inventées de toutes pièces ont pu — cela est toujours possible — se glisser dans le livre de Flammarion, je crois néanmoins authentiques la très grande majorité des cas qui s'y trouvent. D'abord ils sont signés, puis presque tous sont simples et ont l'accent de la sincérité. Ce seront là de bien pauvres raisons pour les admettre, aux yeux de M. Podmore qui voudrait jusqu'à la fin des temps reprendre chaque cas un à un et chercher une petite fente où insinuer le couteau. Mais alors tout travail de généralisation et partant toute découverte deviendra impossible à tout jamais.

— Il y a des gens qui se font de la science une idée singulière et qui se fâchent quand on leur dit qu'elle est et doit demeurer autre chose qu'une collection de faits épars. L'homme veut comprendre et a le droit de l'essayer : une explication même erronée est souvent plus utile pour le progrès de l'esprit humain, par les idées qu'elle suscite pour ou contre, que cent faits réunis sans ordre. Donc classer et généraliser, puis généraliser et classer encore quand le premier travail ne nous satisfait plus, voilà l'objet principal de la science ! Certes, il faut éviter avec le plus grand soin de classer des tiares de Saïtapharnès, fabriquées à Odessa ; mais il vaudrait mieux, je crois, en fin de compte classer des tiares fausses que de ne pas classer de tiares du tout. Le classement des tiares fausses pourrait élargir notre esprit : l'éternelle défiance, à propos de tiares qui sont peut-être vraies après tout, ne ferait que le rétrécir.

CHAPITRE VIII

La Panesthésie

Explication du terme. — L'Espace et le Temps dans la panesthésie. — Cas rapporté par le Dr Alfred Backman. — Cas rapporté par le révérend Sims et le Dr Elliotson. — Cas Ellen Dawson. — Cas Frances Gorman. — Cas Alexis. — Cas Ann Bateman. — Autres cas Alexis.

La diesthésie, la télédiesthésie, la lecture de pensées ne sont que des phases, plus apparentes que réelles, d'une faculté bien plus vaste, tellement vaste que je ne lui trouve pas de nom plus approprié que celui de panesthésie, c'est-à-dire la faculté de tout percevoir. C'est encore là un mot nouveau, mais les éléments nous en sont familiers maintenant et nous n'aurons aucune peine à le comprendre ni à le retenir. Esthésie est toujours le grec αἴσθησις perception. Quant à *pan* (πᾶν tout), notre langue l'emploie depuis longtemps dans la composition de certains mots. La politique moderne à elle seule en a créé un certain nombre, où *pan* vient audacieusement affirmer que chaque peuple nourrit la charitable intention de manger tous les autres et de les digérer : on a, entre autres, le panslavisme, le pangermanisme, le pan-saxonisme, le panaméricanisme et peut-être le panandorranisme (1), mais je ne suis pas tout à fait sûr de ce dernier. Myers a proposé et employé avant moi ce mot de panesthésie, mais il ne lui donnait pas, je crois, exactement le même sens.

L'âme en liberté connaît probablement des limitations que nous ne soupçonnons même pas ; mais elle semble ignorer toutes celles qui pour l'homme cérébral sont d'insurmontables barrières, comme l'Espace et le Temps. Elle perçoit le passé, le présent, l'avenir et toute pensée : c'est la panesthésie. Quant à la matière, elle ne semble pas la percevoir directement comme nous, parce que notre perception actuelle ne serait qu'une illusion. Mais elle peut la percevoir comme nous au moyen d'un intermédiaire que fabrique l'organisme humain : l'od. Chez le somnambule le plus lucide la panesthésie ne peut apparaître que par lueurs, mais ces lueurs sont parfois éblouissantes au delà de ce qui semble possible. Le seul moyen de le prouver est

---

1. Les Andorrans sont les habitants de la République d'Andorre.

d'avoir recours aux faits : rien n'est brutalement concluant comme un fait, a dit Broussais ; rien n'est aussi plus lumineux. Mais leur lumière crue est telle que souvent elle nous fait mal et nous nous bouchons les yeux pour nous défendre contre elle. Nous avons tort ; adaptons notre regard à la lumière des faits et voyons tout ce qu'il nous est permis de voir. Ne nions rien bêtement *a priori* : ce n'est pas nous qui avons créé l'Univers ; pour un homme, quel qu'il soit, prétendre déterminer les limites du possible est sottise pure. Mais, par contre, soyons d'une rigueur et d'une exigence sans bornes dans l'observation des faits. Ne disons jamais : tel fait est impossible, mais disons souvent : tel fait a été mal ou insuffisamment observé ; et prenons encore plus de précautions que nos devanciers. Donc citons quelques faits, à titre d'exemples comme toujours. Nous continuerons ensuite nos commentaires.

L'une des formes les plus étonnantes de la panesthésie est ce qu'on a appelé d'un terme aussi impropre que possible psychométrie, mesurage de l'âme. Vous présentez un objet à un somnambule lucide : celui-ci aussitôt perçoit un faisceau d'idées qui semblent incrustées sur cet objet, puis de proche en proche toutes celles qui sont associées avec ce premier faisceau. Il tire les idées du passé — et quelquefois de l'avenir — comme on tire un filet de l'eau : il prend d'abord quelques mailles et petit à petit tout le filet suit.

Nous ne pouvons jamais savoir exactement ce que perçoit le somnambule ; lui non plus du reste. Sont-ce les idées, sont-ce les objets? Est-il plus près que nous des noumènes ? C'est vraisemblable ; mais tant qu'une âme est incarnée, la chair dénature tout. C'est pourquoi il est vain la plupart du temps d'essayer de déterminer s'il y a lecture de pensée, vision directe ou tout autre chose. Il faut prendre le fait tel qu'il se présente à nos yeux et n'avoir jamais plus que de raison confiance dans nos interprétations.

I. — Le D" Alfred Backman, de Kalmar, Suède, a eu, parmi ses sujets, une nommée Alma Radberg, servante, âgée de vingt-six ans, avec qui il a fait d'intéressantes expériences.

« Le 8 avril 1890, dit le D" Backman dans son rapport, je reçus une lettre du D" Kjellmann, de Stockholm, me demandant d'organiser une expérience avec Alma, dont il avait entendu parler ; entre autres choses, elle devait décrire la chambre où se trouverait le docteur. Celui-ci devait accrocher exprès au lustre quelque chose d'extraordinaire, afin de rendre l'expérience plus concluante. Comme réponse je lui envoyai simplement ce télégramme : « D'une à deux, demain, chez vous. » Je ne connaissais ni le D" Kjellmann, ni son appartement ; il en était de même du sujet et de tous les assistants.

« Alma fut hypnotisée chez moi à Kalmar, et le rapport suivant écrit aussitôt (1).

« Le 9 avril 1890, à 1 h. 40 de l'après-midi, Alma est hypnotisée et reçoit l'ordre d'aller à Stockholm dans les appartements du D' Kjellmann. — Alma est-elle là-bas ? — Non. — Même question. — Oui. — Y a-t-il un lustre au plafond ? — Non pas de lustre, quelque chose qui ressemble davantage à une lampe. — Voyez-vous quelque chose de particulier ? — Quelque chose de long et d'étroit est accroché dans le lustre. — En quoi est-ce, étoffe ou métal ? — Ce doit être du métal, je pense, et de l'étoffe aussi. — Avez-vous jamais vu un objet comme cela ? — Non, je n'ai jamais rien vu de semblable. — Essayez de voir ce que c'est, ou de savoir comment cela s'appelle (Pas de réponse). — A quoi cela sert-il ? — Je ne sais pas à quoi cela sert. — Est-ce quelque chose dont se servent les médecins, ou un ornement ? — Plutôt un ornement, c'est plus large qu'un ruban. — Comment est-ce, de quelle couleur est-ce ? — C'est blanc. — Y a-t-il plusieurs couleurs ? — C'est aussi rouge. — Comment est le métal ? — Il est blanc, probablement de l'argent. — Y a-t-il des montures fixées à l'étoffe ou de l'étoffe sur un mor-

---

1. Nous ne citons qu'une partie de ce rapport, bien entendu.

ceau de métal ? — Il me semble que l'étoffe est enroulée autour d'un morceau de métal — Quelle est sa longueur et sa largeur ? — Long de 75 centimètres, large de 25. — Quel genre d'étoffe est-ce ? — Probablement de la soie. — L'étoffe appartient-elle au morceau de métal ? — Non, elle est enroulée autour pour l'occasion. — Pour quel usage s'en sert-on d'ordinaire ? — C'est fait pour être posé sur une table à écrire. — Quel en est l'usage ? (Elle ne sait pas). — Est-ce fixé à la lampe ou pourrait-on aisément l'enlever ? — Ce n'est pas fixé solidement. Il lui est absolument impossible de dire ce qui est accroché au lustre. Une fois éveillée, elle dit qu'elle croit que c'est une paire de ciseaux pour couper du papier, ou un couteau à papier, qui pendait au lustre, et que c'était probablement attaché avec un mouchoir...

« Après avoir communiqué au Dr Kjellmann ce qu'Alma avait dit, je reçus de lui les renseignements suivants : « Il y avait vraiment une paire de grands ciseaux à papier accrochés dans le lustre; ils étaient fixés par un otoscope en caoutchouc, et il y avait une rose-thé et quelmyosotis dans une des branches des ciseaux. Le lustre est à la fois une lampe et un lustre : la lampe était tirée à une grande distance au-dessous du lustre (1) ».

1. *Proceedings S. P. R.* vol. III, pp. 199, 220, et F. W. H. Myers, *Human Personality*, pp. 554, 555.

II. — Nous extrayons ce qui suit, tout en résumant quelque peu, d'une lettre adressée au Dr Elliotson par le Révérend H.-B. Sims. Cette lettre est datée de Parndon, le 20 décembre 1844.

« Après avoir entendu une personne que je jugeais absolument digne de foi raconter des faits étonnants de clairvoyance, j'allai chez Alexis avec un ami et nous eûmes une séance privée Au bout de quelques instants, Alexis fut endormi, et, les yeux soigneusement bandés, joua à l'écarté, lut dans un livre, etc., avec beaucoup de succès et de facilité. Je m'assis alors auprès de lui, il prit ma main, et je lui demandai s'il pouvait me dire où je demeurais. Après pas mal d'hésitation, il dit : « Nord-est de Londres » et donna la distance très correctement en lieues. Il dit alors : « Un chemin de fer conduit dans cette partie de la campagne. Il y a deux embranchements, et votre maison est située sur le côté droit de l'embranchement de gauche. » Il demanda une feuille de papier et se mit à dessiner. Il traça le chemin de fer avec une grande exactitude, marqua l'embranchement qui tourne vers l'est à Stratford et continua l'autre jusqu'à un point où il dit qu'il y avait une station. Il donna une description très précise de la position de cette station, qui ne pouvait être autre que celle de Roydon. Puis il marqua sur sa carte une autre station, quelques milles plus loin et indiqua exactement la distance de ma maison à ces deux stations et sa position par rapport à elles. Il dit alors : « Maintenant allons chez vous » ; et il dessina la route avec ses nombreuses sinuosités. En approchant de la maison, sa description devint plus détaillée : il peignit avec une exactitude singulière la brusque descente, le ruisseau, large à peu près de moitié comme la pièce où nous étions, la montée raide de l'autre côté et le chemin de barrière à main droite de la route. Il donna très exactement la distance qui restait encore à parcourir pour arriver à ma maison, mentionna une pièce d'eau à droite avec des canards (j'ai quelques canards sauvages) et dit où se trouvaient les écuries, etc. L'exactitude de cette description détaillée était vraiment étonnante.

« Je lui demandai alors si quelqu'un habitait la maison pendant mon absence. Il dit : « Oui, il n'y a qu'une personne, un monsieur » (c'était exact) ; et il donna alors l'âge du monsieur et décrivit son caractère et son apparence comme si cette personne lui avait été familière. Je dois dire que le monsieur qui m'accompagnait ne connaissait pas du tout la partie de l'Angleterre que j'habite, que je ne lui avais pas parlé des questions que je me proposais de faire à Alexis, et que ni lui ni une âme quelconque dans Paris ne connaissaient les détails ci-dessus. La séance avait duré près d'une heure; l'influence magnétique semblait sur le déclin et Alexis commençait à commettre des erreurs. Je l'arrêtai, car moi qui étais préalablement incrédule au possible, j'avais pu pleinement me convaincre de la réalité de cette merveilleuse et mystérieuse faculté de la clairvoyance; ma conviction s'affermit encore par des expériences subséquentes (1). »

III. — Dans le cas suivant, le sujet, Ellen Dawson, est une jeune fille qui a souffert de crises épileptiques depuis l'âge de huit ans, et qui a toujours été entre les mains des médecins. Cependant elle était quelque peu rétablie et apprenait le métier de dentellière quand elle eut à se faire soigner par F. W. Hands pour du rhumatisme et de l'hypertrophie du cœur. Ellen Dawson fut aussi l'un des sujets du baron Dupotet.

Nous résumons une partie du rapport de M. Hands.

« C'est en observant un jour Ellen, qui se trouvait en état de somnambulisme que je m'aperçus de sa clairvoyance. Elle lisait les titres de publications qui se trouvaient sur la table. Je la soumis à diverses expériences pour m'assurer qu'elle pouvait lire et distinguer les couleurs sans aucun secours de la vue. Je l'enfermai dans une chambre absolument obscure et

---

1. *Zoïst*, n° VIII, janvier 1845.

elle put décrire les planches du *Règne animal de Cuvier*, avec les couleurs.

« De Duke Street, Grosvenor Square, où j'habite, je la *conduisis* à Berkeley, localité où je suis né et où ma femme se trouvait en visite. Il y a environ 140 milles de distance. Quand Ellen eut décrit la maison, je dis : « Frappons et entrons. » Elle consentit. — « Entrons dans la salle à manger, à gauche. » — « Oui. » Je vis alors son visage s'éclairer et avec un air ravi elle s'écria : « Voilà Mme H... » Je lui demandai ce que faisait ma femme — « Elle joue aux cartes. » — « A quel jeu ? » Elle ne put pas le dire, ne connaissant pas du tout les cartes. Je lui demandai ce qu'elle voyait. — « Une planche avec des trous dedans et quelques chevilles. » — « Avec qui Mme H... joue-t-elle ? » — « Un vieux monsieur si gentil et si aimable, au visage coloré! » (C'était le maître de la maison). — « Qui voyez-vous encore ? » — « Deux jeunes filles et un jeune homme » (C'étaient les filles et le fils). Je demandai alors le caractère de chacun. Ellen le décrivit correctement. Tout d'un coup elle s'écria : « Tiens, Mme H... a gagné la partie, elle se lève. » A ce moment, ainsi que je l'appris plus tard, ma femme se leva, disant à son adversaire : « Je vous ai complètement battu. » Je dis alors à Ellen de m'accompagner au cimetière. Elle décrivit plusieurs tombes que je me rappelais distinctement. Elle montra de la surprise en voyant que le clocher se dressait à une certaine distance de l'église — ce qui est exact. Elle entra dans l'église, sur ma demande, et décrivit les monuments, surtout ceux des Berkeley, et s'amusa beaucoup du chien qui se trouve au pied d'un des personnages couchés.

« Quelques jours plus tard, Mme H... revint de Bristol par le chemin de fer. Une de ses malles resta à Bristol et on lui dit que la malle la suivrait par le train suivant et qu'elle l'aurait à 8 heures. Ellen vint chez moi comme on était allé s'informer à la gare ; l'ayant endormie, je lui demandai si la malle serait perdue ou si elle arriverait par le train de 8 heures. Elle répondit que la malle ne serait pas perdue, qu'elle n'arriverait pas à 8 heures, mais par le train de 10 heures, que nous ne la recevrions pas ce soir-là, mais le dimanche à l'heure du déjeuner. Tout cela arriva. Ellen décrivit aussi beaucoup d'objets dans la malle, surtout une grande poupée, sa toilette avec les couleurs, et dit même à Mme H... à qui celle-ci la destinait (1). »

IV. — Encore un cas rapporté par M. Hands, le magnétiseur. Le sujet est une jeune fille, Frances Gorman, qui demeurait avec sa mère, n° 12, Union-place, Harper Street, New Kent Road.

1. *Zoïst*, n° X, juillet 1845.

« Un jour, alors que Frances allait mieux, Mme Gorman accompagna sa fille et me dit qu'elle désirait apprendre, si possible, où se trouvait un certain acte notarié appartenant à son fils. Elle me manifestait ce désir parce que je lui avais parlé précédemment des pouvoirs que donne le sommeil magnétique à certaines personnes. Son fils avait épousé une femme assez riche, d'un caractère bizarre, et qui, peu de temps après le mariage, s'était brouillée avec la famille de son mari et n'avait jamais voulu avoir avec elle le moindre rapport. Cette femme s'était emparée du bail de la maison et son mari, qui en avait besoin pour consulter un homme de loi au sujet de changements à effectuer, se trouvait fort en peine. Sa femme ne voulut jamais rendre le bail ; elle dit qu'elle l'avait perdu puis affirma qu'elle l'avait brûlé. Le pauvre homme, qui était d'un caractère doux et paisible, ne dit rien ; mais souvent, pendant les absences de sa femme, il fouillait tiroirs et malles. Découragé de son insuccès il abandonna ses recherches ; et, dans les entrevues secrètes qu'il avait avec sa mère (sa femme l'ayant menacé d'une vengeance terrible s'il revoyait sa famille), il se plaignit amèrement du dommage que lui causait la perte du document. C'est pourquoi, Mme Gorman voulait tenter un dernier effort pour le retrouver.

« Frances étant endormie, je l'envoyai à la

maison de son frère, Paragon Mews, New Kent Road. Elle manifesta de l'ennui et de la terreur, disant : « Elle ne *nous* laissera pas entrer ; elle me tuerait plutôt. » Le *nous* s'explique par ce fait qu'à l'état magnétique Frances me prend pour une de ses amies nommée Clara. Je lui dis : « Ne faites pas attention, heurtons à la porte. » Malgré l'effroi du sujet qui voyait sa belle-sœur assise, je la fis passer près de cette dernière, à travers le salon, et nous entrâmes dans la chambre à coucher. Au bout de quelques secondes, France s'écria : « Je *le* vois dans cette grande malle sous le lit ; il y a trois malles, c'est celle du milieu, qui est doublée de papier à taches bleues. — Tirons-la et regardons. — Oh ! elle est dure à tirer (j'appris plus tard que le lit appuyait dessus) ; *le* voilà dans ce papier, sous les livres, du côté gauche... » Je dois dire que Frances n'avait jamais pénétré qu'une fois dans la maison de son frère, peu de temps après le mariage et elle n'avait vu que la pièce du devant (le salon.)...

« Quand je revis Mme Gorman, elle me dit qu'elle avait raconté à son fils ce qui s'était passé et qu'il avait d'abord ri, en ajoutant qu'il avait fouillé plusieurs fois dans les malles, sans résultat. Mais quand elle lui eut rapporté les détails fournis par sa sœur, il dit qu'il regarderait de nouveau. Le lendemain il s'arrangea de manière à envoyer sa femme chez une amie, et, ayant ouvert la malle, trouva le document dans la position indiquée (1). »

V. — Le Dʳ Elliotson a publié le rapport suivant, dû à M. Marcillet :

« Le 17 mai 1847, nous nous rendîmes, Alexis et moi, chez Lord Frederick Fitzclarence, qui occupait un appartement de l'hôtel Brighton, rue de Rivoli. La séance eut lieu devant Lord Normanby, l'ambassadeur d'Angleterre, lequel comme Lord Frederick, ne croyait nullement au magnétisme.

« Pouvez-vous décrire ma résidence de campagne en Angleterre ? » demanda l'ambassadeur au sujet endormi. Celui-ci, après quelques instants de réflexion, répondit que la maison était sur une hauteur. Puis, après avoir donné des détails sur sa situation et les terres environnantes, il décrivit le mobilier et termina en disant que certaines fenêtres donnaient sur la mer. L'exactitude de cette description étonna fort l'ambassadeur.

« Une dame posa alors quelques questions. Alexis lui dit son nom et son rang et ajouta : « Vous êtes dame d'honneur de la reine Victoria. » Tout cela était exact.

« Lord Normanby prit un des livres de Lord Frederick, et Alexis put y lire une phrase, à une page donnée, quoique le livre ne quit-

---

1. *Zoist*, nº XX, p. 334.

tât pas les mains de l'ambassadeur. On répéta plusieurs fois l'expérience avec le même succès:

« Lord Frederick, qui jusque-là n'avait été que simple spectateur, prit la main d'Alexis et lui dit : « Pouvez-vous me dire ce que j'ai fait avant-hier, en compagnie de ce monsieur ? » — et il indiqua une personne de la société.

— « Je vous vois tous les deux, répondit Alexis, allant rue Saint-Lazare en voiture ; là vous prenez le train pour Versailles : puis vous vous rendez en voiture à Saint-Cyr. Vous visitez l'École : c'était l'autre monsieur qui avait proposé cette excursion, il a été élève à Saint-Cyr.

— « Tout cela est admirable, s'écria Sa Seigneurie. Continuez, Alexis. »

— « Vous retournez à Versailles, je vous vois entrer chez un pâtissier. Votre compagnon mange trois petits gâteaux : vous prenez autre chose. »

— « Vous avez raison ; j'ai mangé un peu de pain. »

— « Ensuite vous reprenez le train pour Paris. Mais comprenons-nous bien : vous êtes parti par la rive droite ; vous revenez par la rive gauche. »

« Ce dernier détail étonna tellement Lord Frederick que non seulement il nous félicita devant tout le monde, mais qu'il nous offrit son patronage en toute occasion. »

Le D¹ Elliotson ajoute :

« Peu après que M. Marcillet m'eut fait part de ces merveilles, un de mes amis, H. Bushe, fils de feu le Premier Juge d'Irlande et ami intime de Lord Frederick, vint me voir et me proposa de s'adresser à ce dernier pour savoir à quoi s'en tenir. Le Secrétaire de Lord Frederik me fit savoir que ce dernier était trop occupé pour m'écrire lui-même ; mais que, si je pouvais me procurer un compte-rendu détaillé, il le lirait attentivement et, s'il le jugeait exact, donnerait son attestation. Je m'adressai à plusieurs reprises à M. Marcillet, qui est bien l'homme le moins méthodique et le plus négligent du monde, et ce n'est que récemment que j'obtins le rapport ci-dessus. Je transmis l'original à Lord Frederick par l'intermédiaire de notre ami commun. Voici la réponse :

Portsmouth, le 15 novembre 1848.

Mon cher Bushe,

J'ai lu le compte-rendu que vous m'avez envoyé, compte-rendu relatif à la séance magnétique qui a eu lieu dans mon appartement pendant mon séjour à Paris en 1847. Il est tout à fait correct dans ses détails ; du reste rien de plus extraordinaire sous tous les rapports que cette séance.

J'espère voir ici le Dʳ Elliotson, puisque c'est un grand ami de notre principal médecin d'ici, le Dʳ Engledue, dont j'ai eu récemment la bonne fortune de faire la connaissance.

Venez donc, mon cher Bushe, voir votre vieil ami.

FRED. FITZCLARENCE.

Je vous retourne la lettre. (1)

VI. — Voici un cas très curieux, rapporté par H. William Hazard, de Bristol. Après avoir donné des détails sur le sujet, Ann Bateman, âgée de 25 ans et qui souffrait d'hydropisie et de maux de tête nerveux, il ajoute :

« Elle demeurait à côté d'une dame que je soignais pour une ophtalmie. Après avoir magnétisé la dame, j'envoyai chercher Ann et je l'endormis dans un fauteuil. La maîtresse de maison était la femme d'un marin qui commandait un grand vaisseau ; ce vaisseau avait quitté Bristol chargé d'émigrants pour la Nouvelle-Orléans, le 9 novembre 1848. Nous étions au 17 novembre. Mᵐᵉ C. me dit : « Demandez à Ann où se trouve le capitaine. » Ann demanda quelques minutes, disant que c'était très loin ; au bout de cinq minutes, elle s'écria : « Ah ! voilà le vaisseau ! mais comme il fait sombre !

---

1. *Zoïst*, n° XXVI, p. 117. Janvier 1849.

comme le vaisseau saute ! je vais avoir mal au cœur ; comme le vent mugit ! et la mer est si haute et si noire, c'est effrayant ! — Voyez-vous le capitaine C...? — Oui, il est là sur un pont élevé, appelant les hommes ; voilà maintenant une Irlandaise à la porte des cabines, qui demande une médecine, d'autres femmes disent que tout le monde va être noyé ; et voilà le capitaine qui se penche sur une rampe et dit : « Descendez, mes braves femmes, il n'y a aucun danger... » Quel bruit en bas! il y a un homme, on dirait d'un pasteur ou d'un quaker, il a un grand chapeau mou à larges bords, il parle à la foule ; maintenant il a mis un grand cornet de métal à son oreille et il lève la main... »

« Mme C... écrivit à son mari par le courrier suivant en lui demandant, sans lui en donner la raison, des détails sur le temps et sur ce qui s'était passé dans la nuit du 17 novembre. Le capitaine répondit aussitôt par les renseignements suivants : la mer était lourde et houleuse, le vaisseau avait été fortement secoué ; les émigrants avaient beaucoup souffert et été très effrayés ; la personne la plus fatigante avait été un missionnaire sourd, qui prodiguait de continuelles exhortations, au grand ennui de tout le monde ; le capitaine s'était tenu toute la nuit sur le pont d'arrière... J'ai eu la lettre entre les mains et depuis, Mme C. qui a revu son mari, m'a confirmé l'exactitude de tous les détails fournis par la somnambule (1). »

Les cas suivants sont empruntés au livre d'Alexis, intitulé *Le sommeil magnétique*, expliqué par le somnambule Alexis (2). Ils sont reproduits, je crois, d'après les journaux de l'époque, quoiqu'on ne l'indique pas toujours. J'ai choisi de préférence ceux où des personnages connus jouent un rôle. Mais cela ne suffit pas évidemment à leur donner un très haut caractère d'authenticité. Je les cite donc avec toutes les réserves que comportent les circonstances. Je ne saurais trop dire combien il est regrettable qu'Alexis n'ait pas été étudié plus sérieusement. La science est criminelle de laisser échapper des occasions aussi précieuses d'élargir nos connaissances. Aujourd'hui que nous sommes un tant soit peu moins sots, ne commettons pas la même erreur, quand des cas analogues à celui d'Alexis se présentent, et il s'en présente assez fréquemment. Dans les citations qui suivent, je retranche toute phrase inutile et j'abrège certains passages.

VII. — Il y a quelques années, Mme Colleron, épouse du propriétaire des *Villes de France*, rue Vivienne, perdit sa montre à Neuilly.

Présumant qu'elle pouvait l'avoir laissée dans

---

1. *Zoïst*, n° XXVI, p. 178, juillet 1849.
2. Dentu, éditeur, 1856, chapitre XI.

la voiture qui l'y avait conduite, elle se rendit chez Alexis pour avoir quelques renseignements sur le cocher de cette voiture ; mais dès qu'elle fut en rapport avec le somnambule, celui-ci lui dit que sa montre avait été trouvée par un militaire... Attendez, ajouta-t-il, que je lise quel numéro est sur son shako... c'est 57 ; ce soldat est en garnison à Courbevoie et se nomme Vincent. Mme Colleron se hâta d'aller à Courbevoie, et s'adressa à M. Othenin, qui faisait les fonctions de chef de bataillon ; celui-ci ordonna une inspection générale de l'équipement. Au même moment, un soldat sortit des rangs et vint présenter la montre qu'il avait trouvée près du pont de Neuilly, ajoutant que son service l'avait empêché de faire les démarches nécessaires pour retrouver le propriétaire ; sur l'interpellation de l'officier, il répondit se nommer Vincent ! »

VIII. — « En février 1850, une dame anglaise, ancienne élève de Chopin, le sachant malade et le soupçonnant gêné, lui avait envoyé par la poste une banknote de 250 francs. Quelques mois après, étant venue à Paris, elle s'empressa de rendre visite à son illustre maître, et lui demanda si la lettre et la somme lui étaient parvenues. Sur la réponse négative de l'artiste, cette dame se rendit, accompagnée du comte de Grisimola, chez Alexis qui lui dit que la lettre et l'effet se trouvaient chez la portière de Chopin, dans le tiroir de la commode qu'il indiqua. Le fait fut reconnu exact. La lettre avait été reçue, en l'absence de la portière, par une ouvrière qui l'avait placée dans le tiroir et qui avait oublié de le dire à cette dernière.

IX. — « Dans le courant de l'année 1847, M. Marcillet et Alexis donnaient des séances somnambuliques à Versailles devant un nombreux auditoire. Un jour où il y avait grande affluence, ils eurent la faveur de compter au nombre des assistants M. Bataille, docteur aussi savant que modeste, qui remit lui-même à Alexis un paquet cacheté, le priant de dire ce qu'il contenait.

— Une lettre de votre fils.

— C'est vrai.

— Voulez-vous que je vous donne la description de son appartement à Granville ?

— J'en serais ravi.

— Attendez ; j'ai quelque chose de plus important à vous dire au sujet de votre fils !..

— De quoi s'agit-il donc ?

— Il s'agit... il s'agit.... que votre fils est très malade en ce moment.

— C'est étrange ! s'écria le docteur, la lettre que vous avez entre les mains est écrite par lui, il y a à peine quatre jours, et à cette époque sa santé était parfaite.

— Demain vous recevrez une autre lettre qui vous dira le contraire ; je vous conseille de partir pour Granville aussitôt que vous l'aurez reçue ; connaissant seul le tempérament de votre enfant, il pourrait succomber s'il n'est traité par vous.

Le lendemain, la lettre annoncée arriva ; le docteur Bataille partit pour Granville, et ce ne fut qu'après quinze jours partagés entre les craintes les plus fondées et les soins les plus assidus, que son fils fut rendu à la santé. »

X. — « Il y a neuf ans environ, le duc de Montpensier fit prier M. Marcillet de conduire Alexis chez la reine Christine, sa belle-mère.

— Écoutez, dit le duc à Alexis, j'ai placé dans le coffret qui est là, près de vous, et dont la clef est dans ma poche, un objet dont seul je connais la nature. Pouvez-vous me dire quel est cet objet ?

— L'objet est rond... il est rouge... C'est... un œuf en sucre. Il renferme lui-même d'autres petits objets, également sucrés.

— Voilà ce que j'ignorais.

— Ces petits objets sont des bonbons anisés. On brisa l'œuf et il en sortit les bonbons annoncés qui furent trouvés parfaitement sucrés. »

XI. — « Le général Narvaez, instruit de ces choses, fit venir Alexis. Le docteur Fouquier était présent à cette séance. Il demanda au somnambule de se transporter dans son cabinet. Dans le secrétaire se trouvait un portrait :

— «... Je vois ce portrait... c'est un pastel... fait depuis environ quinze ans ; il représente une femme... Cette dame a pris de l'embonpoint depuis l'époque où elle a été peinte... Mais elle est ici, je vais vous la présenter.

Alexis, prenant la main de toutes les dames, présenta et nomma Mme de Ménars, qui était bien la personne dont le pastel avait reproduit les traits.

— Puisque vous avez été si clairvoyant, dit Mme de Ménars, pourriez-vous aller chez moi et me décrire un objet qui m'est très précieux.

— Oui, madame, c'est une croix en or... Cette croix vient de votre mère, qui la tenait elle-même de sa mère... il y a bien longtemps que cette relique se transmet ainsi dans votre famille... quatre générations. La première personne qui l'a possédée la tenait d'un grand personnage mort assassiné il y a plus de deux cents ans.

— Pourriez-vous me nommer ce personnage ?
— Je le crois... c'est... c'est...

Ici le somnambule prit un crayon et écrivit : Henri IV.

La croix avait effectivement été donnée par le Béarnais à une des ancêtres de Mme de Ménars.

Mme la comtesse de Modène voulut à son tour consulter.

— Alexis, demanda-t-elle, que contient cette boîte que j'ai à la main ?

— Des cheveux.

— De quelle couleur ?

— Des cheveux blonds... Ils viennent d'une femme...

— Où est cette femme ?

— Elle n'est plus sur terre... depuis longtemps... bien longtemps.

— Pourriez-vous nous dire son nom ?

— Oui. C'est... Agnès Sorel.

Le procès-verbal constatant l'identité de cette mèche de cheveux était déposé dans le double fond de la boîte qui les renfermait. »

XII. — « A quelques jours de là, M. le Comte de Broyes, qui se trouvait à une séance d'Alexis, lui demanda ce qu'il tenait renfermé dans sa main.

— C'est un linge ensanglanté.

— D'où provient ce sang ?

— D'un grand personnage assassiné il y a plus de vingt-cinq ans.... C'est le sang du duc de Berry.

Le comte de Broyes resta confondu. Il était garde-du-corps lors de l'assassinat du duc de Berry, et il avait ramassé auprès du lit de l'agonisant une bandelette sanglante qu'il avait précieusement conservée. »

XIII. — « M. Séguier fils était, en sa qualité d'homme de science, très sceptique. C'est incognito qu'il se rendit chez Alexis.

— Où étais-je de midi à deux heures ? demanda-t-il.

— Dans votre cabinet.... Il est très encombré de papiers.... de rouleaux.... de dessins.... de petites machines.... Il y a une jolie sonnette sur votre bureau.

— Vous vous trompez, je n'ai pas de sonnette.

— Je ne me trompe pas, vous en avez une... Je la vois.... à la gauche de l'écritoire... sur le bureau.

M. Séguier, ayant couru chez lui, trouva sur son bureau une sonnette que Mme Séguier y avait déposée dans l'après-midi. »

XIV. — M. le Comte de Saint-Aulaire, diplomate, avait écrit, avant l'arrivée d'Alexis, quatre mots sur une feuille de papier et renfermé cette feuille dans une épaisse enveloppe solidement et diplomatiquement cachetée et scellée.

« Qu'est-ce qu'il y a sous ce pli, Alexis, demanda l'ambassadeur ?

— Il y a un papier ployé en quatre.

— Et sur ce papier ?

— Une demi-ligne d'écriture.

— Pouvez-vous la lire ?

— Certainement. Et, quand je l'aurai lue vous vous rétracterez de ce que vous avez écrit.

— Je ne crois pas.

— J'en suis sûr.

— Si vous y parvenez, je vous promets de croire désormais tout ce que vous voudrez.

— Alors, croyez dès à présent, car vous avez écrit : *Je ne crois pas.* »

XV. — M. Ferrand, quincaillier à Antibes, ayant trouvé dernièrement dans sa propriété une pièce romaine en argent, l'envoya à ses correspondants de Paris, MM. Deneux et Gronnot aîné, commissionnaires en quincaillerie, 18, rue du Grand-Chantier, en les priant de consulter Alexis à ce sujet. Ce dernier leur dit qu'il voyait chez M. Ferrand, à Antibes, une petite urne enfouie à quelques pieds en terre..... renfermant une assez grande quantité de ces mêmes pièces ; mais qu'il lui faudrait le plan de la propriété afin de mieux désigner le lieu. Le plan ayant été communiqué à Alexis, il indiqua, en faisant une marque au crayon, l'endroit où l'on devait creuser. L'urne indiquée fut trouvée : elle contenait 3 kilogrammes 500 grammes de pièces semblables à celle qui avait été remise au somnambule.

XVI. — « Un bracelet d'une grande valeur ayant été soustrait à Mme la Duchesse de Séville, infante d'Espagne, un de ses amis l'emmena chez le magnétiseur Marcillet. La duchesse, ayant préféré ne pas prendre la parole, ce fut l'ami auquel elle avait remis à l'avance une paire de gants portés par elle, qui questionna le somnambule.

— Ces gants me mettent en rapport avec une dame de haute naissance, dit aussitôt Alexis, et c'est pour la perte d'un bracelet que vous venez me consulter.

Puis Alexis fit la description du bijou, ajoutant qu'il avait été donné par le roi d'Espagne, et qu'il voyait même dessus le portrait de ce monarque.... Il dit ensuite :.... Celui qui a dérobé votre bracelet l'a engagé au Mont-de-Piété. Faites donc écrire immédiatement au directeur de cet établissement, puis au préfet de police, et avant peu il vous sera remis.

Le bracelet fut en effet retrouvé au Mont-de-Piété et restitué à sa propriétaire. »

XVII. — Le cas qui suit est extrait d'une lettre adressée par H. Prévost, commissionnaire au Mont-de-Piété à M. le rédacteur du journal *Le Pays*.

« C'était en 1849, au mois d'août, un de mes employés venait de disparaître, en m'emportant une somme très importante. Les recherches les plus actives faites par la police avaient été sans succès, lorsqu'un de mes amis, M. Linstant, jurisconsulte, alla consulter Alexis, sans me faire connaître son projet.

— La somme volée, dit le somnambule, est très considérable, elle s'élève à près de 200.000 fr.

C'était exact. Alexis continua, disant que le commis infidèle se nommait Dubois, qu'il le voyait à Bruxelles.... hôtel des Princes.... où il était descendu.

M. Linstant partit pour Bruxelles, mais malheureusement il ne se mit en route que le lendemain au soir; il apprit, à son arrivée, que

Dubois avait effectivement logé à l'hôtel des Princes!.... mais que, depuis quelques heures seulement, il avait quitté la ville. Ne sachant plus sur quel point se diriger pour l'atteindre, M. Linstant revint à Paris ; à son arrivée, il se rendit chez moi et m'apprit l'étrange révélation d'Alexis.

Curieux, à mon tour, de consulter ce clairvoyant, je priai mon ami de me conduire chez M. Marcillet. Alexis me dit qu'il voyait Dubois à la maison de jeu de Spa, qu'il perdait beaucoup d'argent et qu'au moment de son arrestation il n'aurait plus rien.....

Bien que cette prédiction fût peu encourageante, je partis néanmoins le soir même pour Spa. Arrivé à Bruxelles, je me rendis chez M. de Montigny, secrétaire de la légation française, qui voulut bien me remettre une lettre pour le secrétaire général de la justice de Belgique, afin de pouvoir faire arrêter Dubois ; mais je ne pus obtenir que son arrestation fût ordonnée, attendu que je n'étais pas moi-même autorisé à cet effet par le parquet de France ; je me vis donc obligé de rentrer à Paris pour me mettre en mesure, ce qui me fit perdre un temps précieux.

Une instruction criminelle fut entamée et confiée aux soins de M. Bertrand ; une fois toutes les formalités remplies, je me mis de nouveau en route. Arrivé à Spa, j'appris que

Dubois l'avait quitté depuis quelques jours ; je pensai qu'il avait tout à fait abandonné le pays, et ne restai dans cette ville que cinq ou six heures. De retour à Paris, je me rendis de nouveau auprès d'Alexis.

— Vous avez eu peu de patience, me dit-il ; depuis quelques jours, à la vérité, Dubois est allé à Aix-la-Chapelle, il a continué de jouer.... il a perdu considérablement.... Il est rentré actuellement à Spa, où il va finir de laisser au jeu le peu qu'il lui reste...

J'écrivis immédiatement aux autorités de Bruxelles et de Spa, et quelques jours après Dubois fut arrêté à Spa. Il avait tout perdu au jeu. Conduit à la maison d'arrêt de Verviers, il y mourut au bout de quatre mois de détention préventive, au moment où son extradition venait d'être régularisée par les deux puissances. »

CHAPITRE IX

Communications avec les morts

Est-ce là une hypothèse absurde a priori ? — Cas de télépathie entre vivants où le percipient jurerait de la présence réelle de l'agent. — Songes qui semblent l'œuvre intentionnelle d'intelligences invisibles : cas du Dr Bruce ; cas de Mme Storie. — Cas où l'on croirait à la présence d'un mort déterminé : cas Wingfield ; cas Newry ; cas Dignowitty ; cas Dolbear. — L'extase hypnotique. — Cas de Mme Comet. — Opinion d'Alexis. — Les cinq sortes de « trance », d'après Myers. — Mme Piper et Mme Thompson. — Ce que dit le Dr Van Eeden.

Si l'homme est bien ce que la science moderne veut qu'il soit, une machine de protoplasme, éphémère et fragile, issue par hasard du jeu des forces aveugles qui s'entrechoquent sans but dans ce vaste et stupide Univers, il est évident qu'on ne peut pas communiquer avec les morts. Croire que les morts sont capables de nous parler, c'est croire que les pierres sont capables de nous parler, comme a dit Lombroso, l'homme qui a décrété sur de pauvres mesurages de crânes et d'imparfaites statistiques que le génie et la folie sont cousins germains et peut-être bien frère et sœur. Mais si l'on ne veut pas s'en tenir à de grossières apparences, si l'on veut admettre provisoirement que nos cinq misérables sens ne sont pas la mesure du Cosmos, si l'on daigne pour un instant se placer à notre point de vue, il n'y a plus d'absurdité à croire que les morts ne sont pas morts et qu'ils peuvent parfois communiquer avec nous. Si l'on me présente cette idée comme un dogme, je protesterai ; dans mon besoin de réaction, je serai capable d'aller jusqu'à prétendre que le cerveau de Lombroso a été fêlé au bon endroit, ce qui fait qu'il en est résulté du génie. Mais si l'on me présente cette idée simplement comme une hypothèse, justiciable comme toutes les autres des faits et de la raison, ce serait de l'étroitesse d'esprit et de la couardise que de me refuser à tout examen. « Le chercheur, a dit Crookes, n'a pas autre chose à faire qu'à marcher droit devant lui, à explorer dans tous les sens, pouce par pouce, avec sa raison pour flambeau, à suivre la lumière partout où elle pourra le conduire, quand même cette lumière ressemblerait par moments à un feu follet. » Oui-dà! Mais les flancs des femmes ne portent pas des Crookes tous les jours. — « Suivre la lumière partout où elle pourra conduire », c'est bientôt dit ! Mais moi, monsieur, je veux aller à l'Académie des sciences ou au Collège de France ou à la Sorbonne et votre lumière n'y conduit peut-être pas pour le moment. Quand votre lumière vagabonde se dirigera vers ces établissements, on verra si on peut la suivre. En attendant, la matière, telle que nos cinq sens la perçoivent, seule est Dieu ; et nos « illustres maîtres », qui nous regardent et qui sont plus redoutables que les légendaires dames blanches, sont ses prophètes.

Mais quant à ceux d'entre nous qui ne sont pas nés « papables », qui bêtement ont enfilé de petits sentiers tortueux d'où on ne voit rayonner aucune coupole, ils n'ont qu'à suivre le conseil de Crookes qui est bon. C'est ainsi qu'ils trouveront parfois sur leur chemin des fleurs d'une étrange beauté dont la contemplation les consolera.

Observer sans émotion ni passion, classer les faits et en accumuler autant que possible du même genre, expérimenter toutes les fois qu'on le peut, ne vouloir aller nulle part spécialement, mais se laisser porter sans répugnance ni résistance partout où il plaît aux faits de nous porter, voilà toute la méthode ! Voilà le moyen d'arracher ses secrets à la Nature ! En théorie personne n'y contredit, mais en pratique, c'est une autre affaire. Quant à nous, essayons de joindre la pratique à la théorie.

Y a-t-il des faits suggérant l'idée que parfois des êtres invisibles se communiquent à nous dans le sommeil ? Oui. Y en a-t-il en assez grand nombre ? Il n'y a jamais de faits en assez grand nombre. Ont-ils été bien observés, sont-ils certains ? Je le crois ; tous les jours en d'autres matières la Science fait fond sur des faits bien moins nombreux et bien plus mal observés ; mais le meilleur moyen de savoir s'ils sont certains, c'est d'en rechercher sans cesse de nouveaux et de s'entourer, en les observant, de précautions toujours plus minutieuses. Qui sait même si, à force d'observer, un hasard ne nous mettra pas sur la voie de l'expérimentation directe, toujours désirable, car elle peut seule fournir la certitude absolue. Avons-nous des indications sur la nature de ces êtres invisibles dont vous parlez ? Oui, beaucoup ; le plus souvent ils semblent être ceux que nous appelons les morts. Mais évidemment toutes les vies et toutes les intelligences du Cosmos n'ont pas passé et ne passeront pas par l'humanité, de sorte que c'est encore là un point difficile à éclaircir. Mais écoutons les faits.

Il y a un nombre très considérable de personnes qui ont eu en rêve la sensation intense de la présence d'un de leurs chers disparus. Cette sensation est-elle toujours et forcément une illusion ? Ne nous hâtons pas de conclure. S'il existe un au-delà, notre subconscience y plonge, tout l'indique. Pour ceux qui sont dans cet au-delà, il doit être plus facile de se mettre en rapport avec notre subconscience qu'avec notre conscience normale, point le plus éloigné d'eux. Quant à nous, nous devrons surtout sentir ce rapport lorsque, notre conscience normale étant au repos, la subconscience émerge un peu, c'est-à-dire dans le sommeil. Au sujet de la nature exacte de ce rapport nous ne pouvons faire que des conjectures ; tant que nous sommes dans le monde physique, notre âme est exclusivement hantée par les images de ce monde physique ; aussi en revêt-elle à tort et à travers tout ce qui l'impressionne. Si nous revoyons en rêve un mort tel qu'il était de son vivant, cela ne prouve pas du tout, même si ce mort est pour quelque chose dans la production de ce rêve, que ce mort dans son nouveau milieu ait conservé sa forme d'autrefois. L'Illusion, la Mayâ comme disent les Hindous, qui constitue notre monde actuel, est tenace.

D'abord, même dans la télépathie entre vivants, il y a des cas où le percipient jurerait de la présence réelle de l'agent. M. J. Pike passe la nuit en chemin de fer et dort sur une banquette. Vers le matin il rêve qu'il est chez lui, qu'il se lève et s'habille, que par deux fois il crie à sa bonne : « Sarah, apportez-moi de l'eau chaude ! » Juste au même moment celle-ci entend deux fois cet appel et oubliant que son maître est absent, accourt (1). M. P. H. Newnham, alors étudiant à Oxford, rêve une nuit qu'il est chez sa fiancée et qu'au moment où celle-ci monte dans sa chambre, il la saisit par derrière autour de la taille. Au réveil il lui écrit son rêve. Sa lettre se croise en route avec une de sa fiancée où celle-ci lui disait : « Avez-vous spécialement pensé à moi hier soir ? Comme j'allais me coucher, non seulement j'ai entendu votre pas dans l'escalier, mais j'ai distinctement senti l'étreinte de vos bras autour de ma taille (2). » M. Hendrickson est au lit gravement malade. Vers 10 heures du matin il s'endort. Au réveil il raconte à sa femme qu'il a vu dans un rêve étrangement net une amie, Mme Shagren, demeurant à une journée de chemin de fer. Il décrit l'air de celle-ci et la place des meubles dans la chambre. Vers le même temps, voilà ce qui arrive à Mme Shagren ; c'est elle-même qui parle : « Je me peignais devant ma glace, quand tout à coup j'y vis M. Hendrickson approcher par derrière ; on eût dit qu'il marchait sur le bout des pieds. Ses deux bras étaient tendus et il me semblait qu'il allait me les poser sur les épaules. Je crus même entendre le craquement de son sou-

1. *Phantasms of the living*, vol. II, p. 105 et Myers, *Human Personality*, vol. I, p. 415.
2. *Phantasms of the living*, vol. I, p. 225 et Myers, *Human Personality*, vol. I, p. 418.

lier au dernier pas qu'il fit. Je me tournai, surprise, et me trouvai face à face avec lui, de sorte que je ne vis pas seulement une image dans la glace. Je m'écriai : « Comment ! c'est vous ? » Mais au même instant il disparut. Il était tel que je l'avais toujours connu et entièrement habillé. M⁽ᵐᵉ⁾ Shagren à cette époque avait perdu de vue M. Hendrickson depuis quatre ans et ne savait même pas où il demeurait (1).

Il y a des rêves, ou plutôt des songes — je crains d'avoir oublié un peu par manque d'habitude l'importante distinction établie par moi-même dans le premier chapitre — qui semblent tissés sous nos yeux, dans un but précis, non par notre propre fantaisie mais par une intelligence ou des intelligences invisibles. On comprendra mieux ce que je veux dire en lisant les deux exemples qui suivent.

Le jeudi 27 décembre 1883, le D⁽ʳ⁾ Bruce de Micanopy, Floride, passe la nuit dans une propriété plantée d'orangers, qu'il possède près de la ville et où se trouve un petit pied-à-terre en planches de trois pièces. Il dormait depuis peu de temps lorsqu'il lui semble que quelqu'un le réveille intentionnellement. D'abord il croit à la présence d'un cambrioleur, mais ensuite il réflé-

---

1. *Proceedings of the S. P. R.*, vol XI., p. 444 et Myers, *Human Personality*, vol. I, p. 421.

chit qu'il n'y a rien dans la maison de nature à séduire un chevalier du vol et il se dispose à se rendormir. Mais aussitôt il a l'inexprimable sensation de la présence de quelqu'un dans la chambre, de la présence non pas d'un être vivant, mais d'un « esprit ». En même temps une terreur superstitieuse s'empare de lui comme si quelque chose d'effrayant et d'étrange à la fois allait se passer. Se rendort-il pour plonger dans un songe ou a-t-il une hallucination ? Il n'en peut rien savoir au juste. Mais il perd la conscience des objets qui l'entourent et voit deux hommes engagés dans une querelle sans gravité ; puis l'un tombe blessé mortellement, l'autre disparaît. Le Dr Bruce ne voit pas la blessure à la gorge de la victime, mais il *sait* que celui-ci est blessé à la gorge. Il ne reconnaît pas non plus son beau-frère. Il voit le blessé étendu, les mains sous le corps, la tête légèrement inclinée vers la gauche, les pieds joints ; un quelque chose lui cache une partie du visage. Il sait que cet homme lui est connu, mais ne peut dire qui il est. Le percipient se retourne et alors voit sa propre femme non loin du blessé, lequel est sur une estrade, entouré de chaises, de bancs et de pupitres : on dirait d'une salle d'école. Hors de la pièce, il y a une foule composée principalement de femmes et le percipient a conscience de connaître quelques-unes de ces femmes. Ici le songe prend fin. Il est minuit quand le D' Bruce se réveille et, telle est l'impression que cette vision a faite sur lui, qu'il ne peut retrouver le sommeil cette nuit-là. Une dizaine de jours après, il reçoit une lettre de sa femme, lui racontant l'assassinat de son frère à elle, assassinat qui avait eu lieu la nuit de la vision et dont les détails concordaient assez bien avec ceux de cette vision. Son beau-frère, étant entré chez un cabaretier, qu'il connaissait, échange quelques mots aigres avec celui-ci. Le cabaretier suit son adversaire dans la rue et sans autre provocation lui plonge un couteau dans la gorge. Le malheureux perd connaissance presque aussitôt ; on le porte dans le cabaret et on le couche sur le comptoir, près d'un pupitre et d'une vitrine. Ceci se passait, dans les premières heures de la nuit du jeudi ; la victime survécut jusqu'au samedi, à l'aube. Mme Bruce était présente, quand son frère expira (1).

Ici donc, si nous voulons attacher quelque importance à la sensation de présence éprouvée par le percipient, il semblerait qu'un quelqu'un en esprit soit venu lui donner connaissance de la scène du meurtre au moment où ce meurtre était commis. La télédiesthésie n'explique pas bien cette sensation de présence. Rien n'indique l'action télépathique de la part de la victime.

1. *Phantasms of the living*, vol. I, p. 384 et Myers, *Human Personality*, vol. I, p. 413.

Dussé-je être taxé de crédulité et de superstition, je dirai qu'on n'a pas le droit d'écarter *a priori* l'hypothèse qu'un esprit désincarné soit venu apporter la connaissance du triste événement. Voici encore un fait suggérant plus vivement encore une hypothèse analogue.

L'événement se passe en Tasmanie. M. Guillaume Hunter, ayant marché depuis une vingtaine de kilomètres le long de la voie d'un chemin de fer, voie élevée d'environ deux pieds au-dessus du niveau de la plaine, se sent fatigué. Imprudemment, vers les 9 heures du soir, il s'asseoit contre le talus, pour quitter un de ses souliers et se laisse aller au sommeil. Un train de marchandises arrive ; 76 wagons passent sans toucher l'imprudent ; mais enfin un objet en bois formant saillie, un marche-pied probablement, l'atteint au côté droit de la tête, lui écrase en outre l'épaule droite et le tue sur le coup. Cette même nuit, vers les deux heures du matin, c'est-à-dire environ quatre heures après l'accident, voici le rêve confus que fait Mme Storie, sœur jumelle de la victime. Dès le soir, en entrant dans sa chambre, elle avait eu cette inexprimable sensation, dont j'ai parlé plus haut, de la présence de quelqu'un qui est là sans qu'on le voie. Donc, dans son sommeil, elle aperçoit dans un scintillement de lumière un train en marche ; elle entend le halètement de la machine. Elle pense : « Que signifie cela ?

L'un de nous voyage-t-il et moi, suis-je en train d'en rêver ? » Quelqu'un d'invisible lui répond : « Non ; quelque chose de bien différent, un malheur ! » Elle dit : « Je n'aime pas à regarder ces choses. » Alors derrière et au-dessus de sa tête elle voit le buste de son frère Guillaume qui se penche, les yeux et la bouche demi-clos ; la poitrine palpite et il lève le bras droit. Puis il dit : « Je crois qu'il me faudra changer ça. » Alors la percipiente le voit couché à plat ventre sur le sol, les yeux fermés ; la cheminée d'une locomotive est près de sa tête. Effrayée, elle s'écrie. « Mais cette cheminée va le heurter ! » Le quelqu'un d'invisible répond : « Oui, c'est bien ce qui est arrivé ». Alors elle voit son frère assis en plein air, par un pâle clair de lune, contre un talus. Il lève le bras droit, frissonne et dit : « Je ne puis ni avancer ni reculer, non ». Puis il semble couché à plat ventre. « Oh ! oh ! » dit sa sœur et d'autres voix répondent : Oh ! oh ! Puis Hunter semble faire des efforts pour se lever, se tourne vivement deux fois et dit : « Est-ce le train ? le train, le train ? » son épaule est violemment secouée, comme si quelque chose l'avait frappé par derrière ; il tombe à la renverse comme évanoui ; ses yeux roulent. Un objet noir, quelque chose comme un gros panneau de bois, s'interpose entre la percipiente et le blessé ou plutôt quelque chose roule dans le noir de la nuit, un bras semble se dresser, puis tout s'éloigne soudain. Près de la dormeuse, sur le sol, il semble y avoir une longue chose noire étendue. Elle s'écrie : « On a laissé quelque chose en arrière, on dirait d'un homme ! » Le corps lève les épaules et la tête, puis retombe. Le quelqu'un d'invisible dit : « Oui, malheureusement. » Un moment après, il semble à la dormeuse qu'on la prie de regarder encore ; elle dit : « Ce je ne sais quoi est donc toujours là ? » « Oui », répond-on. Et en face, dans la lumière d'un compartiment de wagon, elle voit le révérend Johnstone d'Echuca. « Que fait-il là », demande-t-elle ? Réponse : « Il est là. » Enfin le quelqu'un d'invisible dit : « Je m'en vais. » Et des êtres indistincts semblèrent emmener son frère. Elle s'éveilla en poussant un profond soupir qui éveilla aussi son mari, à qui elle dit sans plus de détails : « Je viens de faire un rêve désagréable où il était question de chemin de fer. » Puis elle s'efforça d'oublier ce cauchemar. S'étant ensuite rendormie, il lui sembla que le quelqu'un d'invisible disait : « Tout s'est déjà effacé de son esprit ; » à quoi un autre répondit : « Je viendrai le lui rappeler. »

Il y a ici incontestablement un rapport entre l'événement et le songe. Faut-il s'en tenir là et négliger systématiquement les détails donnés par la narratrice, femme intelligente et de bonne foi ? Cela est très commode quand les détails ne corroborent pas nos idées préconçues ; mais est-ce agir raisonnablement ? Quant à moi j'aime mieux prendre les faits tels qu'ils se présentent et adopter provisoirement l'explication, quelle qu'elle soit, qui s'en dégage le plus naturellement. Tant pis si l'Ecole du jour s'en formalise ! Or voici ce qui semble ressortir ici des détails : M. Guillaume Hunter, tué par le train, veut porter l'accident à la connaissance de sa sœur ; il ne sait qu'imparfaitement s'y prendre et d'autres esprits un peu plus habiles l'aident. Il fait toute sorte d'efforts pour indiquer qu'il a été frappé à la tête et à l'épaule. Enfin il y réussit à peu près. Et notons soigneusement l'expédient auquel ont recours les Invisibles pour attester la réalité de leur présence : ils montrent à la percipiente un des voyageurs qu'elle connaît, le révérend Johnstone d'Echuca. Le mari de la percipiente est lui-même pasteur et son collègue, qui était bien dans le train au moment de l'accident, lui écrivit trois lettres à ce sujet ; les deux dernières existent encore. Je ne puis rapporter les détails de l'enquête attestant l'authenticité du songe ; j'ai déjà prévenu mon lecteur qu'il devait se reporter aux ouvrages auxquels je le renvoie (1), toutes les fois qu'il serait pris de défiance. Mais je puis

1. *Phantasms of the living*, vol. I, p. 370 et Myers, *Human Personality*, vol. I, p. 144.

lui assurer deux choses : que je ne permets jamais à mon imagination d'ajouter le moindre iota, au contraire ; et que les cas que je donne sont pris aux meilleures sources.

Les communications des morts, au moins celles qui sont spontanées, ont lieu surtout dans les premiers temps qui suivent le décès. Cela s'explique : s'il y a un au-delà où nous allons, nous n'y allons certainement pas pour revivre éternellement par le souvenir les petits incidents ou les petits attachements de cette vie fantomatique. L'oubli ne vient probablement pas, mais le souvenir et l'intérêt s'atténuent sûrement plus ou moins vite. Tel mort qui quelques heures après son départ est brûlé du désir intense de donner de ses nouvelles, n'en cherchera même pas l'occasion un peu plus tard : pour avoir doublé le cap, à nos yeux sinistre et appelé par nous la Mort, un homme ne cesse pas d'être un homme. Voilà une vérité que les faits confirment, mais tellement évidente par elle-même qu'elle pourrait se passer de démonstration. Je vais révolter, je le sais bien, certaines pauvres âmes falotes et douloureuses qui seraient peut-être les premières à oublier, mais qui n'admettent pas qu'on puisse être occupé d'autre chose que de leur souvenir. Qu'y faire ?

On a voulu attribuer ces communications qui ont lieu quelque temps après la mort encore au mourant et non au mort. Le message télépa-

thique se serait égaré dans les bureaux de la
subconscience et serait arrivé en retard à desti-
nation. La plupart de ceux qui ont donné cette
explication n'y avaient pas eux-mêmes grande
confiance ; mais c'était une concession à l'ignorance et au mauvais vouloir du jour. Ils espé-
raient ainsi faire accepter leurs faits plus facilement. Je ne sais si l'événement a démontré
qu'ils avaient calculé juste.

Mais si nous avons, d'autre part, des raisons
plausibles d'admettre la survie au moins comme
hypothèse, le plus naturel, le plus simple, le
moins forcé, c'est d'attribuer ces communications non au mourant, mais au mort et c'est ce
que nous allons faire ici jusqu'à preuve du contraire, suivant en cela l'exemple de Myers, dans
son œuvre colossale *la Personnalité Humaine*,
à laquelle je me suis déjà tant de fois référé.

Dans la nuit du 25 mars 1880, M. Frédéric
Wingfield s'endort après avoir lu assez tard. Il
rêve qu'il est sur son sofa en train de lire lorsque, levant les yeux, il voit son frère assis sur
une chaise en face. Il lui adresse la parole, mais
son frère se borne à faire un signe de tête affir-
matif, se lève et s'en va. M. Wingfield se réveille
en essayant de prononcer le nom de son frère ;
l'impression de réalité avait été telle qu'il fouille
l'appartement, croyant réellement y trouver son
frère. Or M. Richard Wingfield-Baker était mort
des suites d'un accident de chasse, le même soir

à 8 h. 30. M. Frédéric Wingfield n'en fut informé que trois jours plus tard (1).

Mme Newry, en Angleterre, voit en songe deux dames bien mises conduisant une sorte de voiture de livreur d'eau minérale. Quand ces dames sont arrivées à un barrage d'une rivière, le cheval s'approche pour boire, perd pied et tout l'équipage tombe dans l'eau, profonde en cet endroit. Les dames appellent un moment au secours, puis disparaissent; leurs chapeaux continuent à flotter à la surface. Mme Newry, comme elle l'apprit trois mois plus tard par des lettres et des journaux d'Australie, venait de voir tous les détails d'un accident qui coûta la vie à une sienne nièce et à une amie de celle-ci. Cette nièce était née en Australie et Mme Newry ne l'avait jamais vue. Le point qui nous intéresse particulièrement ici est que le rêve, d'après les calculs faits, eut lieu douze heures environ après l'accident (2).

M. Karl Dignowity est un propriétaire foncier Silésien, à son aise, quoique s'occupant lui-même de sa ferme. C'est un robuste campagnard, ne buvant que de l'eau. Le soir, il n'est pas plus tôt couché qu'il est endormi. Il avait un ami, brasseur dans un village voisin, appelé Wüns-

---

1. *Phantasms of the living*, vol. I, p. 199 et Myers, *Human Personality*, vol. I, p. 429.
2. *Proceedings of the S. P. R.* vol. V, p. 420 et Myers, op. cit., p. 431.

cher. Celui-ci meurt après une maladie très courte et, au moment où eut lieu la vision que je vais raconter, M. Dignowity n'avait eu connaissance ni de la maladie ni de la mort. Une nuit de 1888, en songe, M. Dignowity entend Wünscher crier : « Garçon, dépêche-toi de me donner mes souliers ! » Ce cri le réveille : il remarque que sa femme n'a pas éteint tout à fait la lumière à cause de leur enfant ; il réfléchit sur son rêve, le trouve drôle et se dit que Wünscher qui est d'humeur gaie en rira bien en l'apprenant. Pendant qu'il réfléchit ainsi, voici qu'il entend au dehors la voix du brasseur, semblant gronder quelqu'un juste sous la fenêtre. M. Dignowity se met sur son séant, essaie en vain de comprendre les paroles, très ennuyé de tout ce bruit, et se dit : « Que diable veut-il ? Ne pouvait-il attendre à demain ? » Tout à coup voici le brasseur dans la chambre, semblant sortir de derrière l'armoire ; il passe avec de grandes enjambées devant le lit de Mᵐᵉ Dignowity et devant le berceau de l'enfant en faisant de grands gestes avec les bras, puis il dit : « Qu'en pensez-vous, M. le bailli, ne voilà-t-il pas que je suis mort ce soir à 5 heures ! » Surpris, M. Dignowity s'écrie : « Ce n'est pas vrai ! — Tout ce qu'il y a de plus vrai. Et croyez-vous qu'ils veulent m'enterrer dès mardi, 2 heures. » Pour s'assurer qu'il ne rêve pas, qu'il est bien en possession de tous ses sens, M. Dignowity examine les objets qui l'entourent et les reconnaît bien tous. Enfin il dit au brasseur : « M. Wünscher, parlons moins haut. Si ma femme se réveillait et vous voyait là, cela lui serait très désagréable. » Celui-ci répondit plus bas et d'un ton plus calme : « N'ayez donc pas peur, je ne lui ferai pas de mal, à votre femme. » M. Dignowity fit la réflexion qu'après tout il arrive des choses inexplicables et dit au brasseur: « Si c'est vrai que vous êtes mort, je le regrette sincèrement et je veillerai sur vos enfants. » Wünscher, à ces mots, fit un pas en avant et sembla vouloir embrasser son interlocuteur ; mais celui-ci lui dit d'un ton sévère : « Ne m'approchez pas, cela m'est désagréable ! » Et il leva le bras droit pour se protéger, mais il n'y avait plus personne. M. Dignowity regarda sa montre : il était minuit sept. Sa femme s'éveilla au même moment et lui dit : « A qui parlais-tu donc si fort tout à l'heure ? — As-tu compris ce que j'ai dit ? — Non. » Et Mme Dignowity se rendormit. Le brasseur était bien mort ce soir-là, à 5 heures.(1)

En 1894, M. A. E. Dolbear, professeur de physique, va faire une conférence à Greenacre, État du Maine (États-Unis). Il descend chez Mlle Farmer, fille d'un électricien décédé. La

1. *Proceedings of the S. P. R.* vol. IV, p. 341 et Myers, *Human Personality*, vol. I, p. 433.

nuit il rêve que M. Farmer est dans la chambre. M. Dolbear lui cause, bien qu'il ne puisse le voir, et lui dit : « Comment puis-je savoir que c'est vous et non pas un autre ? » M. Farmer répond : « Je vais vous montrer ma main ; » et il tend la main gauche. M. Dolbear la saisit, mais elle était glacée et la sensation de froid le réveille. Il se rendort du reste aussitôt et refait le même rêve. Quand Farmer montra sa main, le dormeur lui dit : « A quoi puis-je reconnaître que c'est bien votre main à vous ? » L'autre répondit : « Je vais faire ceci avec mes doigts. » Il étendit le premier et le troisième doigt pendant qu'il pliait le second et le quatrième d'une manière toute particulière, qu'on ne peut imiter qu'en s'aidant de l'autre main. Le lendemain, au déjeuner, M. Dolbear raconte son rêve. Quand il en est au détail de la main, Mme Farmer laisse tomber sa fourchette de surprise et dit : « C'était là une de ses plaisanteries habituelles ! » (1)

Les vieux magnétiseurs ont souvent eu l'impression que quelques-uns de leurs sujets en état d'extase ou d'hypnose très profonde, communiquaient avec des êtres invisibles.

Une des malades de Charpignon, qui entrait spontanément et facilement en extase, lui donnait les détails suivants : « J'entre dans un état semblable à celui que le magnétisme me pro-

1. Myers, *Human Personality*, vol. I, p. 434.

cure, puis peu à peu mon corps se dilate et je le vois très distinctement loin de moi, immobile, pâle et froid commme un mort ; quant à moi, je me parais une vapeur lumineuse, je me sens penser *séparée de mon corps*. Dans cet état je comprends et je vois bien plus de choses que dans le somnambulisme, où je pense *sans être séparée de mon corps*. Après quelques minutes, un quart d'heure au plus, cette vapeur se rapproche de plus en plus de mon corps, je perds connaissance, et l'extase a cessé. (1) »

Beaucoup d'autres sujets, étrangers les uns aux autres, ont fait des déclarations presque identiques. Que valent ces paroles ? Seules, l'observation et l'expérimentation patientes pourront nous l'apprendre. Mais gardons-nous de n'y attacher aucune importance *a priori*. Ce serait une légèreté. Suivons le conseil de Crookes et n'estimons pas au-dessus de sa valeur notre connaissance de l'Univers, comme tant de gens ont tendance à le faire aujourd'hui.

Vers 1839, M. le Dr Comet était un terrible tombeur du magnétisme, appartenant à une espèce qui est loin d'avoir disparu. Il était sûr de son fait et sa plume virulente égratignait cruellement ses adversaires, lorsqu'une maladie de sa propre femme le fit changer de langage. Il

---

1. Charpignon. *Physiologie, médecine et métaphysique du magnétisme*, p. 105, 1848.

écrivit donc : « La malheureuse affection de ma femme porte avec elle une consolation, car elle fera juger souverainement une question qui a été l'objet de grandes discussions dans le sein de cette académie et dans la presse, où j'ai pris une part active. Je veux parler de la lucidité et de la clairvoyance des somnambules, des prodiges qu'ils réalisent, et auxquels, il y a trois mois, je ne croyais pas et qu'aujourd'hui je regrette d'avoir taxés publiquement de manœuvres frauduleuses, de jongleries intéressées. » M. le Dr Comet se trompait encore sur ce point et la maladie en question ne fit « juger souverainement » rien du tout. Ses collègues qui faisaient chorus quand il injuriait les magnétiseurs, lui tournèrent le dos quand il voulut défendre ceux-ci : c'est toujours la même vieille histoire. Mais enfin nous possédons l'observation détaillée et fort bien faite de l'étrange maladie de Mme Comet. Celle-ci se soigna elle-même ou plutôt fut soignée par un invisible avec qui elle prétendait communiquer dans l'extase. Les prescriptions épouvantèrent plus d'une fois le mari et les autres médecins. Voici un exemple de cette extase : « Il est neuf heures seize minutes ; la malade cesse de parler, soulève un peu la tête, semble se recueillir et prier, puis elle dit : *Oh ! mon Dieu !* Tout à coup ses mains et sa tête retombent et elle s'écrie d'un accent peiné : *Il est parti !* Dans cet instant elle porte la main droite sur son côté gauche et le frotte ; l'extase a cessé (1). »

Au sujet de la communication possible avec des êtres invisibles — dont quelques-uns seraient peut-être nos morts, — dans l'hypnose profonde ou « trance », comme disent les Anglais, peut-être ne déplaira-t-il pas au lecteur de connaître l'opinion d'Alexis. La voici. Je ne donne à ces déclarations aucune autre valeur qu'une valeur documentaire et ne les reproduirais même pas si elles ne concordaient parfaitement avec ce qui semble résulter des faits bien observés. Dans l'ignorance où nous sommes encore de la vérité en ces difficiles matières, il ne faut rien négliger de ce qui pourrait être une indication précieuse. Alexis, comme tous les autres somnambules, n'avait qu'un sentiment vague de ce qui se passait en lui quand il était lucide ; mais enfin il avait ce sentiment vague et les simples observateurs n'en ont pas autant. Quant à l'amnésie au réveil qu'on pourrait invoquer contre lui, nous savons qu'elle est loin d'être la règle pour tous les cas et pour tous les sujets.

« A peine ai-je dans mes mains une mèche de cheveux imprégnée du fluide vital d'un individu

---

1. Le 26 novembre 1839, le Dr Comet présenta à l'académie un rapport détaillé sur la maladie de sa femme, rapport qu'il publia ensuite dans l'*Hygie*. Voir en outre Charpignon. *Physiologie du magnétisme*, p 110 et suivantes, édit. de 1848.

vivant ici-bas, qu'avec la rapidité électrique avec laquelle s'opère la sensation, mon esprit se trouve emporté dans l'espace et réuni à celui de cet individu. J'ai cherché un nom pour peindre cette étonnante merveille qui m'unit instantanément d'esprit avec les personnes dont on me remet un fragment de vêtement ou une mèche de cheveux, et je n'en ai pas trouvé de plus expressif que celui de communion. En effet mon esprit, triomphant de l'espace avec une incalculable rapidité, va s'unir avec celui dont je sens le fluide dans la partie du monde où il se trouve au moment où l'on me met en rapport avec lui ; et je suis si bien présent en esprit dans le même lieu que lui, que j'entends le langage des personnes qui l'entourent, sans le comprendre, si la langue m'est inconnue ; et que je suis en état de décrire, dans leurs plus minutieux détails, les beautés ou les particularités des sites ou des monuments qui l'environnent.

« Si j'aime, pour peindre cette miraculeuse union des esprits à travers l'espace avec une instantanéité électrique, à employer le mot de communion, c'est que je me sens tout à fait identifié avec l'individu avec lequel je suis en rapport. Ma présence, quoique invisible, est si réelle, que non seulement je puis regarder par les fenêtres de l'appartement qu'il habite, entendre ce qu'on lui dit et ce qu'il répond, voir ce qu'il fait, lire ce qu'il écrit, mais encore parce que je souffre de la maladie dont il souffre ; je suis inquiet de ses inquiétudes, content de ses joies ; ma figure prend quelquefois l'air de son visage et mon écriture devient son écriture. »

Ici Alexis conseille une expérience qui pourrait avoir son intérêt et qui consisterait à endormir au même moment, dans deux endroits éloignés, deux somnambules lucides, ne se connaissant pas. On remettrait à l'un des cheveux de l'autre et ce dernier, à ce moment précis, « sentirait en lui la présence de l'esprit du premier. » Je passe sans commentaire et continue ma citation.

« Lorsque je suis en lucidité et que l'on me présente des cheveux d'une personne morte, je pâlis et je sens dans le dos le souffle glacé de la mort. Puis, ne me sentant mis en rapport avec l'esprit d'aucun être vivant, j'en conclus que la personne dont on vient de me remettre les cheveux a cessé d'exister (sur terre). Alors au lieu de poursuivre son âme dans l'autre monde, ce qui me ferait entrer en extase, mais ce qui n'apporterait aucune certitude de la réalité de ma lucidité à mes consultants, impuissants à aller constater dans l'éternité la valeur des renseignements que je leur apporterais, j'ai recours à une des facultés que j'ai reconnues à l'âme isolée du corps, celle de pouvoir contempler le passé et de n'être pas plus limitée par les obstacles du temps que par ceux de l'espace ;

je me reporte dans le passé à l'époque de la vie de la personne sur laquelle on désire fixer son attention. C'est ainsi qu'il y a quelques jours j'ai assisté à la mort héroïque de ce pauvre Gaston de Raousset-Boulbon, fusillé sur une terre étrangère par des soldats étrangers ; et, dans ce fait, il n'y avait pas de transmission de pensée, car la personne qui m'avait remis cette lettre ignorait les détails de cette mort courageuse (1). »

Dans son mémoire au quatrième congrès international de psychologie (2), Myers distingue cinq sortes de « trance » ou somnambulisme.

« 1° La trance peut être simulée et les discours tenus entachés de fraude, les faits exacts qu'ils contiennent ayant été appris d'avance ou soutirés sur le moment par des moyens normaux. C'est ordinairement le cas avec les somnambules de profession.

« 2° La trance peut être authentique, mais morbide. Les discours tenus sont incohérents ou présentent d'autres caractères de dégénérescence, même quand ils sont précis et que la mémoire est exaltée. C'est ce qui a lieu dans l'hystérie, la prétendue possession démoniaque, etc. Ce groupe de cas a été analysé admi-

---

1. *Le sommeil magnétique expliqué par le somnambule Alexis*, chap. IX. Dentu, éditeur, 1856.
2. Réimprimé dans les *Proceedings of the S. P. R.*, vol. XVII, p. 67 et suivantes.

rablement : en France par MM. Pierre Janet, Binet, etc. ; en Autriche par MM. Breuer et Freud, etc ; et dans d'autres pays.

« 3° La trance peut être authentique et nullement morbide, les discours tenus cohérents, mais ne contenant aucun fait inconnu du sujet. C'est quelquefois le cas dans l'hypnose ; les « inspirations du génie » peuvent s'approcher de ce type. Le sujet de M. Flournoy, Mlle Smith, en semble un bon exemple.

« 4° La trance peut être authentique, nullement morbide ; les discours tenus peuvent contenir des faits ignorés du sujet, mais connus des personnes présentes ce qui suggère la transmission de pensée ; si ces discours contiennent des faits connus de personnes éloignées, ou des faits existant au loin sous une autre forme, on peut penser à la télépathie ou à la télédiesthésie.

« 5° La trance peut être authentique, nullement morbide ; les discours tenus peuvent contenir des faits ignorés antérieurement du sujet, non toujours connus des observateurs, mais vérifiables. Ces faits semblent communiqués par des individus morts et étaient jadis selon toute probabilité dans la mémoire de ces individus. Cette forme de la trance donne par moments l'impression qu'une personnalité étrangère s'est substituée à celle du sujet. »

Les deux sujets les plus connus appartenant à cette dernière catégorie sont Mme Piper et

Mme Thompson. Tous les deux ont été étudiés avec une patience, un sang-froid, un soin admirable par la Société anglo-américaine pour les Recherches psychiques, principalement le premier. Je ne dirai rien ici de Mme Piper : j'ai résumé dans un livre spécial (1) les études faites sur son cas. Toutefois qu'on me permette un rapprochement : on a beaucoup remarqué l'incohérence et souvent l'inexactitude dans lesquelles tombe Mme Piper sur la fin des séances, quand survient la fatigue, quand, suivant l'expression des « contrôles », la « lumière » s'épuise. La même remarque a été faite avec Alexis qui n'avait pas de prétentions à la médiumnité. Dans un cas cité dans le précédent chapitre, le révérend H. B. Sims dit : « la séance avait maintenant duré environ une heure. L'influence magnétique semblait sur son déclin. Alexis commençait à commettre des erreurs et je ne voulus pas le laisser continuer. » Voici où je veux en venir : il est impossible d'interpréter exactement, de tirer tout le profit désirable de cas comme ceux de Mme Piper ou de Mme Thompson, tant que la lucidité magnétique n'aura pas été étudiée à fond. Si la panesthésie est un fait — et elle est un fait — même des preuves nombreuses d'identité, données par un

---

1. M. Sage. *Mme Piper et la Société anglo-américaine pour les Recherches psychiques*, Leymarie éditeur, 1902.

communiquant, ne sauraient fournir la preuve irréfutable de la survie. Les médiums à trance peuvent parfaitement n'être que des somnambules lucides et leurs « contrôles », que des « types objectivés. » C'est ce que Van Eeden a très bien compris dans son *Rapport sur M*ᵐᵉ *Thompson*, dont je vais citer quelques passages.

Dans mon livre *la Zone-frontière*, ayant à parler incidemment de Mᵐᵉ Thompson, j'ai fait suivre son nom de ces simples mots : *médium de Cambridge*. C'était insuffisant et, de plus, c'était inexact. Mᵐᵉ Thompson naquit à Birmingham, en 1868; son père était architecte. Son mari, M. Edmond Thompson, est un riche manufacturier installé à Hempstead, faubourg du Nord-Ouest de Londres. C'est dire que Mᵐᵉ Thompson n'est pas un médium de profession et qu'elle ne se fait pas payer; elle est en outre une femme très cultivée : ce sont là deux grands points. Elle a accordé un grand nombre de séances à la Société pour les Recherches psychiques, plusieurs centaines, je crois : le monde entier lui en doit de la reconnaissance. Il faut espérer qu'elle continuera et ne se laissera pas décourager par de petites blessures d'amour-propre inévitables : dans la lutte acharnée pour le progrès, chacun de nous doit ce qu'il peut. Nous sommes des soldats sur un champ de bataille : comportons-nous en braves.

Van Eeden dit donc: « Nous savons tous que

notre subconscience est un dramaturge de première force. Nos rêves sont des comédies ou des drames qui nous étonnent nous-mêmes au plus haut point. Nous pouvons commander à des personnes en hypnose de jouer tel rôle que nous voulons, elles s'en acquittent avec un talent et une exactitude surprenants. De cette manière rien ne nous force à croire à la présence d'un esprit, quelque naturel et convainquant que soit son jeu par le médium. Si nous admettons la faculté de la lucidité, qui peut nous procurer des informations sur tout et sur tous, sur tous les lieux et sur tous les temps, sur l'avenir comme sur le passé, quelles preuves un esprit peut-il fournir pour écarter la fatale objection qu'il n'est qu'une création dramatique du cerveau du médium, cerveau ayant à sa disposition des moyens d'information illimités ?

« D'autre part nous ne savons rien sur les conditions auxquelles un esprit doit se soumettre pour agir sur le cerveau humain ; nous ne savons pas davantage si la distance compte ou ne compte pas en cette matière, pas plus que nous ne le savons en matière de télépathie. Donc il est tout aussi difficile de réfuter la seconde opinion qui veut qu'il n'y ait ni télépathie, ni lucidité et que tout soit l'œuvre des esprits. D'après cette seconde opinion, — défendue par des hommes supérieurs comme A. Russell Wallace — des esprits nous entourent en tout temps et en tout lieu, sans cesse occupés à essayer de nous donner des impulsions, des idées ou des fantaisies. Leur influence est agréable ou désagréable, utile ou dangereuse, insignifiante ou merveilleuse, suivant notre impressionnabilité et notre état de santé ou de maladie. Par ce moyen on peut tout expliquer : la télépathie, la lucidité, les phénomènes de la subconscience, même les rêves, les hallucinations et le délire des aliénés. En étudiant les rêves et les troubles de la folie, j'ai souvent eu l'impression vive que certains cas ne pouvaient être dus qu'à des influences mauvaises, agissant de l'extérieur, à des sortes de démons exécutant une machination infernale. Tous les observateurs ont dû être comme moi frappés du fait que voici : très souvent on jurerait qu'un esprit mauvais profite de la faiblesse ou du manque d'équilibre d'un cerveau humain pour lui inspirer toute sorte d'idées ou d'imaginations effrayantes ou grotesques (1). »

Seigneur Dieu ! Ainsi donc ce ne serait pas assez d'être en proie, tous les jours que Dieu fit, aux méchancetés des larves qui traînent un corps, il faudrait encore être exposé aux méchancetés de l'essaim innombrable des larves qui n'en ont plus ! Quelle riante perspective ! Je ne partage guère pour ma part l'opinion de Wallace et des autres spirites ; elle est tout au moins

---

1. *Proceedings of the S. P. R.*, vol. XVII, p. 79-80.

outrée et la vérité, ici comme partout, doit être dans un juste milieu. Mais si par malheur cette opinion était exacte, ce ne seraient pas nos dénégations *a priori* qui l'empêcheraient d'être exacte. Il n'y a qu'à étudier avec indépendance d'esprit, calme et patience pour savoir ce qu'il en est; et soyons persuadés que si nous avons réellement autour de nous des essaims d'êtres invisibles qui nous veulent qui du bien qui du mal, nous trouverons moyen d'attirer les bons et d'écarter les mauvais. Nous sommes nous aussi des esprits; et chaque esprit a en lui une volonté aux puissances infinies pourvu qu'il sache les développer. Actuellement nous pouvons peu, simplement parce que nous savons peu; et nous savons peu par ce que nous sommes méchants nous-mêmes. Il est dans l'ordre de l'Univers que notre pouvoir ne puisse réellement croître qu'avec notre Moralité, malgré des apparences dues à notre vue bornée, qui feraient parfois croire le contraire.

Pour le moment je serais assez disposé à attribuer à la lucidité pure et simple tous les exploits même de Mme Thompson et de Mme Piper. Il y a un fait bien étrange relevé entre autres par Oliver Lodge, et que voici. Un mort se communique par divers médiums et donne avec tous des preuves d'identité. Mais, chose bizarre, avec chacun d'eux il a l'air d'ignorer totalement les autres. Cela s'explique assez bien s'il n'y a pas de communiquant et que chaque médium ne soit qu'un somnambule lucide. Mais si nous voulons à toute force qu'il y ait un communiquant, nous sommes entraînés dans des suppositions à n'en plus finir, dont le moindre défaut est d'être invraisemblables.

D'autre part s'il y a bien vraiment communication avec les morts, une remarque d'Alexis rapportée plus haut expliquerait la présence et l'utilité des « contrôles » qui ordinairement servent d'intermédiaires.

Alexis donne à entendre que pour le somnambule lucide la communication directe avec les morts, sans être impossible, n'est pas facile. Le « contrôle », en se replongeant dans ce monde sans cesser d'appartenir à l'autre, servirait de lien. Les « contrôles » sont presque toujours d'une notoire infériorité au point de vue intellectuel et moral. Peut-être faut-il qu'il en soit ainsi pour qu'ils puissent ravoir quelque chose de commun avec la chair : une larve à peine sortie de son cocon peut rentrer dans un cocon analogue pour un instant ; un papillon ruisselant d'éclat et de lumière ne le peut plus et ne le veut plus.

Bref ce problème passionnant est tout ce qu'il y a au monde de plus complexe et de plus obscur, quoi qu'en pensent certains esprits simplistes. Je suis persuadé que nous le résoudrons, mais il faudra des efforts longs et pénibles et le concours de beaucoup d'hommes. Nous irions plus vite, si nous savions et si nous voulions nous organiser.

CHAPITRE X

La prévision de l'avenir

Difficultés d'admettre le phénomène. — Mais les faits sont là. — Caractères de la prévision. — L'illusion de fausse reconnaissance et la prévision : cas Maricourt ; cas rapporté par Charpignon. — Rêves prémonitoires : cas Haggard ; cas Mme Allay ; cas Mme C. ; cas Carleton ; cas Kinsolving ; cas lady Z. ; cas Thoulet ; cas Coburn ; cas rapporté par Liébeault. — Observations du Dr Ermacora. — La « pressensation organique » ; opinion de Liébeault. Cas S. de Ch. — Cas vérifié par Deleuze. — Cas rapporté par Richet. — Trois autres cas.

De tous les phénomènes psychiques le plus impossible à nos yeux — si toutefois il peut y avoir des degrés dans l'impossibilité — est incontestablement la connaissance de l'avenir. L'avenir, pour nous, c'est ce qui n'est pas encore ; or comment connaître ce qui n'est pas alors que nous avons tant de peine à connaître ce qui a été et même ce qui est ? Évidemment, par la pensée, nous nous rendons vaguement compte, sans comprendre comment, que l'avenir, comme le présent et le passé, existe en Dieu, dans l'Asolu. Mais nous en sommes loin de l'Absolu, bien que nous devions y plonger par les racines de notre être. M. Mœterlinck prétend qu'il suffirait d'un rien, de l'orientation différente d'une circonvolution cérébrale pour que nous contemplions l'avenir comme le passé ; mais, comme il a négligé de nous exposer les raisons sur lesquelles il fonde son étrange opinion, il nous permettra d'attendre pour le croire qu'il ait réparé cet oubli.

Et cependant — les faits sont là pour le prouver — l'homme peut, dans certaines circonstances exceptionnelles et par intermittence, prévoir des événements futurs, plus ou moins éloignés encore. Hasard et coïncidence, dira-t-on ! Non ; pour invoquer le hasard, il faut n'avoir examiné aucun des faits en question. Alors nous ne comprenons pas ; mais s'il n'existait que ce que nous comprenons, il n'existerait rien ou à peu près.

Cette prévision de l'avenir présente deux caractères distinctifs : en premier lieu c'est une intuition ; on dirait d'une révélation ; notre intelligence ordinaire qui déduit d'après les données du présent n'y est pour rien. Ensuite l'homme, quand il a des lueurs sur l'avenir, est toujours dans un état anormal, exaltation ou sommeil ou état hypnoïde. De tout temps on a attribué des facultés prophétiques aux fous, à tous ceux qui sont en proie à un délire quelconque, ainsi qu'à l'homme endormi. Les esprits forts (qui ne sont que des esprits faibles et superficiels) pourront rire tout leur content, les faits demeureront les faits. Tout ce qui tend à relâcher les liens de l'âme avec le corps, met cette âme dans la possibilité de lire par intermittence l'avenir comme nous lisons le passé ; ce qui nous impose la conclusion que l'âme en liberté ne connaît pas le Temps, de même que d'autres faits nous imposent la conclusion que l'âme en liberté ne connaît pas l'Espace.

Évidemment je ne puis traiter à fond un sujet pareil en un chapitre d'un livre comme celui-ci. Je vais tout de suite laisser parler les faits : il y en a un nombre incalculable. Mal observés, dira-t-on ! Non pas tous. Mais en tout cas, messieurs, à qui la faute ? Si, parmi tant de choses que vous savez, vous saviez un peu plus que vous ne savez rien, vous rechercheriez les faits en question et les observeriez soigneusement : tout le monde y gagnerait.

Il est une illusion curieuse dont tous ou à peu près nous avons été victimes quelquefois très fréquemment : l'illusion de fausse reconnaissance. « Nous connaissons tous par expérience ce sentiment qui nous envahit parfois, que ce que nous sommes en train de dire et de faire a déjà été dit et fait antérieurement par nous il y a longtemps ; que nous avons déjà été entourés par les mêmes figures et les mêmes objets, dans les mêmes circonstances. » C'est par ces mots que Dickens définit, dans *David Copperfield*, l'illusion en question.

Les causes du phénomène sont probablement diverses ; de toute façon le sujet est complexe et demanderait à lui seul un gros livre. Je n'en puis donc pas dire grand'chose ici. Mais l'illusion de fausse reconnaissance est très souvent due à des rêves prémonitoires : nous avons assisté une première fois en rêve à la scène qui donne lieu à l'illusion ; puis le rêve a été oublié, mais le souvenir nous en revient parfois au moment de l'illusion. En voici deux exemples.

« Quelquefois, en rêve, dit M. X. H., étudiant, je me vois dans un certain entourage et dans une certaine situation ; le matin je me rappelle vaguement le rêve pendant un instant, puis je l'oublie. Dans le courant du mois, ou à peu près, il m'arrivera de me trouver dans une situation qui ne me paraîtra pas tout à fait nouvelle, quoique je sois sûr de ne m'y être jamais trouvé. Le souvenir de mon rêve me revient alors, et je me rends compte de la ressemblance, quoique le souvenir du rêve soit loin d'être distinct (1). »

Mais parfois le souvenir du rêve revient telle-

---

1. D" E. Bernard-Leroy, *L'illusion de fausse reconnaissance*, p. 113, 1898. Alcan, éditeur. Cas emprunté à F. Osborn.

ment distinct qu'au moment où il apparaît on peut dire ce qui va se passer encore.

« En 1845, raconte M. de Maricourt(1), j'étais au collège de S... où je m'ennuyais beaucoup, souffrant du froid et éprouvant la nostalgie de l'Italie que je venais de quitter. Je rêvai qu'un bateau à vapeur me transportait en Sicile. Les côtes qui avoisinent Naples et dont la silhouette m'était familière, m'apparaissaient découpées en noir et collées sur papier rouge. Jusque-là rien d'extraordinaire. Mais je vis de même les rives de la Calabre et de la Sicile que je ne connaissais pas, le panorama de Messine et les grandes façades de la Marina. Au débarquement un homme en caleçon, coiffé du bonnet rouge phrygien, prit ma malle, et à travers plusieurs rues, me conduisit chez mon père. Deux ans après, j'allai en effet à Messine, où mon père résidait. Le rêve s'était effacé de mon souvenir. Il surgit tout à coup à l'arrivée. En face de la citadelle, je me demandai : « quand donc ai-je vu cela ? » La figure du portefaix indigène qui prit mon bagage me frappa comme celle d'une vieille connaissance. J'étais si sûr de mon fait que je devançai cet homme le long du trajet à travers la ville, et que, spontanément, je m'arrêtai au porche du Consulat. »

1. *Souvenirs d'un magnétiseur*, (Plon éditeur, 1884), p. 251.

On a observé dans l'hypnose des cas tout à fait analogues au précédent.

« En 1838, raconte Charpignon, nous donnions des soins à une dame d'une lucidité très remarquable. Elle était sur le point de faire un voyage très lointain, et il était à craindre qu'elle ne fût dans l'impossibilité de l'entreprendre. Cependant elle trouva moyen de se rétablir assez promptement par une médication très énergique. Ce voyage l'occupait beaucoup dans ses somnambulismes, elle en parlait toujours. Un soir qu'elle était magnétisée en présence de son mari, son corps s'affaisse tout à coup et glisse du fauteuil ; elle pâlit et semble agiter les lèvres. Au bout de quelques minutes, j'étais parvenu à me faire entendre, et elle nous faisait des remarques comme si nous eussions été avec elle dans les lieux qu'elle parcourait. L'extatique était dans un bateau à vapeur, parlait aux passagers, tremblait à cause de la rapidité du Rhône. Lorsque le bateau passa sous un certain pont, elle nous étreignit avec force, tant elle avait peur de ce passage. Puis elle admira les sites de la rive et l'affluence du peuple sur le port où le bateau s'arrêta : « C'est Lyon », dit-elle... Tout à coup elle parle de prairies.... ; elle avait bondi au village où elle se rendait ; elle riait des chapeaux des femmes et n'entendait rien à leur langage. Elle voyait des moutons dans les champs, des montagnes superbes. ... ; puis elle cesse de parler, s'agite, elle est redevenue somnambule, elle a tout oublié.... C'était une vision extatique. Trois mois après elle était revenue réellement de ce voyage, et elle nous donna tous les détails que nous avions enregistrés. Elle avait vu à six cents kilomètres des localités dont elle ne connaissait, lors de son extase, que le nom, sans même savoir de quel côté elles étaient situées (1). »

Il y a des personnes qui ont constamment des rêves prémonitoires, vivant presque en partie double, rêvant la nuit ce qui leur arrivera ou ce qu'elles feront le jour. Ces personnes sont en plus grand nombre qu'on ne pense, comme on s'en apercevra le jour où, le niveau du fleuve de la sottise étant un peu plus voisin de l'étiage, on recherchera ces phénomènes pour les étudier au lieu de les tourner en ridicule. Mais le nombre des personnes, qui ont vu au moins une fois en rêve un événement futur, est encore plus grand.

Une nuit de 1893, M. Haggard, consul britannique à Trieste (Autriche) fit le rêve suivant : il acceptait avec sa femme à dîner chez le consul général allemand. Ils étaient introduits dans une vaste pièce avec aux murs des panoplies

---

1. Charpignon. *Physiologie, médecine et métaphysique du magnétisme*, p. 100 1848. Germer-Baillière, éditeur.

d'armes de l'Est africain (M. Haggard a lui-même habité longtemps l'est de l'Afrique). Après dîner, il examinait ces armes et faisait remarquer au vice-consul de France, qui le rejoignait à ce moment, une belle épée montée en or qui devait être un présent fait à leur hôte par le sultan de Zanzibar. Le consul de Russie survenait sur ces entrefaites, attirait l'attention sur la petitesse de la poignée de cette épée, petitesse qui aurait rendu cette arme inutilisable pour un Européen et, pour appuyer ses dires, il prenait l'arme et faisait un moulinet au-dessus de sa tête. M. Haggard à ce moment s'éveilla et telle avait été l'intensité du rêve qu'il éveilla aussi sa femme pour le lui raconter. Six semaines plus tard le rêve se réalisait dans les moindres détails (1).

Mme Atlay, femme de l'évêque de Hereford, fit l'étrange rêve suivant, très invraisemblable vu les circonstances et par conséquent difficilement attribuable au hasard, le grand *Deus ex machinâ* des matérialistes. L'évêque était absent, Mme Atlay récitait les prières du matin à la famille et aux domestiques dans la grande salle du palais épiscopal. Les prières achevées, elle ouvrait la porte de la salle à manger et voyait un énorme cochon entre la table et le buffet. Au matin elle

1. *Proceedings of the S. P. R.* vol. XI, p. 491 et Myers, *Human Personality*, vol. I, p. 408.

raconte son rêve à la gouvernante et aux enfants. Puis elle dit les prières, entre après les avoir achevées dans la salle à manger et y trouve le cochon qui, s'étant échappé pendant que les prières avaient lieu, était venu là de très loin (1).

Mme C. a une horreur invincible des singes. Une nuit elle rêve qu'elle est suivie avec persistance par un singe d'une espèce qu'elle ne connaît pas. Le lendemain, contrairement à son habitude, elle conduit elle-même ses enfants à la promenade. Pendant qu'elle longe les murs de la résidence du duc d'Argyll, voilà le singe du rêve perché sur une remise ! Mme C. s'écrie : « Mon rêve ! mon rêve ! » Ce cri attire l'attention de l'animal, qui se met à suivre la malheureuse femme, à demi morte de frayeur comme dans le rêve (2). Le singe était d'espèce rare et appartenait à la duchesse d'Argyll.

On voit que les incidents prévus peuvent être sans grande importance : on en prévoit souvent de bien plus insignifiants encore que les deux précédents. En tout cas le lecteur se rend déjà compte que les rêves prémonitoires, comme du reste les autres prévisions, sont loin d'être en général des avertissements. Les cas sont même proportionnellement rares où la prévision a pu être d'une utilité quelconque. La loi qui gou-

---

1. *Proceedings of the S. P. R.* vol. XI, p. 487.
2. *Proceedings of the S. P. R.* vol. XI, p. 488.

verne ces phénomènes nous échappe totalement. Nous ne pourrons l'entrevoir qu'en étudiant un grand nombre de cas, sous toutes les formes où la prévision se manifeste. J'ai commencé ce travail pour mon propre compte : il est intéressant. Mais je n'ai pas encore de conclusions fermes à formuler. En tout cas, si j'en avais, elles ne seraient pas à leur place ici, où je ne pourrais entrer dans les détails qui les motivent. Tout ce que je désire faire dans ce chapitre, c'est de constater l'existence des phénomènes de prévision, sans me préoccuper de leurs enseignements.

Mme Carleton est une de ces femmes à qui rien de désagréable n'arrive sans qu'elles l'aient clairement pressenti d'une manière ou d'une autre. Le 26 mars 1894, elle voit en songe le colonel Coghill sous un cheval, dans une position très dangereuse, dont un grand nombre de personnes s'efforcent de le tirer. Elle écrit son rêve au colonel. Le 30 du même mois, dans une partie de chasse, l'accident prévu se produit presque dans tous les détails (1). Ce rêve n'était pas un avertissement, car ainsi qu'il arrive le plus souvent, la percipiente n'avait pas du tout prévu à quelle occasion l'accident aurait lieu.

M. Kinsolving de Philadelphie rêve qu'il est dans un bois et rencontre un serpent à sonnet-

---

1. *Proceedings of the S. P. R.*, vol. XI, p. 189.

tes ; heureusement il le tue et remarque une malformation de la queue. Le lendemain il va se promener dans les montagnes ; soudain le souvenir du rêve lui revient, juste à temps pour lui éviter de mettre le pied sur un serpent à sonnettes enroulé. Le serpent est tué ; on l'examine : c'est absolument celui du songe (1). Ici le songe a été utile, mais par hasard probablement.

Voici cependant un rêve prémonitoire qui a empêché un sérieux accident. Lady Z. rêve qu'elle est dans son coupé avec son enfant, au nord de Piccadilly. Elle saute sur le trottoir et son cocher, un vieux serviteur, tombe la tête la première sur la chaussée. Le lendemain elle fait pour de bon la même promenade. Au nord de Piccadilly, elle remarque que le cocher est renversé sur son siège et semble tirer sur les rênes. Le souvenir du rêve revient : elle saute hors de la voiture, appelle un agent qui arrive juste à temps pour saisir le cocher dans ses bras et l'empêcher de s'abîmer sur la chaussée. Le malheureux, très fatigué à la suite d'une indisposition, venait de s'évanouir (2).

Les rêves prémonitoires du genre de celui-ci, qui ont empêché un accident autrement inévitable, sont, quoique rares par rapport au nombre

---

1. *Proceedings of the S. P. R.*, p. 405.
2. *Proceedings of the S. P. R.*, p. 407.

total, en très grand nombre. Ils nous imposent une déduction qui, pour notre pauvre entendement, est contradictoire et que voici : bien que l'avenir puisse être prévu dans les moindres détails, l'avenir n'est pas fatal. Tirons-nous de là comme nous pourrons ! Le meilleur moyen de nous en tirer, c'est de devenir plus humbles, d'avoir moins de confiance en notre jugement. Notre entendement est faible, nous ne percevons presque rien de l'Univers ; comment dans ces conditions ne rencontrerions-nous pas de temps à autre des apparences de contradiction ?

M. J. Thoulet, professeur à la Faculté des Sciences de Nancy, était en 1867 à Rivanazzaro, près Voghera (Piémont) avec un ami, M. F. La femme de ce dernier était demeurée à Toulon, sur le point d'accoucher. Un matin, M. Thoulet saute tout à coup du lit, entre dans la chambre de son ami et le réveille en s'écriant : « Tu viens d'avoir une petite fille; le télégramme dit... » Et il se met à lire le télégramme. M. F., sur son séant, écoute. Mais tout à coup M. Thoulet s'aperçoit qu'il était endormi et que le télégramme n'existait qu'en rêve : en même temps ce télégramme, dont il avait lu trois lignes mot par mot, semble lui échapper des mains comme si quelqu'un l'avait emporté tout ouvert. On note aussitôt les trois lignes lues. Huit ou dix jours après le songe, le véritable télégramme arrive: il avait en tous points la forme de celui que M. Thoulet avait vu en rêve et les trois premières lignes étaient mot pour mot celles qu'il avait lues. Le télégramme n'avait été libellé que la veille (1).

Quelquefois le rêve prémonitoire se complique d'éléments qui seront étrangers à la réalité et qui appartiennent au rêve ordinaire par leur absurdité et leur incohérence.

Une nuit de 1875, M. Coburn rêve que sa femme est allée, *à 11 heures du matin*, déjeuner chez une amie qui demeure de l'autre côté de la rivière St-François (Canada). Arrivée chez son amie, Mme Coburn ne trouve personne, revient sur le bord de la rivière et crie à son mari de lui apporter quelque nourriture dans une boîte en fer blanc. Celui-ci traverse la rivière à la nage avec la boîte *dans la main gauche*. En arrivant près d'un banc de gravier, juste à l'endroit le plus profond, la boîte l'attire vers le fond et il avale de l'eau ; il doit revenir à son point de départ, pendant que sa femme voit tout du rivage, en proie à une terrible anxiété. A ce moment le dormeur se réveille. Au matin il sentait encore dans ses muscles et dans son estomac les effets du rêve. Ce jour-là, *à 11 heures du matin*, on l'appelle au secours

---

1. *Annales des sciences psychiques*, 1891 et *Proceedings of the S. P. R.* p. 503.

d'un jeune homme qui se noie dans la rivière. Il accourt, saute dans un canot avec un autre homme, plonge près du banc de gravier et saisit le noyé *de la main gauche*. L'homme demeuré dans le canot, par maladresse, se laisse aller à la dérive très loin de l'endroit où M. Coburn avait plongé, de sorte que le sauveteur eut à lutter terriblement pour gagner un autre canot et avala beaucoup d'eau. Mᵐᵉ Coburn se trouvait sur le rivage avec la foule accourue (1).

Une dame, de la véracité de qui le Dʳ Liébeault de Nancy se porte garant, attendait en 1877 la naissance de son troisième enfant. La nuit qui précéda les couches elle fit un terrible rêve. Toute la chambre lui semblait pleine d'influences mystérieuses et pénibles et un petit être, se détachant dans cette confusion, lui disait : « Je suis venu pour que vous puissiez m'aimer. » Cet être, de la taille d'un enfant de deux ou trois ans, n'avait rien d'humain que le visage, où brillaient deux grands yeux noirs. Elle remarqua aussi l'expression douloureuse de la bouche. Le reste du corps était si pénible à regarder, différait tellement des formes arrondies et des teintes rosées de l'enfance, que la dormeuse se réveilla, angoissée et le cœur battant violemment. L'enfant naquit, bien conformé et en apparence robuste. Mais la mère retrou-

1. *Proceedings of the S. P. R.* vol XI, p 520.

vait souvent dans sa fillette, principalement quand celle-ci était sur le point de pleurer, des traits qui rappelaient fortement l'enfant du rêve. C'étaient, par exemple, les mêmes grands yeux noirs, très doux, mais pleins d'une indéfinissable tristesse. A deux ans et demi, à la suite de la rougeole, l'enfant fut atteinte de granulie, puis de méningite. Pendant la dernière semaine de sa vie, elle était réduite à l'état de squelette et la mère, la montrant à sa sœur, disait : « Hélas ! voilà l'enfant de mon rêve ! C'est ainsi que je l'ai vue la nuit d'avant sa naissance ! » (1)

Quelquefois le rêve prémonitoire semble une révélation qui nous est faite par un esprit invisible. Mais où cet esprit invisible lit-il l'avenir ? Nous n'en savons rien, mais probablement en nous-mêmes. L'homme magique semble connaître, dans les moindres détails, la destinée de l'homme cérébral depuis la naissance jusqu'à la mort. Parfois de vagues lueurs de cette destinée filtrent à l'avance, sous l'influence de causes inconnues, jusqu'à la conscience normale et nous avons la prévision de l'avenir qui nous occupe dans ce chapitre. C'est peut-être à cette filtration soudaine et fréquente, causée par un affaiblissement physique transitoire ou chronique, qu'il faut attribuer ceux des cas de fausse reconnaissance qui ne sont pas dus à un rêve

1. *Proceedings of the S. P. R.*, vol. XI, p. 527.

antérieur. Hélas ! Dans quelles ténèbres nous pataugeons ! Quand donc le divin soleil de la Vérité se lèvera-t-il pour nous ! Voici une belle observation, due au Dʳ Ermacora, où se distingue nettement cette révélation possible, dont je parlais. Pour ceux qui ont lu ma *Zone-frontière* le Dʳ Ermacora n'est pas un inconnu.

Le 7 avril 1894, à 9 h. 30 du soir, Mˡˡᵉ Maria Manzini est à l'état de « trance ». La personnalité appelée Adriano se manifeste et dit au Dʳ Ermacora : « Attirez l'attention du médium sur le rêve qu'elle fera cette nuit et dites-lui d'en prendre note : ce sera un rêve prémonitoire. » Le Dʳ Ermacora fait ce qu'on lui demande ; le lendemain il va voir Mˡˡᵉ Manzini chez elle et trouve écrit sur un carnet approprié ce qui suit : « Nuit 7-8 avril 1894. J'ai rêvé que j'étais dans la rue et, comme il faisait très chaud, je suis entrée dans un café pour me reposer. Il me semblait que c'était le café qui est près du pont de San-Lorenzo. Je pris quelque chose, mais quand il fallut payer, je m'aperçus que j'avais oublié mon porte-monnaie et que je n'avais pas un centime. J'étais si confuse, si honteuse que je m'éveillai. » Le 11 du même mois, le rêve se reproduisit et fut complété. Au réveil Mˡˡᵉ Manzini nota sur son carnet : « Nuit du 10-11 avril 1894. J'ai rêvé que j'étais au café National près du pont de San-Lorenzo ; j'étais toute confuse et ne savais que dire au garçon, parce que je n'avais pas un centime. A ce moment je regardai dans la rue et vis passer une connaissance, Mᵐᵉ Linda Bigoni ; je l'appelai et comme elle avait de l'argent, elle me tira d'embarras ». A des séances subséquentes, on demanda à celle des personnalités qui se manifestait le plus souvent par l'intermédiaire de Mᵐᵉ Manzini, Elvira, à quelle date aurait lieu la réalisation du rêve. Elvira fixa le 31 mai, entre 10 et 11 heures du matin. Ce jour-là le Dʳ Ermacora se déguisa de son mieux et, à 9 h. 30 du matin, alla se poster en observation dans un coin obscur du café national, aussi loin que possible de la porte. A 10 heures précises, Mᵐᵉ Manzini passa devant le café, entra après un moment d'hésitation et demanda un verre de vin de Chypre. Bientôt elle tâta ses poches et devint toute rouge de confusion ; elle regarda au dehors puis dans la salle, tâta ses boucles d'oreille. A 10 h. 17, Mᵐᵉ Linda Bigoni passa devant le café. Mᵐᵉ Manzini se leva vivement et appela Mᵐᵉ Bigoni ; mais celle-ci ne voulut pas venir et continua son chemin. Mᵐᵉ Manzini l'appela alors avec plus d'insistance et Mᵐᵉ Bigoni revint. Les deux femmes échangèrent quelques mots sur le pas de la porte et le Dʳ Ermacora entendit distinctement Mᵐᵉ Bigoni dire : « Et si je n'étais pas passée ! » De l'enquête que fit le Dʳ Ermacora, aussitôt après l'événement, il résulta : que Mᵐᵉ Manzini aurait pu ne pas passer devant le café national, quand l'idée lui vint d'aller voir, dans la vitrine du lithographe Prosperini, les travaux exposés ; que Mlle Bigoni passait très rarement par cet endroit; ce matin-là elle était allée voir une de ses clientes pour qui elle faisait un costume et qui demeurait dans cette direction, mais plus loin ; d'abord elle avait pensé ne faire cette visite que dans l'après-midi ; mais vers les 9 heures du matin elle s'aperçut qu'elle n'avait pas la garniture du costume et, avant de l'acheter, elle résolut d'aller consulter sa cliente. C'est en y allant qu'elle passa devant le Café National et elle montra en effet au Dr Ermacora le modèle de la garniture. C'était tout à fait par hasard que Mme Bigoni se trouvait avoir quelque argent sur elle : ordinairement elle n'en porte pas et le jour précédent elle n'en avait pas. On peut supposer que Mlle Manzini avait tout combiné consciemment, mais les deux derniers détails contrecarrent fortement cette malveillante hypothèse : elle ne pouvait pas prévoir le passage de Mme Bigoni et que celle-ci aurait exceptionnellement de l'argent sur elle. Il aurait fallu une entente préalable entre les deux femmes; or le Dr Ermacora qui connaissait bien Mlle Manzini pour avoir déjà depuis longtemps expérimenté avec elle, assure qu'il n'en fut rien. Du reste cette expérience n'est pas isolée. En voici une autre du même genre.

Le 27 mars 1894, Mme Manzini écrivit sur son carnet : « Nuit du 26-27 mars, 1894. J'ai rêvé qu'on sonnait à la porte de la maison qui ouvre sur la via San-Pietro. J'allai ouvrir et trouvai un homme de haute taille d'environ 40 ans ; il avait un pantalon gris et un pardessus de couleur plus sombre. Il fut très poli et me demanda si je voulais souscrire à la publication d'un roman, en me disant qu'on me donnerait ensuite en prime une paire de boucles d'oreilles. Je refusai parce que je pris tout cela pour une imposture. » Quatre jours plus tard, le 31 mars, le rêve se réalisait à la lettre. Le courtier de librairie n'était arrivé à Padoue, où tous ces événements se passent, que le 29 mars et il y avait des années qu'il n'y était venu (1).

Mais dans ces deux cas, et beaucoup d'autres du même genre sans doute, une difficulté se présente. Mme Manzini est un « médium », par l'entremise duquel plusieurs personnalités de l'au-delà prétendent se communiquer. Si ces personnalités sont réelles, comme le veulent Russell Wallace et les autres spirites, elles peuvent très bien, en agissant par suggestion sur le médium et d'autres personnes, préparer les événements qu'elles annoncent : il n'y aurait donc pas là véritablement de lecture dans l'avenir. Ce

---

1. *Proceedings of the S. P. R.* vol. XI, p. 407 et suivantes.

pourraient être ces personnalités qui ont suggéré : à Mme Manzini l'idée d'aller voir les lithographies de Prosperini ; à Mme Bigoni l'idée d'aller visiter sa cliente vers les 10 heures du matin ; au courtier en librairie l'idée d'aller sonner chez Mme Manzini. Nous n'avons pas pour le moment de données qui nous permettent de résoudre ce problème : si nous recevons des suggestions de la part d'intelligences invisibles, rien ne nous indique où ces suggestions peuvent commencer ou finir. Nous n'avons pas encore appris à distinguer nos pensées propres de celles qui nous seraient ainsi soufflées. Elvira, l'une des personnalités se communiquant par l'intermédiaire de Mme Manzini, semble avoir, au moins en un cas, trahi cette influence de l'extérieur : elle avait prédit une erreur que commettrait Mme Manzini en coupant un costume ; puis elle se rétracta ne voulant pas, disait-elle, causer un dommage au médium ; au contraire elle l'influencerait pour que l'erreur ne fût pas commise.

Le Dr Ermacora a toujours eu cette difficulté présente à l'esprit et bien des cas de prévision rapportés par lui ne semblent pas s'accommoder de cette explication. Mais naturellement nous ne pouvons rien affirmer. L'influence des esprits sur nous est probable dans une certaine mesure, la prévision de l'avenir l'est aussi. Le point serait d'être à même de distinguer ce qui est prévu de ce qui est préparé : nous n'en sommes pas là, puisque nous ignorons si les esprits ont une action sur la matière ainsi que la nature et l'étendue de cette action. Bien des faits semblent établir la réalité de cette action au moins dans certaines circonstances, quand les esprits rencontrent un médium qui leur fournit de l'od pour véhiculer leur volonté. C'est ainsi que se produiraient les phénomènes de télékinésie.

Dans l'hypnose la prévision de l'avenir a été très souvent observée. Mais ce que les sujets prévoient surtout, c'est ce qui doit leur arriver à eux-mêmes; ce sont les péripéties et le dénouement de leur maladie, s'ils sont malades. Cela s'expliquerait sans peine si l'hypothèse que j'ai risquée plus haut, en passant, était exacte: que la destinée de chacun de nous est gravée dans sa subconscience.

L'école de Nancy a souvent rencontré ce genre de prévision. Mais pour Nancy, nous le savons, tout est suggestion. Ces messieurs écriraient presque sur leur chapeau : la suggestion est la matière unique et première dont l'Univers est fait. Liébeault dit à ce sujet : « il est un autre mode de suggestion du sommeil à la veille dont l'effet a lieu longtemps après le réveil. On l'a appelé prévision à cause de son apparence prophétique. C'est parce que les modifications organiques, etc., annoncées par les dormeurs, arrivent avec une ponctualité rare ; et que l'on n'a pas distingué, dans les choses prévues, le mécanisme d'une suggestion à long terme, que des observateurs superficiels ont cru à une faculté transcendante chez les somnambules. Il n'y a pas plus ici de merveilleux que dans les autres phénomènes étranges du sommeil. Prévoir ou pressentir un événement sur un autre ou sur soi, ce n'est pas avoir une prescience de ce qui sera, ce n'est pas deviner l'avenir; c'est par une impulsion propre de sa pensée, développer dans son organisme, pour une époque ultérieure, ce que l'on s'est affirmé sciemment à son insu (sic); ou bien c'est faire naître dans l'organisme des autres la pensée des changements prédits, en s'emparant de leur esprit et déterminant par là en eux, pour le moment futur indiqué, une réaction de leur attention dans le sens de l'idée qu'on leur a formulée... Il est une autre sorte de prévision, ordinairement à court terme, que l'on a remarquée principalement sur les somnambules ; elle est la plus rare et dérive de la faculté qu'ont ces rêveurs de reconnaître des traces encore imperceptibles de maladies en accumulant leur attention vers des organes où ils ne ressentaient rien auparavant. Ils peuvent alors deviner en eux, par ce qu'ils éprouvent, le développement d'une affection pour un avenir prochain. »

On peut citer à Liébeault des cas qui ne s'accommodent en aucune manière de son explication, pour lesquels il faut chercher une autre cause qu'une suggestion du sommeil à la veille ou qu'une hyperacuité de sensation. Si donc son explication n'explique pas tous les cas, pourquoi la considérerions-nous comme étant la vraie, même pour les cas dont elle rend compte à la rigueur ? Pourquoi renoncerions-nous à croire qu'une loi unique gouverne tous les cas ? Quelle étrange aberration de la part des somnambules de se préparer des tortures et quelquefois même la mort pour avoir le plaisir de s'attribuer une faculté qu'ils n'ont pas ? Tous les somnambules lucides ne sont pas des hystériques atteints de la manie des grandeurs.

Mais Liébeault lui-même a rapporté au moins un cas pour lequel son explication ne vaut rien. Nous ne savons pas, il est vrai, si la devineresse prophétisait en état de somnambulisme, ou non; ni si M. Liébeault ne nie la prévision que dans le somnambulisme magnétique.

Le 7 janvier, 1886, il reçut la visite de M. S. de Ch. qui, très préoccupé, venait le consulter et lui raconta ce qui suit. Le 26 décembre 1879, en flânant dans Paris, M. de Ch. lut sur une enseigne : « Mᵐᵉ Lenormand, nécromancienne »; il monta, mû par une malsaine curiosité. Mᵐᵉ Lenormand lui dit : « Vous perdrez votre père exactement dans un an, le même jour que celui où nous sommes. Vous serez soldat, mais pas pour longtemps (M. de Ch. avait alors

10 ans). Vous vous marierez jeune, vous aurez deux enfants et vous mourrez à 26 ans. » Naturellement M. de Ch. n'ajouta pas grand foi à cette prophétie, quoiqu'il en fît la confidence à plusieurs amis. Mais tous les événements annoncés s'étant ponctuellement réalisés, sauf le dernier, et la date fatale approchant, M. de Ch. éprouvait une sérieuse inquiétude. Liébeault, naturellement, conclut à une auto-suggestion qu'il était urgent de détruire et il s'avisa du moyen que voici. Il avait parmi ses somnambules un vieillard de 70 ans, connu sous le sobriquet de « Prophète », parce que ce vieillard avait prédit sa propre guérison et celle de sa fille. Liébeault proposa donc d'interroger « le prophète » et M. de Ch. s'empressa d'accepter. Mis en rapport avec le somnambule, le consultant demanda aussitôt : « Quand mourrai-je ? » Comprenant tout, le somnambule répliqua après une pause : « Vous mourrez....., vous mourrez dans 41 ans. » Ce subterfuge eut un plein effet ; M. de Ch. retrouva toute la sérénité de son esprit et quand fut passé le 4 février — jour anniversaire de sa naissance et qu'il s'était fixé à lui-même comme la date fatale, bien que Mme Lenormand ne l'eût pas fait — il se crut définitivement sauf. Il n'en mourut pas moins le 30 septembre 1886, dans sa 27e année, de péritonite causée par une hernie. Auparavant il avait suivi

un traitement pour des calculs biliaires (1).

Il ne s'agit pas ici évidemment de la fameuse M¹¹⁰ Le Normant, consultée, dit-on, entre autres par Napoléon 1ᵉʳ, laquelle mourut en 1843. Mais, à propos de cette dernière, Deleuze se porte garant d'un fait du même genre. La devineresse annonça à M¹¹⁰ Md. tout ce qui arriva d'important à celle-ci pendant plus d'un an après la consultation. Deleuze dit : « Cette relation a été écrite sous mes yeux par notre amie intime, M¹¹⁰ Md. Dès le lendemain de sa visite chez M¹¹⁰ Le Normant, elle nous raconta tous les faits qui y sont mentionnés et dont j'affirme la vérité et l'exactitude. » Puis plus loin : « Notre amie n'a certainement rien exagéré. On ne peut douter de la justesse de son esprit, et elle était fort étonnée, car elle ne croyait pas à la faculté de prévision. » On trouvera les détails dans la compilation de faits, dont M. S. Mialle a fait suivre le Mémoire de Deleuze sur la faculté de prévision (2). M. Mialle a été aussi l'un des collaborateurs de Foissac, dont il eut, paraît-il, beaucoup à se plaindre.

M. Ch. Richet a observé un cas de lucidité où la prévision apparaît plus d'une fois. Voici des extraits d'une lettre qu'il écrivait à Myers, le 8 mars 1889 : « J'interroge à plusieurs repri-

1. *Proceedings of the S. P. R.* vol. XI, p. 528.
2. Crochard et Cie éditeurs, 1836. Paris.

ses Alice sur la santé de M. F. A. (beau-père de M. Richet). J'avoue que je le croyais absolument perdu et, un jour entre autres, en février 1888, j'ai interrogé Alice ; elle m'a dit : « *Ne vous inquiétez pas !* » *Pour ma part je croyais que M. A. ne vivrait plus que huit jours. De fait, contrairement à ce que je pensais et ce que pensaient tous les médecins, il a à peu près guéri....* » A diverses reprises (peut-être trois ou quatre fois) j'ai demandé à Alice de me parler de lui... Elle m'a dit : « Ne vous inquiétez pas ; je vous en parlerai. » Le jeudi 7 mars, à une heure de l'après-midi, dès que j'ai endormi Alice, elle m'a dit (ce sont ses paroles textuelles que je copie d'après la sténographie que j'ai prise) : « J'avais hâte de vous voir ; je voulais
« vous voir hier pour vous parler de M. A. Ou
« il est plus souffrant, ou il va avoir une crise ;
« de la fièvre, de l'altération, de la fatigue. Quel
« mauvais moment ! Le mal s'aggrave, il est très
« abattu. Il ne faut rien attendre pour cette crise
« là. (Cela signifie que la crise ne se terminera
« pas par la mort). Il ne pourra pas bouger ni
« faire un mouvement. La douleur est surtout dans
« les reins, à gauche, et très forte. Ce ne sera pas
« la dernière crise. Il la supportera encore. *Elle
« aura lieu avant peu, dans deux ou trois
« jours.* Elle sera plus forte que toutes celles
« qu'il a eues depuis un an. *Le moment appro-
« che. Il souffrira moins à la fin. Il mourra*

« *au moment où vous ne vous y attendrez pas ;*
« *ce n'est pas dans une crise qu'il mourra. Il ne*
« *pourra pas prendre d'aliments, on lui mouille*
« *les lèvres....... Il avait peur de mourir ; main-*
« *tenant c'est bien changé et il est plus indiffé-*
« *rent.* » (1)

M. Richet se porte garant qu'Alice n'avait pu acquérir normalement la connaissance d'aucun de ces détails, qui étaient ou furent tous vrais. La crise qu'elle annonçait, dans la phrase soulignée, comme devant avoir lieu dans deux ou trois jours, venait en réalité d'avoir lieu. Mais le reste, que j'ai souligné aussi, ne s'était pas encore entièrement réalisé, autant du moins qu'on peut en juger d'après la lettre assez confuse de M. Richet.

Il y a ici une particularité, fort souvent observée du reste, qui est pour nous de la plus haute importance : la somnambule confond le passé, le présent et l'avenir ; elle localise mal les événements dans le Temps. Or nous savons par ailleurs, sans pouvoir le comprendre, que l'âme hors de la chair ignore le Temps comme l'Espace. Nous avons ici une preuve de plus que l'hypnose, et partant tout sommeil, est un commencement de désincarnation.

Dans cette observation de M. Richet on ne peut pas invoquer la suggestion. Les matéria-

1. *Proceedings of the S. P. R.* vol. XI, p. 358.

listes devront donc invoquer une fois de plus leur grand Dieu Hasard et sa féconde épouse Coïncidence.

Mais, — on ne saurait se le dissimuler — la plupart des cas de prévision bien observés dans l'hypnose proprement dite appartiennent à ce que Charpignon appelait la « pressensation organique » dont Liébeault fait une auto-suggestion post-hypnotique. Inutile d'en citer des exemples ici. Pour moi je ne crois pas à cette auto-suggestion et j'ai dit pourquoi. Mais de nouvelles observations sont vivement désirables. Voici encore trois exemples où la suggestion n'est pour rien, mais comme je ne puis en garantir l'authenticité absolue, je me bornerai à les résumer en quelques mots, au moins les deux premiers.

Eschenmayer rapporte qu'une somnambule — deux même, mais avec la deuxième il peut y avoir eu transmission de pensée, parce que les consultants connaissaient la première prophétie et cherchaient à la contrôler — annonça en 1812 la mort du roi de Wurtemberg pour la fin d'octobre 1816. Cette mort eut bien lieu, en effet, à la date prédite (1).

Les mariages, dit le proverbe, sont écrits dans le ciel. Nork rapporte un cas qui le ferait

---

1. F. Nork. *Ueber Fatalismus*, Weimar, 1840, édit. B. F. Voigt, p. 143.

croire. Un jeune homme en somnambulisme lucide vit sa fiancée qui vivait dans une autre province et que ni lui ni ses parents ne connaissaient encore. Il indiqua son nom, son lieu de résidence, dépeignit ses traits, son costume et donna d'autres détails (1).

« Pétronille, somnambule de M. Georget, dit à M. Londe, médecin, que dans quinze jours il aurait une affaire d'honneur et serait blessé. Celui-ci consigne le fait sur son agenda. Au bout de la quinzaine, il se trouve en effet engagé dans une discussion avec un de ses confrères, et obligé de se battre. Il reçoit un coup d'épée ; et pendant qu'on le ramène chez lui en voiture, il tire son agenda de sa poche et montre à son heureux adversaire la prédiction qui lui avait été faite. (2) »

1. Nork, *op. cit.*, p. 149.
2. *Exposé des cures opérées par le magnétisme*, t. I, p. 258 *note* et S. Mialle *dans sa compilation à la suite du Mémoire de Deleuze sur la faculté de prévision*, p. 156.

CONCLUSION

Le matérialisme. — Exposé par M. Ch. Richet de la conception matérialiste de l'âme. — Cette conception est aujourd'hui insoutenable. — Hypothèses que les faits nous imposent. — Raisons pour lesquelles l'immortalité n'est pas inadmissible. — La monade.

Nous voici arrivés au bout de notre course. La route aura été longue pour vous, cher lecteur, que je n'ai peut-être pas su intéresser et pour moi, qui ai peu de souffle. Il convient maintenant de jeter un coup d'œil en arrière et de voir quelles conclusions se dégagent des faits et des raisons examinées. Mais auparavant résumons l'hypothèse matérialiste sur la nature de l'âme, hypothèse absurde et qui retarde aujourd'hui les progrès de la science. Toutefois, ne soyons pas injustes : le matérialisme a été utile et l'est encore pour combattre les religions et leur prêtraille qui a déifié tout ce qu'il y a de plus bas dans le cœur de l'homme et qui est prête à tout pour maintenir quand même son vampirisme immonde sur l'humanité. Le matérialisme moderne est la première doctrine où la Raison affirme tous ses droits : il a paru comme une traînée de lumière au milieu des ténèbres, au grand désespoir des oiseaux hideux de la nuit; certes, notre raison est faible encore, vacillante, mais la flamme s'en avivera plus tard, quand elle aura déjà brûlé depuis longtemps : soyons tranquilles, l'huile n'est pas près de lui manquer.

Mais actuellement, au tournant de l'odyssée de l'humanité où nous sommes parvenus, un nouveau danger a surgi, qu'il faut conjurer avant qu'il ne devienne plus grand. Le matérialisme s'organise en religion nouvelle et il a déjà, lui aussi, toute une prêtraille qui veut s'imposer à nous en nous l'imposant. Le matérialisme est en train de nier ce qui a fait sa force : la libre pensée. Aujourd'hui : « Je suis un libre penseur » ne signifie pas du tout, comme on pourrait le croire : « Je suis un esprit indépendant, conscient de sa faiblesse, mais aussi de sa force, affamé de vérité et bien persuadé que le travail et la raison seuls conduisent à la vérité ; » non, cela signifie : « Je suis un monsieur tout à fait sûr que l'Immortalité de l'âme et tout ce qui s'ensuit ne sont que des balançoires ; et je veux que tout le monde en soit sûr comme moi, sinon je me fâche et sérieusement. » Défions-nous des gens qui sont

si sûrs de leur fait en ces matières difficiles !
Ils mordent.

Au lieu de faire moi-même un résumé de la doctrine matérialiste sur l'âme, résumé qui pourrait sembler suspect puisque je n'admets pas cette doctrine, je n'ai qu'à l'emprunter à un homme qui, lui, ne sera pas suspect, qui est ou a été matérialiste par droit de naissance, M. Ch. Richet. Il dit : « En passant en revue les conditions physiologiques du système nerveux, nous avons vu que la vie psychique suit rigoureusement, pas à pas pour ainsi dire, les affections de son organe. Tout ce qui agit sur le système nerveux agit sur la vie psychique. Or, comme les agents physico-chimiques, c'est-à-dire le sang, l'oxygène, l'acide carbonique, les poisons, la température, l'électricité sont seuls capables d'agir sur le système nerveux (au moins d'après les données scientifiques actuelles), il s'ensuit que la vie psychique est soumise aux actions physico-chimiques. Cela est évident pour tout ce que nous venons de montrer. *Donc, comme, depuis l'immortel Lavoisier, on sait que les phénomènes physiologiques sont physico-chimiques, il s'ensuit que les phénomènes psychiques, sont, eux aussi, physico-chimiques, au même titre que la lueur d'une lampe ou la force électro-motrice d'un couple voltaïque.* La base de la psychologie est donc la connaissance des lois qui régissent le système nerveux. De même que, dans l'histoire de l'électricité, on commence par étudier les conditions d'existence de la pile qui produit la force, de même, dans la psychologie, il faut d'abord étudier les conditions d'existence de *l'appareil qui produit l'intelligence.* » (1) Puis plus loin, dans la conclusion du même ouvrage : « On peut comparer tout animal à un mécanisme explosif, mécanisme d'autant plus parfait que l'intervention d'une force de plus en plus faible pourra déterminer une explosion de plus en plus forte. L'origine de la force pour les cellules vivantes, qu'il s'agisse de cellules nerveuses ou musculaires, est vraisemblablement d'origine chimique. *Cela établit une analogie complète entre les cellules vivantes et les corps explosifs...... La vie est une fonction chimique...... L'intelligence semble donc être un mécanisme explosif avec conscience et mémoire.* » (2)

C'est simple, prodigieusement simple. On voit combien il était inutile d'aller chercher midi à quatorze heures et de tant se casser la tête sur la nature de l'âme. Qu'est-ce que l'homme ? — Une âme unie à un corps. — Mais non, l'homme est un pistolet automatique et ambulant, faisant feu à tout propos et même hors de propos. Une idée, c'est le pistolet qui tire un coup ! Il y a des coups plus forts que les

1. Ch. Richet. *Essai de psychologie générale*, 3ᵉ édition. Alcan édit. 1898, p. 56.
2. Ch. Richet, *op. cit.*, p. 173 et p. 175.

autres et ces coups-là ce sont les idées d'infini, de justice, de vrai et de beau, nos aspirations insatiables quoique obscures vers l'absolu. Toutefois, depuis que M. Richet a écrit ce livre — j'ai entre les mains la troisième édition qui est de 1898, mais la première doit remonter assez haut — il a cheminé par bien des chemins et je crois bien qu'il a laissé aux ronces de ces chemins à peu près toute sa toison matérialiste. Mais si M. Richet s'est dépouillé de cette boueuse toison, il y en a assez d'autres qui l'arborent toujours et qui en sont tout fiers.

Pour continuer à soutenir les idées exprimées par M. Richet dans le passage cité, il faut nier tous les faits dont j'ai traité dans ce livre et une infinité d'autres. Nos pontifes s'acquittent de ce soin en conscience, mais leurs dénégations rencontrent tous les jours plus d'obstacles, les témoignages se faisant chaque jour plus nombreux. Et il est remarquable combien ces mêmes pontifes en d'autres matières sont peu exigeants : il est dans la science tel fait sur lequel on bâtit comme sur un roc depuis nombre d'années, qui n'a été observé que par un seul homme, dans de très mauvaises conditions. Bien entendu tout ce qu'ils font, tout ce qu'ils disent est définitif. Et quand ils ne peuvent plus rien faire ni rien dire, c'est qu'il n'y a plus rien à faire ni à dire. N'est-ce pas M. de Freycinet qui, il y a quelques années, proclamait au parlement que la physique est une science achevée où il n'y a plus à faire que des découvertes de détail ? Or M. de Freycinet est un savant en outre d'un parlementaire. Dans cinquante ans, si quelqu'un lit cette déclaration, il aura une haute idée de l'esprit de M. Freycinet. Car que restera-t-il alors de la physique d'aujourd'hui ?

Si l'on veut accepter — sous bénéfice d'inventaire, c'est entendu — les faits dont j'ai traité et les autres du même genre, voici les seules hypothèses — je dis bien hypothèses — qui puissent les faire comprendre :

I. — L'âme est distincte du corps.

II. — Le corps, loin de favoriser les activités et les manifestations de l'âme, entrave et limite ces activités et ces manifestations.

Ce seront là les conclusions de ce livre. Ces conclusions sont, je le répète, des hypothèses et non des dogmes. Si demain d'autres faits viennent les détruire, je les abandonnerai aussitôt, dussent tous les spiritualistes de la Création me hurler aux trousses. Je tiens beaucoup à être un esprit — immortel, si possible — mais je tiens davantage à être libre et à penser par moi-même. J'ignore mes destinées futures, mais ce que je sais bien, c'est qu'ici-bas il n'y a de dignité pour mon esprit que dans l'indépendance et l'usage de ma raison.

Mais si ces conclusions sont vraies, prouvent-elles l'Immortalité de l'âme ? Je n'ai pas cherché à faire cette preuve. Je puis dire cependant que cette immortalité me semble infiniment probable. S'il est une loi bien établie par l'observation et par elle-même évidente, c'est celle-ci : rien ne se perd, rien ne se crée. Si on ne peut pas détruire la moindre parcelle d'énergie mécanique, pourquoi voulez-vous qu'on puisse détruire une âme qui est une énergie supérieure ? Pourquoi la nature serait-elle si avare des choses de peu de valeur et si prodigue de ses joyaux ?

Puis, si l'âme est distincte du corps, plus rien ne nous empêche d'avoir confiance en notre sens intime, qui nous affirme que l'âme est *une* qu'elle est une monade, c'est-à-dire quelque chose d'indestructible. Détruire, c'est désagréger un agrégat ; on ne peut pas détruire ce qui est un. L'homme cérébral peut-il concevoir cette âme une ? Très imparfaitement, sans doute, mais un peu tout de même. « Faraday, dit Crookes, réfléchissant sur les atomes de Lucrèce, infiniment petits, durs et impénétrables, ainsi que sur les forces ou formes de l'énergie qui leur appartiennent, fut amené à rejeter totalement l'existence du noyau et à ne plus envisager que les forces ou formes de l'énergie qu'on associe ordinairement à ce noyau. Il en vint à cette conclusion que non seulement les atomes peuvent de toute nécessité se pénétrer mutuellement, mais encore que chacun d'eux emplit l'Espace tout entier, si je puis m'exprimer ainsi, tout en conservant toujours son centre individuel de force.

« Cette manière de concevoir la constitution de la matière que Faraday préférait à l'opinion courante est exactement la manière dont je me représente la constitution d'un être spirituel. Cet être serait un centre d'intelligence, de volonté et d'énergie pouvant pénétrer tous les autres, emplissant en entier ce que nous appelons l'espace, tout en conservant son individualité propre, la persistance de son moi et sa propre mémoire (1). »

Si Crookes avait ajouté : emplissant en entier non seulement ce que nous appelons l'Espace, *mais encore ce que nous appelons le Temps*, sa conception aurait été complète et aurait couvert tous les faits.

C'est, à peine modifiée, la géniale conception du plus grand penseur qui fut jamais peut-être, plus grand que Kant lui-même, de Leibnitz, la conception de la monade. Il n'y aurait dans l'Univers que des monades en évolution ; l'atome matériel et l'âme humaine ne seraient que des monades très distantes sur l'échelle de l'évolution. Nous retombons ainsi dans le monisme,

---

1. William Crookes, *Discours récents sur les Recherches psychiques*, traduits par M. Sage. Leymarie édit. 1903, pp. 15-16.

mais un monisme un peu moins puéril que celui d'Haeckel et de ses disciples. Mais l'évolution, en quoi consisterait-elle ? Dans la découverte progressive de l'absolu, de Dieu, de la grande Monade, découverte s'effectuant à travers une série peut-être infinie d'illusions ou mayâs, nos mondes. Ces illusions auraient toutefois un substratum réel : les monades et leurs cogitations. Bref il n'y aurait que des âmes et des pensées : tout le reste serait illusion pure.

Je crois que nous pouvons agir, l'âme sereine : nos aspirations infinies sont autre chose qu'une suprême méchanceté de la nature.

ADDENDUM

L'éducation de la Volonté et l'auto-hypnotisme.

Avez-vous une volonté forte? — Le véritable homme de volonté. — On peut se refaire soi-même en entier. — Exposé des moyens à employer : l'auto-hypnotisme.

Pendant que j'écrivais ces pages, il m'est tombé entre les mains un ouvrage anglais très intéressant, intitulé : *Avez-vous une volonté forte ?* (1) L'auteur est un vieillard qui a beaucoup vu, beaucoup observé, beaucoup pensé, beaucoup retenu et beaucoup écrit. Le livre dont je parle est une causerie d'une saveur infinie, de ces causeries de vieillard où les mêmes idées reviennent souvent, mais des idées si sages exprimées avec tant de grâce qu'on ne s'en lasse pas.

---

1. Charles Godfrey Leland (Hans Breitmann) *Have you a strong Will ?* George Redway, édit. Londres, 1899.

Cet ouvrage ne contient guère que deux idées, au moins que deux idées qui soient originales. Mais c'est déjà beaucoup. On peut les compter, les ouvrages qui contiennent deux idées vraiment originales, surtout d'une portée aussi grande que ces deux-là. Combien même y a-t-il d'hommes qui, dans le courant de toute une longue vie, ont eu deux idées originales? Je tiens donc à faire profiter mon lecteur des deux idées exprimées dans l'ouvrage en question. Je vais les exposer de mon mieux, brièvement.

Une volonté forte est d'une utilité grande et la vie, qui se complique tous les jours, la rend et la rendra de plus en plus indispensable. A cela personne ne contredira. Mais d'abord il faut s'entendre sur ce qu'est la volonté. Parmi les sots l'absence de scrupules passe ordinairement pour de la volonté. Le vulgaire appelle hommes de volonté principalement les hommes de rapine et de sang, les enfants du vol, les détrousseurs de la veuve et de l'orphelin, les architectes des grands syndicats d'accaparement, les promoteurs sans entrailles de vastes brigandages, les égoïstes audacieux et dépourvus de conscience. Ce ne sont pas là vraiment des hommes de volonté. Lorsque Mutius Scaevola mit sa main dans le feu, on n'aurait pas beaucoup admiré son courage, si on s'était aperçu que sa main était naturellement insensible à la douleur. Si vous n'avez pas de sens moral, il est évident que vous pourrez faire beaucoup de choses qu'un autre homme ne ferait pas. Il y a encore une autre sorte de gens qui passent à tort pour avoir beaucoup de volonté : ce sont ces lourdes et grossières natures inaccessibles à l'émotion. Oh ! certes, oui ; ils peuvent avoir le courage admiré des romanciers, affronter une tempête, un duel, un incendie, mais un bœuf ferait tout cela mieux qu'eux. Enfin beaucoup trop de personnes confondent la volonté avec l'entêtement, l'entêtement stupide de l'âne.

Le véritable homme de volonté est l'homme accessible à toutes les impressions physiques et morales, mais sachant résister à toutes, discutant les motifs de ses actions en toute liberté, cherchant la voie du bien et suivant cette voie sans défaillance quand il l'a découverte. La véritable volonté est libre.

L'homme de volonté se possède avant tout soi-même.

Velut rupes vastum quæ prodit in æquor
Obvia ventorum furiis, expostaque ponto,
Vim cunctam atque minas perfert cœlique marisque,
Ipsa immota manens.

Pareil au roc qui, s'avançant dans l'océan, en butte aux fureurs des tempêtes, exposé aux flots, résiste à tous les efforts et aux menaces du ciel et de la mer, immobile.

Montaigne qui cite ces vers de Virgile les fait suivre de ce lâche conseil : « C'est trop dur et trop pénible pour nous ; laissons ces grands efforts aux Caton et tenons-nous autant que possible à l'écart des tempêtes ». C'est malheureusement un conseil impossible à suivre. La Vie, c'est la Tempête elle-même : il n'y a d'abri contre elle que dans la mort et nous n'avons pas le droit de nous y réfugier de nous-mêmes. Bon gré mal gré il faut attendre le moment où on nous appellera dans ce port.

Montaigne et un grand nombre d'autres avant et après lui croyaient que cet empire sur soi-même ne peut être acquis que par des efforts désespérés, surhumains. C'est là l'erreur. Toute âme contient en elle-même des réserves inépuisables de cette force des forces qu'est la volonté. Cette force est à l'état latent chez la plupart. Mais on peut la faire sortir de cet état latent en sachant s'y prendre et, pour cela, les grands efforts nuisent plus qu'ils ne servent. Ce qu'il faut, c'est la conscience de son pouvoir et de la persévérance.

« Réduit à son principe le plus simple, l'hypnotisme, comme la fascination, est l'action d'un esprit sur un autre esprit, ou d'un esprit sur lui-même, de manière à produire une croyance, une action, un résultat bien déterminés. » Le magnétiseur qui guérit un malade par suggestion ne transmet aucun pouvoir, aucune force à ce malade. Que fait-il donc ? Il éveille la force qui est à l'état latent chez le malade. Mais si nous sommes bien persuadés que cette force est en nous, ne pouvons-nous l'éveiller nous-mêmes et nous passer de magnétiseur ? Nous le pouvons. Il faut pour cela trouver un moyen de faire pénétrer dans notre subconscience l'idée salutaire avant que d'autres idées contraires, soient venues la détruire dans le champ de la conscience normale. L'affirmation à nous-mêmes de cette idée suffit quelquefois, quand elle est souvent répétée. Mais il est bien évident que si nous pouvions pénétrer notre esprit tout entier de cette idée, au moment où la conscience normale s'obnubile et où un coin de la subconscience apparaît, nous réussirions plus sûrement et plus vite. C'est en cela que consiste l'idée principale de notre auteur. Le sommeil et l'hypnose, nous le savons, diffèrent en profondeur, mais sont de même nature. « J'ai vérifié par l'expérience, dit-il, que si le soir, quand nous nous préparons à nous endormir, nous résolvons avec calme quoique fermement que le jour suivant nous ferons telle chose, quelle que soit cette chose, ou que nous serons dans tel état d'âme, si alors nous emportons cette idée dans notre sommeil, elle s'exécutera le lendemain, même si nous l'avons oubliée au réveil. En persévérant nous obtiendrons de merveilleux résultats. » Et c'est vrai, je puis m'en porter garant moi-même ; j'en ai essayé.

Le soir, donc, au lit, avant de vous endormir, recueillez-vous. Portez successivement votre attention sur toutes les parties de votre corps et, partout où vous sentirez la moindre crispation, faites-la cesser doucement par la volonté ; la première fois ces crispations reviendront peut-être aussitôt, mais, au bout d'un certain nombre d'essais quotidiens, elles ne reviendront plus.

Puis commandez à la folle du logis de se tenir tranquille : faites le vide dans votre esprit. Si vous êtes un de ces nerveux qui ne sont plus maîtres de leur pensée, dont le cerveau bouillonne sans cesse à tort et à travers, vous aurez quelque mal pour commencer. Mais persévérez, ne vous découragez pas, vous finirez par réussir.

Restez ainsi quelques instants, l'esprit vide et calme. Puis absorbez-vous doucement et longuement dans l'idée que vous voudriez voir devenir une réalité ; soyez persuadé qu'il ne tient qu'à vous qu'elle le devienne. Emportez cette idée dans votre sommeil, si vous le pouvez ; tout au moins conservez-la tant que vous êtes maître de votre esprit, jusqu'au moment où la troupe folle des illusions hypnagogiques commence à danser. *Mais ne discutez pas, ne raisonnez pas cette idée, ne lui donnez pas de concurrente ; emplissez d'elle seule votre esprit tout entier.*

Persévérez longuement, des mois, toujours : faites de ce procédé une habitude. Vous obtiendrez ainsi, je vous l'assure, de merveilleux résultats. Vous pouvez ainsi vous refaire tout entier physiquement aussi bien que moralement, réaliser l'idéal d'homme que vous avez conçu.

Ne vous suggérez qu'une idée à la fois. Pour être forte, une idée a besoin d'être seule. Vous passerez à une deuxième, quand la première sera devenue une réalité.

Avez-vous une volonté faible, pensez ainsi d'avance, le soir, aux choses que vous désirez. Veuillez-les doucement avant de vous endormir. Au bout d'un certain temps vous serez tout surpris de vous trouver en toute affaire une calme énergie, que vous ne vous connaissiez pas.

Êtes-vous timide, pensez aux démarches que vous avez à faire et qui vous coûtent. Veuillez les faire avec tout votre sang-froid ; et petit à petit votre timidité disparaîtra.

Avez-vous peu de mémoire, repassez dans votre esprit les choses que vous désirez retenir. Non seulement vous vous rappellerez mieux ces choses le lendemain, mais peu à peu votre mémoire acquerra les qualités qu'elle n'avait pas.

Comprenez-vous difficilement, réfléchissez à ce qui vous est obscur, mais doucement, sans vous casser la tête ; dormez dessus, comme dit le vulgaire, et souvent le lendemain vous comprendrez si aisément que vous vous demanderez où diable vous étiez allé chercher les difficultés. Petit à petit votre intelligence acquerra une acuité dont vous ne l'auriez pas crue capable.

Avez-vous l'esprit bourrelé de phobies, de ces craintes absurdes qui nous torturent comme des démons, chassez-les le soir, pénétrez-vous de l'idée qu'elles ne doivent pas revenir et petit à petit la théorie grimaçante de ces gnomes hideux vous quittera.

Travaillez-vous avec peine et fatigue, endormez-vous chaque soir avec l'idée que le lendemain vous travaillerez sans peine ni fatigue jusqu'au soir ; au bout d'un certain temps vous serez vaillant à la besogne et celle-ci vous coûtera peu.

Avez-vous une maladie organique quelconque, portez doucement votre attention sur l'organe atteint, non pour vous désoler, comme tant de malades le font, mais pour vous représenter autant que possible cet organe sain. Dormez chaque soir sur l'idée qu'il sera bientôt sain, et il sera bientôt sain.

Cela suffit comme exemples. Mais souvenez-vous, mon lecteur, que vous pouvez par ce moyen réaliser en vous ce que vous voulez.

Au fur et à mesure que vous développerez ainsi vos énergies latentes, vous deviendrez moins accessible à la suggestion étrangère, plus libre, plus maître de vous-même.

Et quand vous aurez acquis cette parfaite possession de vous-même, vous serez vraiment un homme de volonté. Une force et une vertu rayonneront de vous, à votre insu, et domineront. Avis à vous, magnétiseurs.

Mais n'oubliez jamais que qui dit Volonté dit Calme; que Colère, Rage et Violence sont Faiblesse et non Force, Impuissance et non Volonté.

Donc, en trois ou quatre mots, voici encore les deux idées de notre vieil ami :

1° La volonté se développe non par de violents efforts, mais par une longue persévérance.

2° On peut se suggérer à soi-même ce que l'on veut à condition de savoir s'y prendre et de ne pas se décourager.

Pénétrez-vous-en bien, mon lecteur, et vous nous remercierez tous deux: lui d'abord de les avoir conçues ; moi de vous les avoir transmises.

Nous avons ici l'explication de l'efficacité, indéniable en bien des cas, de la prière. Celui qui prie avec foi, s'auto-suggestionne; le dieu qui vient à son secours est en lui-même, mais la prière demande une crédulité qui n'est plus heureusement le lot de tout le monde.

TABLE DES MATIÈRES

	Pages.
Avant-Propos	7
Considérations préliminaires	9

Chapitre I. — *Le Sommeil naturel.* — État physiologique et psychique du dormeur. — Causes du sommeil. — Pourquoi le sommeil repose. — Distinction entre les rêves et les songes. — Le rêve : ce qu'il est, ses causes 20

Chapitre II. — *L'Hypnose.* — Les hypothèses matérialistes en magnétisme. — L'école de la Salpêtrière et ses théories. — Ce qu'a voulu Charcot. — Les procédés de la Salpêtrière. — L'école de Nancy. — Moyens de produire l'hypnose et de la faire cesser : la suggestion ; les passes. — Preuves de l'existence de l'od ou « fluide » des magnétiseurs : la volonté est véhiculée sur l'od ; opinion du Dr Roux (de Cette) ; on endort et on guérit les animaux par le magnétisme ; on accélère la végétation des plantes ; expérience de Ch. Lafontaine. — Les magnétiseurs. — Les degrés de l'hypnose. — La narcose 61

CHAPITRE III. — *La Suggestion*. — Les magnétiseurs et la suggestion. — Qu'est-ce que la suggestion ? — La suggestibilité suivant les états de veille ou de sommeil et suivant les individus. — Manière de donner les suggestions thérapeutiques. — Ce qu'est réellement une maladie. — L'écriture automatique et ses sources. — Les bornes de la suggestion. — Suggestions post-hypnotiques. — Les obsessions. — Les illusions et hallucinations dans l'hypnose. — Révélation dans l'hypnose de facultés cachées. — Conclusion 03

CHAPITRE IV. — *La Diesthésie*. — Définition du mot. — Hyperacuité sensorielle. — Les sourds-muets et les aveugles. — Les sourciers. — Trois cas de diesthésie dans le sommeil naturel. — La transposition des sens. — La diesthésie dans le somnambulisme naturel : cas Janicaud. — Dans les désintégrations de la personnalité. — Dans l'hypnose : cas divers. — Innéité et inconstance de la lucidité. 132

CHAPITRE V. — *La Télédiesthésie*. — Explication du terme. — La télédiesthésie ne peut être un phénomène cérébral. — La télédiesthésie dans le rêve : cas Squires ; cas Warburton ; cas Hilda West ; cas Crewdson ; cas Drummond Hay ; cas Hamilton. — La télédiesthésie dans le somnambulisme naturel : cas Janicaud ; cas Honorine X... — La télédiesthésie dans la maladie : cas de Mme Schmitz ; cas Clémence ***. — La télédiesthésie dans l'hypnose : cas de Mme de Maricourt ; trois cas observés par Charpignon ; cas de Miss Scotow. — Difficulté en bien des cas de distinguer la télédiesthésie de la lecture de pensée. — Deux cas rapportés par Alphonse Karr. 164

Chapitre VI. — *Les facultés intellectuelles.* — Résumé de la théorie qui semble se dégager des faits. — La mémoire dans le sommeil naturel : son exaltation ; souvenir d'actions faites dans l'hypnose revenant dans le rêve ; l'inverse ; l'amnésie disparaissant dans le rêve, exemples ; fausses interprétations de la cryptomnésie. — La mémoire dans le somnambulisme naturel : cas Janicaud. — La mémoire dans le somnambulisme provoqué : cas rapportés par Ch. Lafontaine et le Dʳ Dufay. — L'émotivité dans l'hypnose. — Le travail intellectuel dans le sommeil naturel ou artificiel : exemples divers ; cas Lamberton ; cas Hilprecht ; cas d'Espérance. — Dans l'hypnose nous pouvons assister au travail subconscient ; exemples. — Un passage de M. Ribot. — Un passage de Puységur. — Cas Flammarion. — Peut-être y a-t-il quelquefois inspiration extérieure 191

Chapitre VII. — *Transmission de pensée et Télépathie.* — Carl du Prel. — Citation. — Le rêve provoqué dans l'hypnose par la transmission de pensée ; une poésie de Martin Greif ainsi transmise en entier. — Expériences Carl du Prel-Schrenk-Notzing ; précautions prises ; exposé détaillé de quelques-unes. — La lucidité est-elle rare ? — Encore la difficulté de distinguer entre la télédiesthésie et la transmission de pensée. — En quoi consiste le prétendu don des langues. — La distance et la transmission de pensée. — La télépathie ; exemples. — Le livre de M. Camille Flammarion, et ce qu'il vaut 223

CHAPITRE VIII. — *La Panesthésie*. — Explication du terme. — L'Espace et le Temps dans la panesthésie. — Cas rapporté par le Dr Alfred Backman. — Cas rapporté par le révérend Sims et le Dr Elliotson. — Cas Ellen Dawson. — Cas Frances Gorman. — Cas Alexis. — Cas Ann Bateman. — Autres cas Alexis. 254

CHAPITRE IX. — *Communications avec les morts.* — Est-ce là une hypothèse absurde *a priori* ? — Cas de télépathie entre vivants où le percipient jurerait de la présence réelle de l'agent. — Songes qui semblent l'œuvre intentionnelle d'intelligences invisibles : cas du Dr Bruce ; cas de Mme Storie. — Cas où l'on croirait à la présence d'un mort déterminé : cas Wingfield ; cas Newry ; cas Dignowity ; cas Dolbear. — L'extase hypnotique. — Cas de Mme Comet. — Opinion d'Alexis. — Les cinq sortes de « trance », d'après Myers. — Mme Piper et Mme Thompson. — Ce que dit le Dr Van Eeden. 283

CHAPITRE X. — *La prévision de l'avenir.* — Difficultés d'admettre le phénomène. — Mais les faits sont là. — Caractères de la prévision : cas Maricourt ; cas rapporté par Charpignon. — Rêves prémonitoires : cas Haggard ; cas Mme Atlay ; cas Mme C... ; cas Carleton; cas Kinsolving ; cas Lady Z ; cas Thoulet ; cas Coburn ; cas rapporté par Liébeault. — Observations du Dr Ermacora. — La « pressensation organique » ; opinion de Liébeault. — Cas S de Ch. — Cas vérifié par Deleuze. — Cas rapporté par Richet. — Trois autres cas   316

Conclusion. — Le matérialisme. — Exposé par M. Ch. Richet de la conception matérialiste de l'âme. — Cette conception est aujourd'hui insoutenable. — Hypothèses que les faits nous imposent. — Raisons pour lesquelles l'immortalité n'est pas inadmissible. — Le monde . .   345

Addendum. — *L'éducation de la volonté et l'auto-hypnotisme.* — Avez-vous une volonté forte ? — Le véritable homme de volonté. — On peut se refaire soi-même en entier. — Exposé des moyens à employer : l'auto-hypnotisme.   354

Mayenne, Imprimerie Ch. COLIN

BIBLIOTHÈQUE DES ÉTUDES PSYCHIQUES

EXTRAIT DU CATALOGUE

Rochas (Comte Albert de). — Les effluves odiques... 6
— Les états profonds de l'hypnose... 3 fr. 50
— Les états superficiels de l'hypnose... 2 fr. 50
— L'Extériorisation de la sensibilité... 7
— L'Extériorisation de la motricité... 10
— Les frontières de la science (1er fascicule)... 3 fr. 50
— Les frontières de la science (2e fascicule)... 2 fr. 50
Crookes (William). — Recherches sur les phénomènes psychiques, illustré... 3 fr. 50
Wallace (Alfred-Russell). — Les miracles et le moderne spiritualisme... 7 fr. 50
Aksakoff (Alexandre). — Un cas de dématérialisation partielle du corps d'un médium... 4
Gurney, Myers et Podmore. — Les Hallucinations télépathiques, traduction abrégée de Phantasms of the living, par Marillier, préface de Ch. Richet... 7 fr. 50
Crowe (Mrs Catherine). — Les côtés obscurs de la nature ou Fantômes et Voyants... 5
Gibier (Dr Paul). — Le Spiritisme ou Fakirisme occidental, étude historique, critique et expérimentale, avec figures dans le texte... 4
— Analyse des choses. Essai sur la science future, son influence sur les religions, les philosophies... 3 fr. 50
Flournoy. — Des Indes à la planète Mars, étude sur un cas de somnambulisme avec glossolalie et 45 figures dans le texte... 8
Flammarion. — La pluralité des mondes habités... 3 fr. 50
— L'Inconnu et les problèmes psychiques... 3 fr. 50
Rapport sur le spiritualisme par le Comité de la Société dialectique de Londres avec les attestations orales et écrites. Traduit de l'anglais par le Dr Dusart... 5
Gyel (Dr E.). — L'être subconscient... 4
— Essai de revue générale et d'interprétation synthétique du spiritisme... 2 fr. 50
Ochorowicz (Professeur J.). — La suggestion mentale avec préface de Ch. Richet... 5
Bernheim (Dr). — De la suggestion et de ses applications à la thérapeutique... 6
Binet et Féré. — Le magnétisme animal avec figures... 6
Luys (Dr J.). — Hypnotisme expérimental, 28 planches... 3 fr. 50
Maxwell, docteur en médecine, Avocat général près la Cour d'appel de Bordeaux. Préface de Charles Richet, professeur à la Faculté de Médecine de Paris : Les Phénomènes psychiques, recherches, observations, méthodes... 5

MAYENNE. — IMPRIMERIE CH. COLIN.

www.ingramcontent.com/pod-product-compliance
Lightning Source LLC
Chambersburg PA
CBHW050547170426
43201CB00011B/1598